目录

<ruby>骈<rt>pián</rt></ruby> <ruby>拇<rt>mǔ</rt></ruby>

<ruby>骈<rt>pián</rt></ruby><ruby>拇<rt>mǔ</rt></ruby><ruby>枝<rt>zhī</rt></ruby><ruby>指<rt>zhǐ</rt></ruby><ruby>出<rt>chū</rt></ruby><ruby>乎<rt>hū</rt></ruby><ruby>性<rt>xìng</rt></ruby><ruby>哉<rt>zāi</rt></ruby>，<ruby>而<rt>ér</rt></ruby><ruby>侈<rt>chǐ</rt></ruby><ruby>于<rt>yú</rt></ruby><ruby>德<rt>dé</rt></ruby>；<ruby>附<rt>fù</rt></ruby><ruby>赘<rt>zhuì</rt></ruby><ruby>县<rt>xuán</rt></ruby><ruby>疣<rt>yóu</rt></ruby><ruby>出<rt>chū</rt></ruby><ruby>乎<rt>hū</rt></ruby><ruby>形<rt>xíng</rt></ruby><ruby>哉<rt>zāi</rt></ruby>，<ruby>而<rt>ér</rt></ruby><ruby>侈<rt>chǐ</rt></ruby><ruby>于<rt>yú</rt></ruby><ruby>性<rt>xìng</rt></ruby>；<ruby>多<rt>duō</rt></ruby><ruby>方<rt>fāng</rt></ruby><ruby>乎<rt>hū</rt></ruby><ruby>仁<rt>rén</rt></ruby><ruby>义<rt>yì</rt></ruby><ruby>而<rt>ér</rt></ruby><ruby>用<rt>yòng</rt></ruby><ruby>之<rt>zhī</rt></ruby><ruby>者<rt>zhě</rt></ruby>，<ruby>列<rt>liè</rt></ruby><ruby>于<rt>yú</rt></ruby><ruby>五<rt>wǔ</rt></ruby><ruby>藏<rt>zàng</rt></ruby><ruby>哉<rt>zāi</rt></ruby>，<ruby>而<rt>ér</rt></ruby><ruby>非<rt>fēi</rt></ruby><ruby>道<rt>dào</rt></ruby><ruby>德<rt>dé</rt></ruby><ruby>之<rt>zhī</rt></ruby><ruby>正<rt>zhèng</rt></ruby><ruby>也<rt>yě</rt></ruby>。<ruby>是<rt>shì</rt></ruby><ruby>故<rt>gù</rt></ruby><ruby>骈<rt>pián</rt></ruby><ruby>于<rt>yú</rt></ruby><ruby>足<rt>zú</rt></ruby><ruby>者<rt>zhě</rt></ruby>，<ruby>连<rt>lián</rt></ruby><ruby>无<rt>wú</rt></ruby><ruby>用<rt>yòng</rt></ruby><ruby>之<rt>zhī</rt></ruby><ruby>肉<rt>ròu</rt></ruby><ruby>也<rt>yě</rt></ruby>；<ruby>枝<rt>zhī</rt></ruby><ruby>于<rt>yú</rt></ruby><ruby>手<rt>shǒu</rt></ruby><ruby>者<rt>zhě</rt></ruby>，<ruby>树<rt>shù</rt></ruby><ruby>无<rt>wú</rt></ruby><ruby>用<rt>yòng</rt></ruby><ruby>之<rt>zhī</rt></ruby><ruby>指<rt>zhǐ</rt></ruby><ruby>也<rt>yě</rt></ruby>；<ruby>骈<rt>pián</rt></ruby><ruby>枝<rt>zhī</rt></ruby><ruby>于<rt>yú</rt></ruby><ruby>五<rt>wǔ</rt></ruby><ruby>藏<rt>zàng</rt></ruby><ruby>之<rt>zhī</rt></ruby><ruby>情<rt>qíng</rt></ruby><ruby>者<rt>zhě</rt></ruby>，<ruby>淫<rt>yín</rt></ruby><ruby>僻<rt>pì</rt></ruby><ruby>于<rt>yú</rt></ruby><ruby>仁<rt>rén</rt></ruby><ruby>义<rt>yì</rt></ruby><ruby>之<rt>zhī</rt></ruby><ruby>行<rt>xíng</rt></ruby>，<ruby>而<rt>ér</rt></ruby><ruby>多<rt>duō</rt></ruby><ruby>方<rt>fāng</rt></ruby><ruby>于<rt>yú</rt></ruby><ruby>聪<rt>cōng</rt></ruby><ruby>明<rt>míng</rt></ruby><ruby>之<rt>zhī</rt></ruby><ruby>用<rt>yòng</rt></ruby><ruby>也<rt>yě</rt></ruby>。

<ruby>是<rt>shì</rt></ruby><ruby>故<rt>gù</rt></ruby><ruby>骈<rt>pián</rt></ruby><ruby>于<rt>yú</rt></ruby><ruby>明<rt>míng</rt></ruby><ruby>者<rt>zhě</rt></ruby>，<ruby>乱<rt>luàn</rt></ruby><ruby>五<rt>wǔ</rt></ruby><ruby>色<rt>sè</rt></ruby>，<ruby>淫<rt>yín</rt></ruby><ruby>文<rt>wén</rt></ruby><ruby>章<rt>zhāng</rt></ruby>，<ruby>青<rt>qīng</rt></ruby><ruby>黄<rt>huáng</rt></ruby><ruby>黼<rt>fǔ</rt></ruby><ruby>黻<rt>fú</rt></ruby><ruby>之<rt>zhī</rt></ruby><ruby>煌<rt>huáng</rt></ruby><ruby>煌<rt>huáng</rt></ruby><ruby>非<rt>fēi</rt></ruby><ruby>乎<rt>hū</rt></ruby>？<ruby>而<rt>ér</rt></ruby><ruby>离<rt>lí</rt></ruby><ruby>朱<rt>zhū</rt></ruby><ruby>是<rt>shì</rt></ruby><ruby>已<rt>yǐ</rt></ruby>！<ruby>多<rt>duō</rt></ruby><ruby>于<rt>yú</rt></ruby><ruby>聪<rt>cōng</rt></ruby><ruby>者<rt>zhě</rt></ruby>，<ruby>乱<rt>luàn</rt></ruby><ruby>五<rt>wǔ</rt></ruby><ruby>声<rt>shēng</rt></ruby>，<ruby>淫<rt>yín</rt></ruby><ruby>六<rt>liù</rt></ruby><ruby>律<rt>lǜ</rt></ruby>，<ruby>金<rt>jīn</rt></ruby><ruby>石<rt>shí</rt></ruby><ruby>丝<rt>sī</rt></ruby><ruby>竹<rt>zhú</rt></ruby><ruby>黄<rt>huáng</rt></ruby><ruby>钟<rt>zhōng</rt></ruby><ruby>大<rt>dà</rt></ruby><ruby>吕<rt>lǚ</rt></ruby><ruby>之<rt>zhī</rt></ruby><ruby>声<rt>shēng</rt></ruby><ruby>非<rt>fēi</rt></ruby><ruby>乎<rt>hū</rt></ruby>？<ruby>而<rt>ér</rt></ruby><ruby>师<rt>shī</rt></ruby><ruby>旷<rt>kuàng</rt></ruby><ruby>是<rt>shì</rt></ruby><ruby>已<rt>yǐ</rt></ruby>！<ruby>枝<rt>zhī</rt></ruby><ruby>于<rt>yú</rt></ruby>

仁者，擢德塞性以收名声，使天下簧鼓以奉不及之法非乎？而曾、史是已！骈于辩者，累瓦、结绳、窜句，游心于坚白同异之间，而敝跬誉无用之言非乎？而杨、墨是已！故此皆多骈旁枝之道，非天下之至正也。

彼至正者，不失其性命之情。故合者不为骈，而枝者不岐；长者不为有余，短者不为不足。是故凫胫虽短，续之则忧；鹤胫虽长，断之则悲。故性长非所断，性短非所续，无所去忧也。意！仁义其非人情乎！彼仁人何其多忧也。

且夫骈于拇者，决之则泣；枝于手者，龁之则啼。二者或有余于数，或不足于数，其于忧一也。今世之仁人，蒿目而忧世之患；不仁之人，决性命之情而饕贵富。故曰仁义其非人情乎！自三代以下者，天下何其嚣嚣也。

且夫待钩绳规矩而正者，是削其性者也；待绳索胶漆而固者，是侵其德者也；屈折礼乐，呴俞仁义，以慰天下之心者，此失其常然也。天下有常然。常然者，曲者不以钩，直者不以绳，圆者不以规，方者不以矩，附离不以胶漆，约束不以纆索。故天下诱然皆生，而不知其所以生；同焉皆得，而不知其所以得。故古今不二，不可亏也。则仁义又奚连连如胶漆纆索而游乎道德之间为哉？使天下惑也！

夫小惑易方，大惑易性。何以知其然邪？有虞氏招仁义以挠天下也，天下莫不奔命于仁义，是非以仁义易其性与？

故尝试论之：自三代以下者，天下莫

不以物易其性矣！小人则以身殉利，士则以身殉名，大夫则以身殉家，圣人则以身殉天下。故此数子者，事业不同，名声异号，其于伤性以身为殉，一也。

臧与谷，二人相与牧羊而俱亡其羊。问臧奚事，则挟策读书；问谷奚事，则博塞以游。二人者，事业不同，其于亡羊均也。

伯夷死名于首阳之下，盗跖死利于东陵之上。二人者，所死不同，其于残生伤性均也。奚必伯夷之是而盗跖之非乎？天下尽殉也，彼其所殉仁义也，则俗谓之君子；其所殉货财也，则俗谓之小人。其殉一也，则有君子焉，有小人焉。若其残生损性，则盗跖亦伯夷已，又恶取君子小人于其间哉！

且夫属其性乎仁义者，虽通如曾史，

非吾所谓臧也；属其性于五味，虽通如俞儿，非吾所谓臧也；属其性乎五声，虽通如师旷，非吾所谓聪也；属其性乎五色，虽通如离朱，非吾所谓明也。吾所谓臧者，非所谓仁义之谓也，臧于其德而已矣；吾所谓臧者，非仁义之谓也，任其性命之情而已矣；吾所谓聪者，非谓其闻彼也，自闻而已矣；吾所谓明者，非谓其见彼也，自见而已矣。夫不自见而见彼，不自得而得彼者，是得人之得而不自得其得者也，适人之适而不自适其适者也。夫适人之适而不自适其适，虽盗跖与伯夷，是同为淫僻也。余愧乎道德，是以上不敢为仁义之操，而下不敢为淫僻之行也。

注音：张　利　王洪波

校对：徐晓静

5

马 蹄

马，蹄可以践霜雪，毛可以御风寒，龁草饮水，翘足而陆，此马之真性也。虽有义台路寝，无所用之。及至伯乐，曰："我善治马。"烧之，剔之，刻之，雒之，连之以羁馽，编之以皂栈，马之死者十二三矣！饥之，渴之，驰之，骤之，整之，齐之，前有橛饰之患，而后有鞭策之威，而马之死者已过半矣！陶者曰："我善治埴。圆者中规，方者中矩。"匠人曰："我善治木。曲者中钩，直者应绳。"夫埴木之性，岂欲中规矩钩绳哉！

然且世世称之曰"伯乐善治马""而陶匠善治埴木",此亦治天下者之过也。

吾意善治天下者不然。彼民有常性，织而衣，耕而食，是谓同德。一而不党，命曰天放。故至德之世，其行填填，其视颠颠。当是时也，山无蹊隧，泽无舟梁；万物群生，连属其乡；禽兽成群，草木遂长。是故禽兽可系羁而游，鸟鹊之巢可攀援而窥。

夫至德之世，同与禽兽居，族与万物并。恶乎知君子小人哉！同乎无知，其德不离；同乎无欲，是谓素朴。素朴而民性得矣。及至圣人，蹩躠为仁，踶跂为义，而天下始疑矣；澶漫为乐，摘僻为礼，而天下始分矣。故纯朴不残，孰为牺樽！白玉不毁，孰为珪璋！道德不废，安取仁

义！性情不离，安用礼乐！五色不乱，孰
为文采！五声不乱，孰应六律！夫残朴
以为器，工匠之罪也；毁道德以为仁义，
圣人之过也。

夫马，陆居则食草饮水，喜则交颈相
靡，怒则分背相踶。马知已此矣！夫加之
以衡扼，齐之以月题，而马知介倪、闉扼、
鸷曼、诡衔、窃辔。故马之知而态至盗者，
伯乐之罪也。

夫赫胥氏之时，民居不知所为，行不知
所之，含哺而熙，鼓腹而游。民能以此矣！
及至圣人，屈折礼乐以匡天下之形，县
跂仁义以慰天下之心，而民乃始踶跂好知，
争归于利，不可止也。此亦圣人之过也。

注音：丁　颖　徐晓静
校对：张　利　王洪波

胠箧
qū qiè

将为胠箧探囊发匮之盗而为守备，
jiāng wèi qū qiè tàn náng fā guì zhī dào ér wéi shǒu bèi

则必摄缄縢固扃鐍，此世俗之所谓知也。
zé bì niè jiān téng gù jiōng jué cǐ shì sú zhī suǒ wèi zhì yě

然而巨盗至，则负匮揭箧担囊而趋，唯
rán ér jù dào zhì zé fù guì jiē qiè dān náng ér qū wéi

恐缄縢扃鐍之不固也。然则乡之所谓知
kǒng jiān téng jiōng jué zhī bù gù yě rán zé xiàng zhī suǒ wèi zhì

者，不乃为大盗积者也？
zhě bù nǎi wèi dà dào jī zhě yě

故尝试论之，世俗之所谓知者，有不
gù cháng shì lùn zhī shì sú zhī suǒ wèi zhì zhě yǒu bù

为大盗积者乎？所谓圣者，有不为大盗
wèi dà dào jī zhě hū suǒ wèi shèng zhě yǒu bù wèi dà dào

守者乎？何以知其然邪？昔者齐国邻邑
shǒu zhě hū hé yǐ zhī qí rán yé xī zhě qí guó lín yì

相望，鸡狗之音相闻，罔罟之所布，耒
xiāng wàng jī gǒu zhī yīn xiāng wén wǎng gǔ zhī suǒ bù lěi

耨之所刺，方二千余里。阖四竟之内，所
nòu zhī suǒ cì fāng èr qiān yú lǐ hé sì jìng zhī nèi suǒ

以立宗庙社稷，治邑屋州闾乡曲者，曷
yǐ lì zōng miào shè jì zhì yì wū zhōu lǘ xiāng qū zhě hé

尝不法圣人哉！然而田成子一旦杀齐君而盗其国。所盗者岂独其国邪？并与其圣知之法而盗之。故田成子有乎盗贼之名，而身处尧舜之安。小国不敢非，大国不敢诛，专有齐国。则是不乃窃齐国，并与其圣知之法以守其盗贼之身乎？

尝试论之，世俗之所谓至知者，有不为大盗积者乎？所谓至圣者，有不为大盗守者乎？何以知其然邪？昔者龙逢斩，比干剖，苌弘胣，子胥靡，故四子之贤而身不免乎戮。故跖之徒问于跖曰："盗亦有道乎？"跖曰："何适而无有道邪！夫妄意室中之藏，圣也；入先，勇也；出后，义也；知可否，知也；分均，仁也。五者不备而能成大盗者，天下未之有也。"由是观之，善人不得圣人之道不立，跖不得圣人之道不行；天下之善人少而不善人多，则圣人之利天下也少而害天下也多。故曰，唇竭则齿寒，鲁酒薄而邯郸围，圣人生而大盗起。掊击圣人，纵舍盗贼，而天下始治矣。

圣人不死，大盗不止。虽重圣人而治天下，则是重利盗跖也。为之斗斛以量之，则并与斗斛而窃之；为之权衡以称之，则并与权衡而窃之；为之符玺以信之，则并与符玺而窃之；为之仁义以矫之，则并与仁义而窃之。何以知其然邪？彼窃钩者诛，窃国者为诸侯。诸侯之门而仁义存焉，则是非窃仁义圣知邪？故逐于大盗，揭诸侯，窃仁义并斗斛权衡符玺之利者，虽有轩冕之赏弗能劝，斧钺之威弗能禁。此重利盗跖而使不可禁

11

者，是乃圣人之过也。

故曰："鱼不可脱于渊，国之利器不可以示人。"彼圣人者，天下之利器也，非所以明天下也。故绝圣弃知大盗乃止；掷玉毁珠，小盗不起；焚符破玺，而民朴鄙；掊斗折衡，而民不争；殚残天下之圣法，而民始可与论议；擢乱六律，铄绝竽瑟，塞瞽旷之耳，而天下始人含其聪矣；灭文章，散五采，胶离朱之目，而天下始人含其明矣。毁绝钩绳而弃规矩，攦工倕之指，而天下始人有其巧矣。故曰：大巧若拙。削曾史之行，钳杨墨之口，攘弃仁义，而天下之德始玄同矣。彼人含其明，则天下不铄矣；人含其聪，则天下不累矣；人含其知，则天下不惑矣；人含其德，则天下不僻矣。彼曾、史、杨、墨、

shī kuàng gōng chuí　　lí zhū zhě　　jiē wài lì qí dé ér yuè luàn
师旷、工倕、离朱者，皆外立其德而爚乱

tiān xià zhě yě　　fǎ zhī suǒ wú yòng yě
天下者也，法之所无用也。

zǐ dú bù zhī zhì dé zhī shì hū　　xī zhě róng chéng shì
子独不知至德之世乎？昔者容成氏、

dà tíng shì　　bó huáng shì　　zhōng yāng shì　　lì lù shì　　lí
大庭氏、伯皇氏、中央氏、栗陆氏、骊

chù shì　　xuān yuán shì　　hè xū shì　　zūn lú shì　　zhù róng
畜氏、轩辕氏、赫胥氏、尊卢氏、祝融

shì　　fú xī shì　　shén nóng shì　　dāng shì shí yě　　mín jié shéng
氏、伏羲氏、神农氏，当是时也，民结绳

ér yòng zhī　　gān qí shí　　měi qí fú　　lè qí sú　　ān qí
而用之。甘其食，美其服，乐其俗，安其

jū　　lín guó xiāng wàng　　jī gǒu zhī yīn xiāng wén　　mín zhì lǎo
居，邻国相望，鸡狗之音相闻，民至老

sǐ ér bù xiāng wǎng lái　　ruò cǐ zhī shí　　zé zhì zhì yǐ　　jīn
死而不相往来。若此之时，则至治已。今

suì zhì shǐ mín yán jǐng jǔ zhǒng　　yuē　　mǒu suǒ yǒu xián zhě
遂至使民延颈举踵，曰"某所有贤者"，

yíng liáng ér qū zhī　　zé nèi qì qí qīn ér wài qù qí zhǔ zhī
赢粮而趣之，则内弃其亲而外去其主之

shì　　zú jì jiē hū zhū hóu zhī jìng　　chē guǐ jié hū qiān lǐ zhī
事，足迹接乎诸侯之境，车轨结乎千里之

wài　　zé shì shàng hào zhì zhī guò yě
外。则是上好知之过也！

shàng chéng hào zhì ér wú dào　　zé tiān xià dà luàn yǐ
上诚好知而无道，则天下大乱矣！

hé yǐ zhī qí rán yé　　fú gōng nǔ bì yì jī biàn zhī zhì duō
何以知其然邪？夫弓弩毕弋机变之知多，

zé niǎo luàn yú shàng yǐ　　gōu ěr wǎng gǔ zēng gǒu zhī zhī duō
则鸟乱于上矣；钩饵罔罟罾笱之知多，

则鱼乱于水矣；削格罗落罝罘之知多，则
兽乱于泽矣；知诈渐毒、颉滑坚白、解
垢同异之变多，则俗惑于辩矣。故天下
每每大乱，罪在于好知。故天下皆知求其
所不知而莫知求其所已知者，皆知非其所
不善而莫知非其所已善者，是以大乱。故
上悖日月之明，下烁山川之精，中堕
四时之施，惴耎之虫，肖翘之物，莫不失
其性。甚矣，夫好知之乱天下也！自三代
以下者是已！舍夫种种之民而悦夫役役
之佞，释夫恬淡无为而悦夫啍啍之意，
啍啍已乱天下矣。

注音：丁　颖　王洪波
校对：张　利　徐晓静

在宥

^{wén zài yòu tiān xià} ^{bù wén zhì tiān xià yě} ^{zài zhī yě}
闻在宥天下，不闻治天下也。在之也

^{zhě} ^{kǒng tiān xià zhī yín qí xìng yě} ^{yòu zhī yě zhě} ^{kǒng tiān}
者，恐天下之淫其性也；宥之也者，恐天

^{xià zhī qiān qí dé yě} ^{tiān xià bù yín qí xìng} ^{bù qiān qí dé}
下之迁其德也。天下不淫其性，不迁其德，

^{yǒu zhì tiān xià zhě zāi} ^{xī yáo zhī zhì tiān xià yě} ^{shǐ tiān xià}
有治天下者哉？昔尧之治天下也，使天下

^{xīn xīn yān rén lè qí xìng} ^{shì bù tián yě} ^{jié zhī zhì tiān xià}
欣欣焉人乐其性，是不恬也；桀之治天下

^{yě} ^{shǐ tiān xià cuì cuì yān rén kǔ qí xìng} ^{shì bù yú yě} ^{fú}
也，使天下瘁瘁焉人苦其性，是不愉也。夫

^{bù tián bù yú} ^{fēi dé yě} ^{fēi dé yě ér kě cháng jiǔ zhě}
不恬不愉，非德也；非德也而可长久者，

^{tiān xià wú zhī}
天下无之。

^{rén dà xǐ yé} ^{pí yú yáng} ^{dà nù yé} ^{pí yú yīn}
人大喜邪？毗于阳；大怒邪？毗于阴。

^{yīn yáng bìng pí} ^{sì shí bù zhì} ^{hán shǔ zhī hé bù chéng qí}
阴阳并毗，四时不至，寒暑之和不成，其

^{fǎn shāng rén zhī xíng hū} ^{shǐ rén xǐ nù shī wèi} ^{jū chǔ wú}
反伤人之形乎！使人喜怒失位，居处无

cháng sī lǜ bù zì dé　zhōng dào bù chéng zhāng　yú shì hū
常，思虑不自得，中道不成章。于是乎

tiān xià shǐ jiǎo jié zhuó zhì　ér hòu yǒu dào zhí　zēng　shǐ zhī
天下始乔诘卓鸷，而后有盗跖、曾、史之

xíng　gù jǔ tiān xià yǐ shǎng qí shàn zhě bù zú　jǔ tiān xià
行。故举天下以赏其善者不足，举天下

yǐ fá qí è zhě bù jǐ　gù tiān xià zhī dà　bù zú yǐ shǎng
以罚其恶者不给。故天下之大，不足以赏

fá　zì sān dài yǐ xià zhě　xiōng xiōng yān zhōng yǐ shǎng fá
罚。自三代以下者，匈匈焉终以赏罚

wéi shì　bǐ hé xiá ān qí xìng mìng zhī qíng zāi
为事，彼何暇安其性命之情哉！

ér qiě yuè míng yé　shì yín yú sè yě　yuè cōng yé
而且说明邪？是淫于色也；说聪邪？

shì yín yú shēng yě　yuè rén yé　shì luàn yú dé yě　yuè yì
是淫于声也；说仁邪？是乱于德也；说义

yé　shì bèi yú lǐ yě　yuè lǐ yé　shì xiāng yú jì yě
邪？是悖于理也；说礼邪？是相于技也；

yuè lè yé　shì xiāng yú yín yě　yuè shèng yé　shì xiāng yú
说乐邪？是相于淫也；说圣邪？是相于

yì yě　yuè zhī yé　shì xiāng yú cī yě　tiān xià jiāng ān qí
艺也；说知邪？是相于疵也。天下将安其

xìng mìng zhī qíng　zhī bā zhě　cún kě yě　wáng kě yě　tiān
性命之情，之八者，存可也，亡可也。天

xià jiāng bù ān qí xìng mìng zhī qíng　zhī bā zhě　nǎi shǐ luán
下将不安其性命之情，之八者，乃始脔

juàn cāng náng ér luàn tiān xià yě　ér tiān xià nǎi shǐ zūn zhī xī
卷獊囊而乱天下也。而天下乃始尊之惜

zhī　shèn yǐ　tiān xià zhī huò yě　qǐ zhí guò yě ér qù zhī
之。甚矣，天下之惑也！岂直过也而去之

yé　nǎi zhāi jiè yǐ yán zhī　guì zuò yǐ jìn zhī　gǔ gē yǐ
邪！乃齐戒以言之，跪坐以进之，鼓歌以

僢之。吾若是何哉！

故君子不得已而临莅天下，莫若无为。

无为也，而后安其性命之情。故曰贵以身为天下，则可以托天下；爱以身为天下，则可以寄天下。故君子苟能无解其五藏，无擢其聪明，尸居而龙见，渊默而雷声，神动而天随，从容无为，而万物炊累焉。吾又何暇治天下哉！

崔瞿问于老聃曰："不治天下，安藏人心？"

老聃曰："女慎，无撄人心。人心排下而进上，上下囚杀，绰约柔乎刚强，廉刿雕琢，其热焦火，其寒凝冰，其疾俯仰之间而再抚四海之外。其居也渊而静；其动也悬而天。偾骄而不可系者，其唯人心乎！昔者黄帝始以仁义撄人之心，尧舜于是乎股无胈，胫无毛，以养天下之形，愁其五藏以为仁义，矜其血气以规法度。然犹有不胜也。尧于是放謹兜于崇山，投三苗于三峗，流共工于幽都，此不胜天下也。夫施及三王而天下大骇矣。下有桀跖，上有曾史，而儒墨毕起。于是乎喜怒相疑，愚知相欺，善否相非，诞信相讥，而天下衰矣；大德不同，而性命烂漫矣；天下好知，而百姓求竭矣。于是乎斤锯制焉，绳墨杀焉，椎凿决焉。天下脊脊大乱，罪在撄人心。故贤者伏处大山嵁岩之下，而万乘之君忧栗乎庙堂之上。

今世殊死者相枕也，桁杨者相推也，刑戮者相望也，而儒墨乃始离跂攘臂乎桎梏之间。噫，甚矣哉！其无愧而不知

耻也甚矣！吾未知圣知之不为桁杨椄

槢也，仁义之不为桎梏凿枘也，焉知曾史

之不为桀跖嚆矢也！故曰'绝圣弃知，而

天下大治'。"

黄帝立为天子十九年，令行天下，闻

广成子在于空同之山，故往见之，

曰："我闻吾子达于至道，敢问至道之精。

吾欲取天地之精，以佐五谷，以养民人。

吾又欲官阴阳，以遂群生，为之奈何？"

广成子曰："而所欲问者，物之质

也；而所欲官者，物之残也。自而治天

下，云气不待族而雨，草木不待黄而落，

日月之光益以荒矣，而佞人之心翦翦

者，又奚足以语至道！"

黄帝退，捐天下，筑特室，席白茅，

闲居三月，复往邀之。

广成子南首而卧，黄帝顺下风，膝行而进，再拜稽首而问曰："闻吾子达于至道，敢问，治身奈何而可以长久？"

广成子蹶然而起，曰："善哉问乎！来，吾语女至道。至道之精，窈窈冥冥；至道之极，昏昏默默。无视无听，抱神以静，形将自正。必静必清，无劳汝形，无摇汝精，乃可以长生。目无所见，耳无所闻，心无所知，汝神将守形，形乃长生。慎汝内，闭汝外，多知为败。我为汝遂于大明之上矣，至彼至阳之原也；为汝入于窈冥之门矣，至彼至阴之原也。天地有官，阴阳有藏。慎守汝身，物将自壮。我守其一，以处其和，故我修身千二百岁矣，吾形未常衰。"

黄帝再拜稽首曰："广成子之谓

天矣！"

广成子曰："来！余语汝。彼其物无穷，而人皆以为有终；彼其物无测，而人皆以为有极。得吾道者，上为皇而下为王；失吾道者，上见光而下为土。今夫百昌皆生于土而反于土。故余将去汝，入无穷之门，以游无极之野。吾与日月参光，吾与天地为常。当我缗乎，远我昏乎！人其尽死，而我独存乎！"

云将东游，过扶摇之枝而适遭鸿蒙。鸿蒙方将拊脾雀跃而游。云将见之，倘然止，贽然立，曰："叟何人邪？叟何为此？"

鸿蒙拊脾雀跃不辍，对云将曰："游！"

云将曰："朕愿有问也。"

鸿 蒙 仰 而 视 云 将 曰:"吁!"

云 将 曰:"天 气 不 和,地 气 郁 结,六 气
不 调,四 时 不 节。今 我 愿 合 六 气 之 精 以 育
群 生,为 之 奈 何?"

鸿 蒙 拊 脾 雀 跃 掉 头 曰:"吾 弗 知!吾
弗 知!"

云 将 不 得 问。又 三 年,东 游,过 有 宋
之 野 而 适 遭 鸿 蒙。云 将 大 喜,行 趋 而 进
曰:"天 忘 朕 邪?天 忘 朕 邪?"再 拜 稽
首,愿 闻 于 鸿 蒙。鸿 蒙 曰:"浮 游 不 知 所
求,猖 狂 不 知 所 往,游 者 鞅 掌,以 观 无
妄。朕 又 何 知!"

云 将 曰:"朕 也 自 以 为 猖 狂,而 民 随
予 所 往;朕 也 不 得 已 于 民,今 则 民 之 放 也!
愿 闻 一 言。"

鸿 蒙 曰:"乱 天 之 经,逆 物 之 情,玄

天弗成，解兽之群而鸟皆夜鸣，灾及草木，祸及止虫。噫！治人之过也。"

云将曰："然则吾奈何？"

鸿蒙曰："噫！毒哉！仙仙乎归矣！"

云将曰："吾遇天难，愿闻一言。"

鸿蒙曰："噫！心养！汝徒处无为，而物自化。堕尔形体，黜尔聪明，伦与物忘，大同乎涬溟。解心释神，莫然无魂。万物云云，各复其根，各复其根而不知。浑浑沌沌，终身不离。若彼知之，乃是离之。无问其名，无窥其情，物固自生。"

云将曰："天降朕以德，示朕以默。躬身求之，乃今也得。"再拜稽首，起辞而行。

世俗之人，皆喜人之同乎己而恶人之异于己也。同于己而欲之，异于己而不欲者，

以出乎众为心也。夫以出乎众为心者，

曷常出乎众哉？因众以宁，所闻不如

众技众矣。而欲为人之国者，此揽乎三

王之利而不见其患者也。此以人之国侥

幸也。几何侥幸而不丧人之国乎？其存

人之国也，无万分之一；而丧人之国也，

一不成而万有余丧矣！悲夫，有土者之

不知也！

夫有土者，有大物也。有大物者，不可

以物。物而不物，故能物物。明乎物物者

之非物也，岂独治天下百姓而已哉！出入

六合，游乎九州，独往独来，是谓独有。

独有之人，是之谓至贵。

大人之教，若形之于影，声之于响，有

问而应之，尽其所怀，为天下配。处乎无

响，行乎无方。挈汝适复之，挠挠以游无

端，出入无旁，与日无始。颂论形躯，合

乎大同，大同而无己。无己，恶乎得有有。

睹有者，昔之君子；睹无者，天地之友。

贱而不可不任者，物也；卑而不可不因

者，民也；匿而不可不为者，事也；粗而不

可不陈者，法也；远而不可不居者，义也；

亲而不可不广者，仁也；节而不可不积

者，礼也；中而不可不高者，德也；一而不

可不易者，道也；神而不可不为者，天也。

故圣人观于天而不助，成于德而不累，

出于道而不谋，会于仁而不恃，薄于义而不

积，应于礼而不讳，接于事而不辞，齐于法

而不乱，恃于民而不轻，因于物而不去。物

者莫足为也，而不可不为。不明于天者，

不纯于德；不通于道者，无自而可；不

明于道者，悲夫！

何谓道？有天道，有人道。无为而尊者，天道也；有为而累者，人道也。主者，也；臣者，人道也。天道之与人道也，相去远矣，不可不察也。

注音：丁 颖 徐晓静

校对：王洪波

天地
tiān dì

天地虽大，其化均也；万物虽多，其治
一也；人卒虽众，其主君也。君原于德而
成于天。故曰：玄古之君天下，无为也，
天德而已矣。以道观言而天下之名正；
以道观分而君臣之义明；以道观能而
天下之官治；以道泛观而万物之应备。
故通于天者，道也；顺于地者，德也；行
于万物者，义也；上治人者，事也；能有
所艺者，技也。技兼于事，事兼于义，义
兼于德，德兼于道，道兼于天。故曰：古之
畜天下者，无欲而天下足，无为而万物化，

渊静而百姓定。记曰："通于一而万事毕，无心得而鬼神服。"

夫子曰："夫道，覆载万物者也，洋洋乎大哉！君子不可以不刳心焉。无为为之之谓天，无为言之之谓德，爱人利物之谓仁，不同同之之谓大，行不崖异之谓宽，有万不同之谓富。故执德之谓纪，德成之谓立，循于道之谓备，不以物挫志之谓完。君子明于此十者，则韬乎其事心之大也，沛乎其为万物逝也。若然者，藏金于山，沉珠于渊；不利货财，不近贵富；不乐寿，不哀夭；不荣通，不丑穷。不拘一世之利以为己私分，不以王天下为己处显。显则明。万物一府，死生同状。"

夫子曰："夫道，渊乎其居也，滐乎其清也。金石不得无以鸣。故金石有声，不考不鸣。万物孰能定之！夫王德之人，素逝而耻通于事，立之本原而知通于神，故其德广。其心之出，有物采之。故形非道不生，生非德不明。存形穷生，立德明道，非王德者邪？荡荡乎！忽然出，勃然动，而万物从之乎！此谓王德之人。

视乎冥冥，听乎无声。冥冥之中，独见晓焉；无声之中，独闻和焉。故深之又深而能物焉；神之又神而能精焉。故其与万物接也，至无而供其求，时骋而要其宿，大小，长短，修远。"

黄帝游乎赤水之北，登乎昆仑之丘而南望。还归，遗其玄珠。使知索之而不得，使离朱索之而不得，使喫诟索之而不得也。乃使象罔，象罔得之。黄帝曰："异哉！象罔乃可以得之乎？"

尧之师曰许由，许由之师曰啮缺，啮缺
之师曰王倪，王倪之师曰被衣。尧问于
许由曰："啮缺可以配天乎？吾藉王倪以
要之。"许由曰："殆哉，圾乎天下！啮缺
之为人也，聪明睿知，给数以敏，其性过
人，而又乃以人受天。彼审乎禁过，而不
知过之所由生。与之配天乎？彼且乘人
而无天。方且本身而异形，方且尊知而火
驰，方且为绪使，方且为物絯，方且四顾而
物应，方且应众宜，方且与物化而未始
有恒。夫何足以配天乎！虽然，有族有祖，
可以为众父而不可以为众父父。治，乱
之率也，北面之祸也，南面之贼也。"

尧观乎华。华封人曰："嘻，圣人！请
祝圣人，使圣人寿。"尧曰："辞。""使
圣人富。"尧曰："辞。""使圣人多男

子。"尧曰:"辞。"封人曰:"寿,富,多男子,人之所欲也。女独不欲,何邪?"尧曰:"多男子则多惧,富则多事,寿则多辱。是三者,非所以养德也,故辞。"封人曰:"始也我以女为圣人邪,今然君子也。天生万民,必授之职。多男子而授之职,则何惧之有?富而使人分之,则何事之有?夫圣人,鹑居而鷇食,鸟行而无彰。天下有道,则与物皆昌;天下无道,则修德就闲。千岁厌世,去而上仙,乘彼白云,至于帝乡。三患莫至,身常无殃,则何辱之有?"封人去之,尧随之曰:"请问。"封人曰:"退已!"

尧治天下,伯成子高立为诸侯。尧授舜,舜授禹,伯成子高辞为诸侯而耕。禹往见之,则耕在野。禹趋就下风,

31

立而问焉，曰："昔尧治天下，吾子立为诸侯。尧授舜，舜授予，而吾子辞为诸侯而耕。敢问其故何也？"子高曰："昔者尧治天下，不赏而民劝，不罚而民畏。今子赏罚而民且不仁，德自此衰，刑自此立，后世之乱自此始矣！夫子阖行邪？无落吾事！"俋俋乎耕而不顾。

泰初有无，无有无名。一之所起，有一而未形。物得以生谓之德；未形者有分，且然无间谓之命；留动而生物，物成生理谓之形；形体保神，各有仪则谓之性；性修反德，德至同于初。同乃虚，虚乃大。合喙鸣。喙鸣合，与天地为合。其合缗缗，若愚若昏，是谓玄德，同乎大顺。

夫子问于老聃曰："有人治道若相放，可不可，然不然。辩者有言曰：'离坚白，若县寓。'若是则可谓圣人乎?"老聃曰:"是胥易技系,劳形怵心者也。执留之狗成思,猿狙之便自山林来。丘,予告若,而所不能闻与而所不能言:凡有首有趾、无心无耳者众;有形者与无形无状而皆存者尽无。其动止也,其死生也,其废起也,此又非其所以也。有治在人。忘乎物,忘乎天,其名为忘己。忘己之人,是之谓入于天。"

将闾葂见季彻曰:"鲁君谓葂也曰:'请受教。'辞不获命。既已告矣,未知中否。请尝荐之。吾谓鲁君曰:'必服恭俭,拔出公忠之属而无阿私,民孰敢不辑!'"季彻局局然笑曰:"若夫子之言,于帝王之德,犹螳螂之怒臂以当车轶,则必不胜任矣!且若是,则其自为处

危，其观台多物，将往投迹者众。"将

闾葂觋觋然惊曰："葂也汒若于夫子之所

言矣！虽然，愿先生之言其风也。"季彻

曰："大圣之治天下也，摇荡民心，使之

成教易俗，举灭其贼心而皆进其独志。若

性之自为，而民不知其所由然。若然者，

岂兄尧舜之教民溟涬然弟之哉？欲同

乎德而心居矣！"

子贡南游于楚，反于晋，过汉阴，见

一丈人方将为圃畦，凿隧而入井，抱瓮

而出灌，滑滑然用力甚多而见功寡。子

贡曰："有械于此，一日浸百畦，用力甚

寡而见功多，夫子不欲乎？"

为圃者仰而视之曰："奈何？"曰："凿

木为机，后重前轻，挈水若抽，数如泆

汤，其名为槔。"

为圃者忿然作色而笑曰："吾闻之吾师，有机械者必有机事，有机事者必有机心。机心存于胸中，则纯白不备。纯白不备，则神生不定，神生不定者，道之所不载也。吾非不知，羞而不为也。"

子贡瞒然惭，俯而不对。

有间，为圃者曰："子奚为者邪？

曰："孔丘之徒也。"

为圃者曰："子非夫博学以拟圣，於于以盖众，独弦哀歌以卖名声于天下者乎？汝方将忘汝神气，堕汝形骸，而庶几乎！而身之不能治，而何暇治天下乎！子往矣，无乏吾事。"

子贡卑陬失色，顼顼然不自得，行三十里而后愈。其弟子曰："向之人何为者邪？夫子何故见之变容失色，终日不自反邪？"

曰："始吾以为天下一人耳，不知复有夫人也。吾闻之夫子：事求可，功求成，用力少，见功多者，圣人之道。今徒不然。执道者德全，德全者形全，形全者神全。神全者，圣人之道也。托生与民并行而不知其所之，汒乎淳备哉！功利机巧，必忘夫人之心。若夫人者，非其志不之，非其心不为。虽以天下誉之，得其所谓，警然不顾；以天下非之，失其所谓，傥然不受。天下之非誉无益损焉，是谓全德之人哉！我之谓风波之民。"

反于鲁，以告孔子。孔子曰："彼假修浑沌氏之术者也。识其一，不知其二；治其内，而不治其外。夫明白入素，无为复朴，体性抱神，以游世俗之间者，汝将固惊邪？且浑沌氏之术，予与汝何足以识之哉！"

谆芒将东之大壑，适遇苑风于东海之滨。苑风曰："子将奚之？"曰："将之大壑。"曰："奚为焉？"曰："夫大壑之为物也，注焉而不满，酌焉而不竭。吾将游焉！"苑风曰："夫子无意于横目之民乎？愿闻圣治。"谆芒曰："圣治乎？官施而不失其宜，拔举而不失其能，毕见其情事而行其所为，行言自为而天下化。手挠顾指，四方之民莫不俱至，此之谓圣治。""愿闻德人。"曰："德人者，居无思，行无虑，不藏是非美恶。四海之内共利之之谓悦，共给之之谓安。怊乎若婴儿之失其母也，傥乎若行而失其道也。财用有余而不知其所自来，饮食取足而不知其所从，此谓德人之容。""愿闻神人。"曰：

"上神乘光，与形灭亡，是谓照旷。致
命尽情，天地乐而万事销亡，万物复情，
此之谓混溟。"

门无鬼与赤张满稽观于武王之师，
赤张满稽曰："不及有虞氏乎！故离此
患也。"门无鬼曰："天下均治而有虞氏治
之邪？其乱而后治之与？"赤张满稽曰：
"天下均治之为愿，而何计以有虞氏为！有
虞氏之药疡也，秃而施髢，病而求医。孝
子操药以修慈父，其色燋然，圣人羞之。
至德之世，不尚贤，不使能，上如标枝，
民如野鹿。端正而不知以为义，相爱而不
知以为仁，实而不知以为忠，当而不知以为
信，蠢动而相使不以为赐。是故行而无
迹，事而无传。

孝子不谀其亲，忠臣不谄其君，臣、

子之盛也。亲之所言而然，所行而善，则世俗谓之不肖子；君之所言而然，所行而善，则世俗谓之不肖臣。而未知此其必然邪？世俗之所谓然而然之，所谓善而善之，则不谓之道谀之人也！然则俗故严于亲而尊于君邪？谓己道人，则勃然作色；谓己谀人，则怫然作色。而终身道人也，终身谀人也，合譬饰辞聚众也，是终始本末不相坐。垂衣裳，设采色，动容貌，以媚一世，而不自谓道谀；与夫人之为徒，通是非，而不自谓众人也，愚之至也。知其愚者，非大愚也；知其惑者，非大惑也。大惑者，终身不解；大愚者，终身不灵。三人行而一人惑，所适者，犹可致也，惑者少也；二人惑则劳而不至，惑者胜也。而今也以天下惑，予虽有祈向，不可得也。不亦悲乎！大声不入于里耳，折杨、皇荂，则嗑然而笑。是故高言不止于众人之心；至言不出，俗言胜也。以二缶钟惑，而所适不得矣。而今也以天下惑，予虽有祈向，其庸可得邪！知其不可得也而强之，又一惑也！故莫若释之而不推。不推，谁其比忧！厉之人，夜半生其子，遽取火而视之，汲汲然唯恐其似己也。

百年之木，破为牺尊，青黄而文之，其断在沟中。比牺尊于沟中之断，则美恶有间矣，其于失性一也。跖与曾史，行义有间矣，然其失性均也。且夫失性有五：一曰五色乱目，使目不明；二曰五声乱耳，使耳不聪；三曰五臭熏鼻，困惾中颡；四曰五味浊口，使口厉爽；五曰趣舍滑心，使性飞扬。此五者，皆生之害也。而杨墨乃始离跂自以为得，非吾所谓得也。夫得者困，可以为得乎？则鸠鸮之在于笼也，亦可以为得矣。且夫趣舍声色以柴其内，皮弁鹬冠搢笏绅修以约其外。内支盈于柴栅，外重缰缴，睆睆然在缰缴之中，而自以为得，则是罪人交臂历指而虎豹在于囊槛，亦可以为得矣！

注音：张　利　王洪波

校对：徐晓静

天道
tiān dào

天道运而无所积，故万物成；帝道运
tiān dào yùn ér wú suǒ jī gù wàn wù chéng dì dào yùn

而无所积，故天下归；圣道运而无所积，
ér wú suǒ jī gù tiān xià guī shèng dào yùn ér wú suǒ jī

故海内服。明于天，通于圣，六通四辟于帝
gù hǎi nèi fú míng yú tiān tōng yú shèng liù tōng sì bì yú dì

王之德者，其自为也，昧然无不静者矣！
wáng zhī dé zhě qí zì wéi yě mèi rán wú bù jìng zhě yǐ

圣人之静也，非曰静也善，故静也。万
shèng rén zhī jìng yě fēi yuē jìng yě shàn gù jìng yě wàn

物无足以铙心者，故静也。水静则明烛须
wù wú zú yǐ náo xīn zhě gù jìng yě shuǐ jìng zé míng zhú xū

眉，平中准，大匠取法焉。水静犹明，
méi píng zhòng zhǔn dà jiàng qǔ fǎ yān shuǐ jìng yóu míng

而况精神！圣人之心静乎！天地之鉴
ér kuàng jīng shén shèng rén zhī xīn jìng hū tiān dì zhī jiàn

也，万物之镜也。夫虚静恬淡寂漠无为
yě wàn wù zhī jìng yě fú xū jìng tián dàn jì mò wú wéi

者，天地之本而道德之至也，故帝王圣
zhě tiān dì zhī běn ér dào dé zhī zhì yě gù dì wáng shèng

人休焉。休则虚，虚则实，实则备矣。虚则
rén xiū yān xiū zé xū xū zé shí shí zé bèi yǐ xū zé

静，静则动，动则得矣。静则无为，无为

也，则任事者责矣。无为则俞俞。俞俞者，

忧患不能处，年寿长矣。夫虚静恬淡

寂漠无为者，万物之本也。明此以南乡，

尧之为君也；明此以北面，舜之为臣也。

以此处上，帝王天子之德也；以此处下，

玄圣素王之道也。以此退居而闲游，江

海山林之士服；以此进为而抚世，则功大

名显而天下一也。静而圣，动而王，无为

也而尊，朴素而天下莫能与之争美。

夫明白于天地之德者，此之谓大本大

宗，与天和者也。所以均调天下，与人和

者也。与人和者，谓之人乐；与天和者，

谓之天乐。庄子曰："吾师乎，吾师乎！齑

万物而不为义，泽及万世而不为仁，长

于上古而不为寿，覆载天地、刻雕众

43

形而不为巧。此之为天乐。故曰：'知天乐者，其生也天行，其死也物化。静而与阴同德，动而与阳同波。'故知天乐者，无天怨，无人非，无物累，无鬼责。故曰：'其动也天，其静也地，一心定而天地正；其魄不祟，其魂不疲，一心定而万物服。'言以虚静，推于天地，通于万物，此之谓天乐。天乐者，圣人之心，以畜天下也。"

夫帝王之德，以天地为宗，以道德为主，以无为为常。无为也，则用天下而有余；有为也，则为天下用而不足。故古之人贵夫无为也。上无为也，下亦无为也，是下与上同德。下与上同德则不臣。下有为也，上亦有为也，是上与下同道。上与下同道则不主。上必无为而用下，

xià bì yǒu wéi wéi tiān xià yòng　　cǐ bù yì zhī dào yě
下 必 有 为 为 天 下 用 。 此 不 易 之 道 也 。

　　gù gǔ zhī wàng tiān xià zhě　　zhì suī luò tiān dì　　bù zì
故 古 之 王 天 下 者 ， 知 虽 落 天 地 ， 不 自

lǜ yě　　biàn suī diāo wàn wù　　bù zì shuō yě　　néng suī qióng
虑 也 ； 辩 虽 雕 万 物 ， 不 自 说 也 ； 能 虽 穷

hǎi nèi　　bù zì wéi yě　　tiān bù chǎn ér wàn wù huà　　dì bù
海 内 ， 不 自 为 也 。 天 不 产 而 万 物 化 ， 地 不

cháng ér wàn wù yù　　dì wáng wú wéi ér tiān xià gōng　　gù
长 而 万 物 育 ， 帝 王 无 为 而 天 下 功 。 故

yuē　　mò shén yú tiān　　mò fù yú dì　　mò dà yú dì wáng　　gù
曰 ： 莫 神 于 天 ， 莫 富 于 地 ， 莫 大 于 帝 王 。 故

yuē　　dì wáng zhī dé pèi tiān dì　　cǐ chéng tiān dì　　chí wàn
曰 ： 帝 王 之 德 配 天 地 。 此 乘 天 地 ， 驰 万

wù　　ér yòng rén qún zhī dào yě
物 ， 而 用 人 群 之 道 也 。

　　běn zài yú shàng　　mò zài yú xià　　yào zài yú zhǔ　　xiáng zài
本 在 于 上 ， 末 在 于 下 ； 要 在 于 主 ， 详 在

yú chén　　sān jūn wǔ bīng zhī yùn　　dé zhī mò yě　　shǎng fá lì
于 臣 。 三 军 五 兵 之 运 ， 德 之 末 也 ； 赏 罚 利

hài　　wǔ xíng zhī bì　　jiào zhī mò yě　　lǐ fǎ dù shù　　xíng
害 ， 五 刑 之 辟 ， 教 之 末 也 ； 礼 法 度 数 ， 刑

míng bǐ xiáng　　zhì zhī mò yě　　zhōng gǔ zhī yīn　　yǔ máo zhī
名 比 详 ， 治 之 末 也 ； 钟 鼓 之 音 ， 羽 旄 之

róng　　lè zhī mò yě　　kū qì cuī dié　　lóng shài zhī fú　　āi
容 ， 乐 之 末 也 ； 哭 泣 衰 绖 ， 隆 杀 之 服 ， 哀

zhī mò yě　　cǐ wǔ mò zhě　　xū jīng shén zhī yùn　　xīn shù zhī
之 末 也 。 此 五 末 者 ， 须 精 神 之 运 ， 心 术 之

dòng　　rán hòu cóng zhī zhě yě　　mò xué zhě　　gǔ rén yǒu zhī
动 ， 然 后 从 之 者 也 。 末 学 者 ， 古 人 有 之 ，

ér fēi suǒ yǐ xiān yě　　jūn xiān ér chén cóng　　fù xiān ér zǐ
而 非 所 以 先 也 。 君 先 而 臣 从 ， 父 先 而 子

从，兄先而弟从，长先而少从，男先而
女从，夫先而妇从。夫尊卑先后，天地之
行也，故圣人取象焉。天尊地卑，神明
之位也；春夏先，秋冬后，四时之序也；
万物化作，萌区有状，盛衰之杀，变化
之流也。夫天地至神矣，而有尊卑先后
之序，而况人道乎！宗庙尚亲，朝廷
尚尊，乡党尚齿，行事尚贤，大道之
序也。语道而非其序者，非其道也。语道
而非其道者，安取道哉！

是故古之明大道者，先明天而道德
次之，道德已明而仁义次之，仁义已明而
分守次之，分守已明而形名次之，形
名已明而因任次之，因任已明而原省
次之，原省已明而是非次之，是非已明
而赏罚次之，赏罚已明而愚知处宜，贵

贱履位，仁贤不肖袭情。必分其能，必由
其名。以此事上，以此畜下，以此治物，以
此修身，知谋不用，必归其天。此之谓太
平，治之至也。故书曰："有形有名。"形
名者，古人有之，而非所以先也。古之语
大道者，五变而形名可举，九变而赏罚
可言也。骤而语形名，不知其本也；骤而
语赏罚，不知其始也。倒道而言，迕道而
说者，人之所治也，安能治人！骤而语
形名赏罚，此有知治之具，非知治之道。
可用于天下，不足以用天下。此之谓辩
士，一曲之人也。礼法数度，形名比详，
古人有之。此下之所以事上，非上之所以
畜下也。

昔者舜问于尧曰："天王之用心
何如？"

尧曰："吾不敖无告，不废穷民，苦死者，嘉孺子而哀妇人，此吾所以用心已。"

舜曰："美则美矣，而未大也。"

尧曰："然则何如？"

舜曰："天德而土宁，日月照而四时行，若昼夜之有经，云行而雨施矣。"

尧曰："胶胶扰扰乎！子，天之合也；我，人之合也。"

夫天地者，古之所大也，而黄帝尧舜之所共美也。故古之王天下者，奚为哉？天地而已矣。

孔子西藏书于周室，子路谋曰："由闻周之征藏史有老聃者，免而归居，夫子欲藏书，则试往因焉。"孔子曰："善。"往见老聃，而老聃不许，于是翻十二经以说。老聃中其说，曰："大谩，愿闻其

要。"孔子曰:"要在仁义。"老聃曰:"请
问:仁义,人之性邪?"孔子曰:"然,君子
不仁则不成,不义则不生。仁义,真人之性
也,又将奚为矣?"老聃曰:"请问:何谓
仁义?"孔子曰:"中心物恺,兼爱无私,此
仁义之情也。"老聃曰:"意,几乎后言!
夫兼爱,不亦迂乎!无私焉,乃私也。夫子
若欲使天下无失其牧乎?则天地固有常
矣,日月固有明矣,星辰固有列矣,禽
兽固有群矣,树木固有立矣。夫子亦放德
而行,循道而趋,已至矣!又何偈偈乎揭仁
义,若击鼓而求亡子焉!意,夫子乱人之
性也。"

士成绮见老子而问曰:"吾闻夫子圣
人也,吾固不辞远道而来愿见,百舍重
趼而不敢息。今吾观子,非圣人也。鼠

壤有余蔬，而弃妹之者，不仁也，生熟不尽于前，而积敛无崖。"

老子漠然不应。

士成绮明日复见，曰："昔者吾有刺于子，今吾心正却矣，何故也？"

老子曰："夫巧知神圣之人，吾自以为脱焉。昔者子呼我牛也而谓之牛，呼我马也而谓之马。苟有其实，人与之名而弗受，再受其殃。吾服也恒服，吾非以服有服。"

士成绮雁行避影，履行遂进而问："修身若何？"

老子曰："而容崖然，而目冲然，而颡頯然，而口阚然，而状义然，似系马而止也。动而持，发也机，察而审，知巧而睹于泰。凡以为不信。边竟有人焉，其名

wéi qiè
为窃。"

lǎo zǐ yuē　　fú dào　　yú dà bù zhōng　yú xiǎo bù yí
老子曰："夫道，于大不终，于小不遗，

gù wàn wù bèi　guǎng guǎng hū qí wú bù róng yě　yuān yuān hū
故万物备。广广乎其无不容也，渊渊乎

qí bù kě cè yě　xíng dé rén yì　shén zhī mò yě　fēi zhì rén
其不可测也。形德仁义，神之末也，非至人

shú néng dìng zhī　fú zhì rén yǒu shì　bù yì dà hū　　ér bù
孰能定之！夫至人有世，不亦大乎，而不

zú yǐ wéi zhī lèi　tiān xià fèn bǐng ér bù yǔ zhī xié　shěn hū
足以为之累；天下奋柄而不与之偕；审乎

wú jiǎ ér bù yǔ lì qiān　jí wù zhī zhēn　néng shǒu qí běn　gù
无假而不与利迁；极物之真，能守其本。故

wài tiān dì　yí wàn wù　ér shén wèi cháng yǒu suǒ kùn yě
外天地，遗万物，而神未尝有所困也。

tōng hū dào　hé hū dé　tuì rén yì　bǐn lǐ yuè　zhì rén
通乎道，合乎德，退仁义，宾礼乐，至人

zhī xīn yǒu suǒ dìng yǐ
之心有所定矣！"

shì zhī suǒ guì dào zhě　shū yě　shū bù guò yǔ　yǔ yǒu
世之所贵道者，书也。书不过语，语有

guì yě　yǔ zhī suǒ guì zhě　yì yě　yì yǒu suǒ suí　yì
贵也。语之所贵者，意也，意有所随。意

zhī suǒ suí zhě　bù kě yǐ yán chuán yě　ér shì yīn guì yán
之所随者，不可以言传也，而世因贵言

chuán shū　shì　suī guì zhī　wǒ yóu bù zú guì yě　wèi qí
传书。世，虽贵之，我犹不足贵也，为其

guì fēi qí guì yě　gù shì ér kě jiàn zhě　xíng yǔ sè yě　tīng
贵非其贵也。故视而可见者，形与色也；听

ér kě wén zhě　míng yǔ shēng yě　bēi fú　shì rén yǐ xíng
而可闻者，名与声也。悲夫！世人以形

色名声为足以得彼之情。夫形色名声，果不足以得彼之情则知者不言，言者不知，而世岂识之哉！

桓公读书于堂上，轮扁斫轮于堂下，释椎凿而上，问桓公曰："敢问，公之所读者，何言邪？"

公曰："圣人之言也。"

曰："圣人在乎？"

公曰："已死矣。"

曰："然则君之所读者，古人之糟魄已夫！"

桓公曰："寡人读书，轮人安得议乎！有说则可，无说则死！"

轮扁曰："臣也以臣之事观之。斫轮，徐则甘而不固，疾则苦而不入。不徐不疾，得之于手而应于心。口不能言，有数存

yān hū qí jiān　　chén bù néng yǐ yù chén zhī zǐ　　chén zhī zǐ
焉 乎 其 间 。 臣 不 能 以 喻 臣 之 子 , 臣 之 子

yì bù néng shòu zhī yú chén　　shì yǐ xíng nián qī shí ér lǎo zhuó
亦 不 能 受 之 于 臣 , 是 以 行 年 七 十 而 老 斫

lún　　gǔ zhī rén yǔ qí bù kě chuán yě sǐ yǐ　　rán zé jūn zhī
轮 。 古 之 人 与 其 不 可 传 也 死 矣 , 然 则 君 之

suǒ dú zhě　　gǔ rén zhī zāo pò yǐ fú
所 读 者 , 古 人 之 糟 魄 已 夫 ! "

注音：丁　颖　王洪波

校对：徐晓静

53

tiān yùn
天 运

　　tiān qí yùn hū　　dì qí chǔ hū　　rì yuè qí zhēng yú
"天 其 运 乎 ？ 地 其 处 乎 ？ 日 月 其 争 于

suǒ hū　　shú zhǔ zhāng shì　　shú wéi gāng shì　　shú jū wú shì
所 乎 ？ 孰 主 张 是 ？ 孰 维 纲 是 ？ 孰 居 无 事

ér tuī xíng shì　　yì zhě qí yǒu jī jiān ér bù dé yǐ yé　　yì
而 推 行 是 ？ 意 者 其 有 机 缄 而 不 得 已 邪 ？ 意

zhě qí yùn zhuǎn ér bù néng zì zhǐ yé　　yún zhě wéi yǔ hū
者 其 运 转 而 不 能 自 止 邪 ？ 云 者 为 雨 乎 ？

yǔ zhě wéi yún hū　　shú lóng shī shì　　shú jū wú shì yín lè ér
雨 者 为 云 乎 ？ 孰 隆 施 是 ？ 孰 居 无 事 淫 乐 而

quàn shì　　fēng qǐ běi fāng　　yī xī yī dōng　　zài shàng páng
劝 是 ？ 风 起 北 方 ， 一 西 一 东 ， 在 上 仿

huáng shú xū xī shì　　shú jū wú shì ér pī fú shì　　gǎn wèn
徨 。 孰 嘘 吸 是 ？ 孰 居 无 事 而 披 拂 是 ？ 敢 问

hé gù
何 故 ？ "

　　wū xián tiáo yuē　　lái　　wú yù rǔ　　tiān yǒu liù jí wǔ
巫 咸 袑 曰 ："来 ， 吾 语 女 。 天 有 六 极 五

cháng　　dì wáng shùn zhī zé zhì　　nì zhī zé xiōng　　jiǔ luò zhī
常 ， 帝 王 顺 之 则 治 ， 逆 之 则 凶 。 九 洛 之

shì　　zhì chéng dé bèi　　jiān zhào xià tǔ　　tiān xià dài zhī　　cǐ
事 ， 治 成 德 备 ， 监 照 下 土 ， 天 下 戴 之 ， 此

wèi shàng huáng
谓 上 皇。”

shāng dà zǎi dàng wèn rén yú zhuāng zǐ　zhuāng zǐ yuē
商 大 宰 荡 问 仁 于 庄 子。 庄 子 曰：

hǔ láng　rén yě　　yuē　hé wèi yě　zhuāng zǐ yuē
“虎 狼， 仁 也。” 曰：“何 谓 也？” 庄 子 曰：

fù zǐ xiāng qīn　hé wèi bù rén　　yuē　qǐng wèn zhì
“父 子 相 亲， 何 为 不 仁！” 曰：“请 问 至

rén　zhuāng zǐ yuē　　zhì rén wú qīn　　dà zǎi yuē　dàng
仁。” 庄 子 曰：“至 仁 无 亲。” 大 宰 曰：“荡

wén zhī　wú qīn zé bù ài　bù ài zé bù xiào　wèi zhì rén
闻 之， 无 亲 则 不 爱， 不 爱 则 不 孝。 谓 至 仁

bù xiào　kě hū　zhuāng zǐ yuē　　bù rán　fú zhì rén shàng
不 孝， 可 乎？” 庄 子 曰：“不 然， 夫 至 仁 尚

yǐ　xiào gù bù zú yǐ yán zhī　cǐ fēi guò xiào zhī yán yě
矣， 孝 固 不 足 以 言 之。 此 非 过 孝 之 言 也，

bù jí xiào zhī yán yě　fú nán xíng zhě zhì yú yǐng　běi miàn
不 及 孝 之 言 也。 夫 南 行 者 至 于 郢， 北 面

ér bù jiàn míng shān　shì hé yě　zé qù zhī yuǎn yě　　gù
而 不 见 冥 山， 是 何 也？ 则 去 之 远 也。 故

yuē　yǐ jìng xiào yì　yǐ ài xiào nán　yǐ ài xiào yì　ér
曰： 以 敬 孝 易， 以 爱 孝 难； 以 爱 孝 易， 而

wàng qīn nán　wàng qīn yì　shǐ qīn wàng wǒ nán　shǐ qīn wàng
忘 亲 难； 忘 亲 易， 使 亲 忘 我 难； 使 亲 忘

wǒ yì　jiān wàng tiān xià nán　jiān wàng tiān xià yì　shǐ tiān
我 易， 兼 忘 天 下 难； 兼 忘 天 下 易， 使 天

xià jiān wàng wǒ nán　fú dé yí yáo　shùn ér bù wéi yě　lì
下 兼 忘 我 难。 夫 德 遗 尧、 舜 而 不 为 也， 利

zé shī yú wàn shì　tiān xià mò zhī yě　qǐ zhí tài xī ér yán
泽 施 于 万 世， 天 下 莫 知 也， 岂 直 太 息 而 言

rén xiào hū zāi　fú xiào tì rén yì　zhōng xìn zhēn lián　cǐ jiē
仁 孝 乎 哉！ 夫 孝 悌 仁 义， 忠 信 贞 廉， 此 皆

自勉以役其德者也，不足多也。故曰：至贵，国爵并焉；至富，国财并焉；至显，名誉并焉。是以道不渝。"

北门成问于黄帝曰："帝张咸池之乐于洞庭之野，吾始闻之惧，复闻之怠，卒闻之而惑，荡荡默默，乃不自得。"

帝曰："汝殆其然哉！吾奏之以人，徵之以天，行之以礼义，建之以太清。夫至乐者，先应之以人事，顺之以天理，行之以五德，应之以自然。然后调理四时，太和万物。四时迭起，万物循生。一盛一衰，文武伦经。一清一浊，阴阳调和，流光其声。蛰虫始作，吾惊之以雷霆。其卒无尾，其始无首。一死一生，一偾一起，所常无穷，而一不可待。汝故惧也。吾又奏之以阴阳之和，烛之以日月之明。其声

néng duǎn néng cháng néng róu néng gāng biàn huà qí yī bù zhǔ
能短能长，能柔能刚，变化齐一，不主

gù cháng zài gǔ mǎn gǔ zài kēng mǎn kēng tú xì shǒu shén
故常。在谷满谷，在坑满坑。涂郄守神，

yǐ wù wéi liáng qí shēng huī chuò qí míng gāo míng shì gù
以物为量。其声挥绰，其名高明。是故

guǐ shén shǒu qí yōu rì yuè xīng chén xíng qí jì wú zhǐ zhī
鬼神守其幽，日月星辰行其纪。吾止之

yú yǒu qióng liú zhī yú wú zhǐ yú yù lǜ zhī ér bù néng zhī
于有穷，流之于无止。予欲虑之而不能知

yě wàng zhī ér bù néng jiàn yě zhú zhī ér bù néng jí yě
也，望之而不能见也，逐之而不能及也。

tǎng rán lì yú sì xū zhī dào yǐ yú gǎo wú ér yín xīn qióng
傥然立于四虚之道，倚于槁梧而吟。心穷

hū suǒ yù zhī mù qióng hū suǒ yù jiàn lì qū hū suǒ yù
乎所欲知，'目穷乎所欲见，力屈乎所欲

zhú wú jì bù jí yǐ fú xíng chōng kōng xū nǎi zhì
逐，吾既不及，已夫！形充空虚，乃至

wēi yí rǔ wēi yí gù dài
委蛇。汝委蛇，故怠。

　　wú yòu zòu zhī yǐ wú dài zhī shēng tiáo zhī yǐ zì rán zhī
　　吾又奏之以无怠之声，调之以自然之

mìng gù ruò hùn zhú cóng shēng lín yuè ér wú xíng bù huī ér
命。故若混逐丛生，林乐而无形，布挥而

bù yè yōu hūn ér wú shēng dòng yú wú fāng jū yú yǎo míng
不曳，幽昏而无声。动于无方，居于窈冥，

huò wèi zhī sǐ huò wèi zhī shēng huò wèi zhī shí huò wèi zhī
或谓之死，或谓之生；或谓之实，或谓之

róng xíng liú sàn xǐ bù zhǔ cháng shēng shì yí zhī jī yú
荣。行流散徙，不主常声。世疑之，稽于

shèng rén shèng yě zhě dá yú qíng ér suì yú mìng yě tiān
圣人。圣也者，达于情而遂于命也。天

机不张而五官皆备。此之谓天乐，无言而心说。故有焱氏为之颂曰：'听之不闻其声，视之不见其形，充满天地，苞裹六极。'汝欲听之而无接焉，而故惑也。乐也者，始于惧，惧故祟；吾又次之以怠，怠故遁；卒之于惑，惑故愚；愚故道，道可载而与之俱也。"

孔子西游于卫，颜渊问师金曰："以夫子之行为奚如？"

师金曰："惜乎！而夫子其穷哉！"

颜渊曰："何也？"

师金曰："夫刍狗之未陈也，盛以箧衍，巾以文绣，尸祝齐戒以将之。及其已陈也，行者践其首脊，苏者取而爨之而已。将复取而盛以箧衍，巾以文绣，游居寝卧其下，彼不得梦，必且数眯焉。今而夫子亦取先王已陈刍狗，聚弟子游居寝卧其下。故伐树于宋，削迹于卫，穷于商周，是非其梦邪？围于陈蔡之间，七日不火食，死生相与邻，是非其眯邪？夫水行莫如用舟，而陆行莫如用车。以舟之可行于水也，而求推之于陆，则没世不行寻常。古今非水陆与？周鲁非舟车与？今蕲行周于鲁，是犹推舟于陆也！劳而无功，身必有殃。彼未知夫无方之传，应物而不穷者也。且子独不见夫桔槔者乎？引之则俯，舍之则仰。彼，人之所引，非引人者也。故俯仰而不得罪于人。故夫三皇五帝之礼义法度，不矜于同而矜于治。故譬三皇五帝之礼义法度，其犹柤梨橘柚邪！其味相反而皆可于口。故礼义法度者，应时而变者也。今取猨狙而衣以周公之服，彼必龁啮挽裂，尽去而后慊。观古今之异，犹猨狙之异乎周公也。故西施病心而矉其里，其里之丑人见之而美之，归亦捧心而矉其里。其里之富人见之，坚闭门而不出；贫人见之，挈妻子而去走。彼知矉美而不知矉之所以美。惜乎，而夫子其穷哉！"

孔子行年五十有一而不闻道，乃南之沛见老聃。老聃曰："子来乎？吾闻子，北方之贤者也！子亦得道乎？"孔子曰："未得也。"老子曰："子恶乎求之哉？"曰："吾求之于度数，五年而未得也。"老子曰："子又恶乎求之哉？"曰："吾求之于阴阳，十有二年而未得也。"老子曰："然，使道而可献，则人莫不献之于其君；使道而可进，则人莫不进之于其亲；使道而可以告

人，则人莫不告其兄弟；使道而可以与

人，则人莫不与其子孙。然而不可者，无

佗也，中无主而不止，外无正而不行。由

中出者，不受于外，圣人不出；由外入

者，无主于中，圣人不隐。名，公器也，

不可多取。仁义，先王之蘧庐也，止可以

一宿而不可久处。觏而多责。古之至人，假

道于仁，托宿于义，以游逍遥之虚，食于

苟简之田，立于不贷之圃。逍遥，无为也；

苟简，易养也；不贷，无出也。古者谓是

采真之游。以富为是者，不能让禄；以

显为是者，不能让名。亲权者，不能与

人柄，操之则栗，舍之则悲，而一无所鉴，

以窥其所不休者，是天之戮民也。怨恩取

与谏教生杀八者，正之器也，唯循大变

无所湮者为能用之。故曰：正者，正

yě　　qí xīn yǐ wéi bù rán zhě　　tiānmén fú kāi yǐ
也。其心以为不然者，天门弗开矣。"

kǒng zǐ jiàn lǎo dān ér yǔ rén yì　　lǎo dān yuē　　fú
孔子见老聃而语仁义。老聃曰："夫

bō kāng mí mù　　zé tiān dì sì fāng yì wèi yǐ　　wén méng zǎn
播糠眯目，则天地四方易位矣；蚊虻噆

fū　　zé tōng xī bù mèi yǐ　　fú rén yì cǎn rán nǎi fèn wú
肤，则通昔不寐矣。夫仁义憯然乃愤吾

xīn　　luàn mò dà yān　　wú zǐ shǐ tiān xià wú shī qí pǔ　　wú zǐ
心，乱莫大焉。吾子使天下无失其朴，吾子

yì fàng fēng ér dòng　　zǒng dé ér lì yǐ　　yòu xī jié jié rán jiē
亦放风而动，总德而立矣！又奚杰杰然揭

rén yì　　ruò fù jiàn gǔ ér qiú wáng zǐ zhě yé　　fú hú bù rì
仁义，若负建鼓而求亡子者邪！夫鹄不日

yù ér bái　　wù bù rì qián ér hēi　　hēi bái zhī pǔ　　bù zú
浴而白，乌不日黔而黑。黑白之朴，不足

yǐ wéi biàn　　míng yù zhī guān　　bù zú yǐ wéi guǎng quán hé　　yú
以为辩；名誉之观，不足以为广。泉涸，鱼

xiāng yǔ chǔ yú lù　　xiāng xǔ yǐ shī　　xiāng rú yǐ mò　　bù ruò
相与处于陆，相呴以湿，相濡以沫，不若

xiāngwàng yú jiāng hú
相忘于江湖。"

kǒng zǐ jiàn lǎo dān guī　　sān rì bù tán　　dì zǐ wèn yuē
孔子见老聃归，三日不谈。弟子问曰：

fū zǐ jiàn lǎo dān　　yì jiāng hé guī zāi　　kǒng zǐ yuē　　wú
"夫子见老聃，亦将何规哉？"孔子曰："吾

nǎi jīn yú shì hū jiàn lóng　　lóng　　hé ér chéng tǐ　　sàn ér
乃今于是乎见龙。龙，合而成体，散而

chéng zhāng chéng hū yún qì ér yǎng hū yīn yáng　　yú kǒu zhāng
成章，乘乎云气而养乎阴阳。予口张

ér bù néng xié　　yú yòu hé guī lǎo dān zāi　　zǐ gòng yuē
而不能嗋。予又何规老聃哉？"子贡曰：

"然则人固有尸居而龙见，雷声而渊默，发动如天地者乎？赐亦可得而观乎？"遂以孔子声见老聃。老聃方将倨堂而应，微曰："予年运而往矣，子将何以戒我乎？"子贡曰："夫三皇五帝之治天下不同，其系声名一也。而先生独以为非圣人，如何哉？"老聃曰："小子少进！子何以谓不同？"对曰："尧授舜，舜授禹。禹用力而汤用兵，文王顺纣而不敢逆，武王逆纣而不肯顺，故曰不同。"老聃曰："小子少进，余语汝三皇五帝之治天下：黄帝之治天下，使民心一。民有其亲死不哭而民不非也。尧之治天下，使民心亲。民有为其亲杀其杀而民不非也。舜之治天下，使民心竞。民孕妇十月生子，子生五月而能言，不至乎孩而始谁，则人始有天矣。禹之治天下，使民心变，人有心而兵有顺，杀盗非杀；人自为种而'天下'耳。是以天下大骇，儒墨皆起。其作始有伦，而今乎妇女，何言哉！余语汝：三皇五帝之治天下，名曰治之，而乱莫甚焉。三皇之知，上悖日月之明，下睽山川之精，中堕四时之施。其知惨于蛎虿之尾，鲜规之兽，莫得安其性命之情者，而犹自以为圣人，不可耻乎？其无耻也！"子贡蹴蹴然立不安。

孔子谓老聃曰："丘治《诗》《书》《礼》《乐》《易》《春秋》六经，自以为久矣，孰知其故矣，以奸者七十二君，论先王之道而明周召之迹，一君无所钩用。甚矣夫！人之难说也？道之难明邪？"

老子曰："幸矣，子之不遇治世之君！夫六

经，先王之陈迹也，岂其所以迹哉！今子之所言，犹迹也。夫迹，履之所出，而迹岂履哉！夫白鶂之相视，眸子不运而风化；虫，雄鸣于上风，雌应于下风而风化。类自为雌雄，故风化。性不可易，命不可变，时不可止，道不可壅。苟得于道，无自而不可；失焉者，无自而可。"孔子不出三月，复见，曰："丘得之矣。乌鹊孺，鱼傅沫，细要者化，有弟而兄啼。久矣，夫丘不与化为人！不与化为人，安能化人。"

老子曰："可，丘得之矣！"

注音：丁　秀　徐晓静

校对：王洪波

刻意
kè yì

刻意尚行，离世异俗，高论怨诽，为亢而已矣。此山谷之士，非世之人，枯槁赴渊者之所好也。语仁义忠信，恭俭推让，为修而已矣。此平世之士，教诲之人，游居学者之所好也。语大功，立大名，礼君臣，正上下，为治而已矣。此朝廷之士，尊主强国之人，致功并兼者之所好也。就薮泽，处闲旷，钓鱼闲处，无为而已矣。此江海之士，避世之人，闲暇者之所好也。吹呴呼吸，吐故纳新，熊经鸟申，为寿而已矣。此道引之士，养形之

人，彭祖寿考者之所好也。若夫不刻意

而高，无仁义而修，无功名而治，无江

海而闲，不道引而寿，无不忘也，无不有

也。淡然无极而众美从之。此天地之道，

圣人之德也。

故曰，夫恬惔寂漠虚无无为，此天地之

本而道德之质也。故圣人休焉，休则平

易矣，平易则恬惔矣。平易恬惔，则忧患

不能入，邪气不能袭，故其德全而神

不亏。

故曰，圣人之生也天行，其死也物

化。静而与阴同德，动而与阳同波；不为

福先，不为祸始；感而后应，迫而后动，

不得已而后起。去知与故，循天之理。故

曰无天灾，无物累，无人非，无鬼责。其

生若浮，其死若休。不思虑，不豫谋。光

矣而不耀，信矣而不期。其寝不梦，其觉无
忧，其神纯粹，其魂不罢。虚无恬惔，乃
合天德。

故曰，悲乐者，德之邪；喜怒者，道之
过；好恶者，德之失。故心不忧乐，德之至
也；一而不变，静之至也；无所于忤，虚之
至也；不与物交，惔之至也；无所于逆，粹
之至也。

故曰，形劳而不休则弊，精用而不已则
竭。水之性，不杂则清，莫动则平；郁闭
而不流，亦不能清；天德之象也。故曰，
纯粹而不杂，静一而不变，惔而无为，动而
天行，此养神之道也。夫有干越之剑
者，柙而藏之，不敢轻用也，宝之至也。
精神四达并流，无所不极，上际于天，下
蟠于地，化育万物，不可为象，其名为

tóng dì

同 帝。

　　chún sù zhī dào　　wéi shén shì shǒu　 shǒu ér wù shī　　yǔ

　　纯 素 之 道， 唯 神 是 守。 守 而 勿 失， 与

shén wéi yī　　 yī zhī jīng tōng　　hé yú tiān lún　　 yě yǔ yǒu

神 为 一； 一 之 精 通， 合 于 天 伦。 野 语 有

zhī yuē　　zhòng rén zhòng　lì　　 lián shì zhòng míng　 xián shì shàng

之 曰："众 人 重 利， 廉 士 重 名， 贤 士 尚

zhì　 shèng rén guì jīng　　 gù sù yě zhě　　 wèi qí wú suǒ yǔ

志， 圣 人 贵 精。" 故 素 也 者， 谓 其 无 所 与

zá yě　 chún yě zhě　　 wèi qí bù kuī qí shén yě　　 néng tǐ chún

杂 也； 纯 也 者， 谓 其 不 亏 其 神 也。 能 体 纯

sù　　 wèi zhī zhēn rén

素， 谓 之 真 人。

注音：张利明　王洪波

校对：徐晓静

69

shàn xìng
缮 性

shàn xìng yú sú xué　　　yǐ qiú fù qí chū　　　gǔ yù yú sú
缮 性 于 俗 学，以 求 复 其 初；滑 欲 于 俗

sī　　　yǐ qiú zhì qí míng　　　wèi zhī　bì méng zhī mín
思，以 求 致 其 明；谓 之 蔽 蒙 之 民。

　　gǔ zhī zhì dào zhě　　　yǐ tián yǎng zhì　　　zhī shēng ér wú yǐ
古 之 治 道 者，以 恬 养 知；知 生 而 无 以

zhì wéi yě　　　wèi zhī yǐ zhì yǎng tián　　　zhī yǔ tián jiāo xiāng yǎng
知 为 也，谓 之 以 知 养 恬。知 与 恬 交 相 养，

ér hé lǐ chū qí xìng　　　fú dé　　　hé yě　　　dào　　　lǐ yě　　　dé
而 和 理 出 其 性。夫 德，和 也；道，理 也。德

wú bù róng　　　rén yě　　　dào wú bù lǐ　　　yì yě　　　yì míng ér wù
无 不 容，仁 也；道 无 不 理，义 也；义 明 而 物

qīn　zhōng yě　　　zhōng chún shí ér fǎn hū qíng　　　lè yě　　　xìn xíng
亲，忠 也；中 纯 实 而 反 乎 情，乐 也；信 行

róng tǐ ér shùn hū wén　　　lǐ yě　　　lǐ lè piān xíng　　　zé tiān xià
容 体 而 顺 乎 文，礼 也。礼 乐 偏 行，则 天 下

luàn yǐ　　　bǐ zhèng ér méng jǐ dé　　　dé zé bù mào　　　mào zé
乱 矣。彼 正 而 蒙 己 德，德 则 不 冒。冒 则

wù bì shī qí xìng yě
物 必 失 其 性 也。

　　gǔ zhī rén　　　zài hún máng zhī zhōng　　　yǔ yī shì ér dé dàn
古 之 人，在 混 芒 之 中，与 一 世 而 得 澹

漠焉。当是时也，阴阳和静，鬼神不扰，四时得节，万物不伤，群生不夭，人虽有知，无所用之，此之谓至一。当是时也，莫之为而常自然。

逮德下衰，及燧人伏羲始为天下，是故顺而不一。德又下衰，及神农黄帝始为天下，是故安而不顺。德又下衰，及唐虞始为天下，兴治化之流，㲉淳散朴，离道以善，险德以行，然后去性而从于心。心与心识，知而不足以定天下，然后附之以文，益之以博。文灭质，博溺心，然后民始惑乱，无以反其性情而复其初。由是观之，世丧道矣，道丧世矣，世与道交相丧也。道之人何由兴乎世，世亦何由兴乎道哉！道无以兴乎世，世无以兴乎道，虽圣人不在山林之中，其德隐矣。

隐，故不自隐。古之所谓隐士者，非伏身而弗见也，非闭其言而不出也，非藏其知而不发也，时命大谬也。当时命而大行乎天下，则反一无迹；不当时命而大穷乎天下，则深根宁极而待；此存身之道也。

古之行身者，不以辩饰知，不以知穷天下，不以知穷德，危然处其所而反其性已，又何为哉！道固不小行，德固不小识。小识伤德，小行伤道。故曰，正己而已矣。乐全之谓得志。

古之所谓得志者，非轩冕之谓也，谓其无以益其乐而已矣。今之所谓得志者，轩冕之谓也。轩冕在身，非性命也，物之傥来，寄者也。寄之，其来不可圉，其去不可止。故不为轩冕肆志，不为穷约趋俗，其乐彼与此同，故无忧而已矣！今寄去则不乐。由是观之，虽乐，未尝不荒也。故曰，丧己于物，失性于俗者，谓之倒置之民。

注音：丁　秀　王洪波

校对：徐晓静

秋 水 (qiū shuǐ)

秋水时至，百川灌河。泾流之大，两
涘渚崖之间不辩牛马。于是焉河伯欣然自
喜，以天下之美为尽在己。顺流而东行，
至于北海，东面而视，不见水端。于是
焉河伯始旋其面目，望洋向若而叹曰：
"野语有之曰：'闻道百，以为莫己若者。'
我之谓也。且夫我尝闻少仲尼之闻而
轻伯夷之义者，始吾弗信；今我睹子之难
穷也，吾非至于子之门，则殆矣，吾长
见笑于大方之家。"

北海若曰："井蛙不可以语于海者，拘于

虚也；夏虫不可以语于冰者，笃于时也；曲士不可以语于道者，束于教也。今尔出于崖涘，观于大海，乃知尔丑，尔将可与语大理矣。天下之水，莫大于海，万川归之，不知何时止而不盈；尾闾泄之，不知何时已而不虚；春秋不变，水旱不知。此其过江河之流，不可为量数。而吾未尝以此自多者，自以比形于天地，而受气于阴阳，吾在于天地之间，犹小石小木之在大山也。方存乎见少，又奚以自多！计四海之在天地之间也，不似礨空之在大泽乎？计中国之在海内，不似稊米之在大仓乎？号物之数谓之万，人处一焉；人卒九州，穀食之所生，舟车之所通，人处一焉；此其比万物也，不似豪末之在于马体乎？五帝之所运，三王之所争，仁人之所忧，任

士之所劳，尽此矣！伯夷辞之以为名，仲尼
语之以为博，此其自多也，不似尔向之自
多于水乎？"

河伯曰："然则吾大天地而小豪末，
可乎？"

北海若曰："否，夫物，量无穷，时无
止，分无常，终始无故。是故大知观于
远近，故小而不寡，大而不多，知量无
穷。证向今故，故遥而不闷，掇而不跂，
知时无止。察乎盈虚，故得而不喜，失而不
忧，知分之无常也；明乎坦涂，故生而
不说，死而不祸，知终始之不可故也。计
人之所知，不若其所不知；其生之时，不
若未生之时；以其至小，求穷其至大之
域，是故迷乱而不能自得也。由此观之，
又何以知毫末之足以定至细之倪！又何以

zhī tiān dì zhī zú yǐ qióng zhì dà zhī yù
知天地之足以穷至大之域！"

hé bó yuē　　　shì zhī yì zhě jiē yuē　　zhì jīng wú xíng
河伯曰："世之议者皆曰：'至精无形，

zhì dà bù kě wéi　　shì xìn qíng hū
至大不可围。'是信情乎？"

běi hǎi ruò yuē　　fú zì xì shì dà zhě bù jìn　zì dà shì
北海若曰："夫自细视大者不尽，自大视

xì zhě bù míng　　fú jīng　　xiǎo zhī wēi yě　fú　　dà zhī yīn
细者不明。夫精，小之微也；垺，大之殷

yě　gù yì biàn　　cǐ shì zhī yǒu yě　　fú jīng cū zhě　　qī
也；故异便。此势之有也。夫精粗者，期

yú yǒu xíng zhě yě　　wú xíng zhě　　shù zhī suǒ bù néng fēn yě
于有形者也；无形者，数之所不能分也；

bù kě wéi zhě　　shù zhī suǒ bù néng qióng yě　　kě yǐ yán lùn
不可围者，数之所不能穷也。可以言论

zhě　wù zhī cū yě　　kě yǐ yì zhì zhě　　wù zhī jīng yě　　yán
者，物之粗也；可以意致者，物之精也。言

zhī suǒ bù néng lùn　　yì zhī suǒ bù néng chá zhì zhě　　bù qī
之所不能论，意之所不能察致者，不期

jīng cū yān　　shì gù dà rén zhī xíng　　bù chū hū hài rén　bù
精粗焉。是故大人之行，不出乎害人，不

duō rén ēn　　dòng bù wéi lì　　bù jiàn mén lì　　huò cái fú
多仁恩；动不为利，不贱门隶；货财弗

zhēng　bù duō cí ràng　　shì yān bù jiè rén　　bù duō shí hū　lì
争，不多辞让；事焉不借人，不多食乎力，

bù jiàn tān wū　　háng shū hū sú　　bù duō pì yì　　wéi zài cóng
不贱贪污；行殊乎俗，不多辟异；为在从

zhòng　bù jiàn nìng chǎn　　shì zhī jué lù bù zú yǐ wéi quàn　lù
众，不贱佞谄；世之爵禄不足以为劝，戮

chǐ bù zú yǐ wéi rǔ　　zhī shì fēi zhī bù kě wéi fēn　　xì dà zhī
耻不足以为辱；知是非之不可为分，细大之

不可为倪。闻曰：'道人不闻，至德不得，大
人无己。'约分之至也。"

河伯曰："若物之外，若物之内，恶至而
倪贵贱？恶至而倪小大？"

北海若曰："以道观之，物无贵贱；以
物观之，自贵而相贱；以俗观之，贵贱
不在己；以差观之，因其所大而大之，则
万物莫不大；因其所小而小之，则万物莫
不小；知天地之为稊米也，知毫末之为丘
山也，则差数睹矣。以功观之，因其所
有而有之，则万物莫不有；因其所无而无
之，则万物莫不无；知东西之相反而不
可以相无，则功分定矣。以趣观之，因
其所然而然之，则万物莫不然；因其所非
而非之，则万物莫不非；知尧桀之自然而
相非，则趣操睹矣。昔者尧舜让而帝，

之哙让而绝；汤武争而王，白公争而灭。由此观之，争让之礼，尧桀之行，贵贱有时，未可以为常也。梁丽可以冲城，而不可以窒穴，言殊器也。骐骥骅骝，一日而驰千里，捕鼠不如狸狌，言殊技也。鸱鸺夜撮蚤，察毫末，昼出瞋目而不见丘山，言殊性也。故曰，盖师是而无非，师治而无乱乎？是未明天地之理，万物之情者也。是犹师天而无地，师阴而无阳，其不可行明矣。然且语而不舍，非愚则诬也。帝王殊禅，三代殊继。差其时，逆其俗者，谓之篡夫；当其时顺其俗者，谓之义之徒。默默乎河伯！女恶知贵贱之，小大之家！"

河伯曰："然则我何为乎，何不为乎？吾辞受趣舍，吾终奈何？"

北海若曰："以道观之，何贵何贱，是谓反衍；无拘而志，与道大蹇。何少何多，是谓谢施；无一而行，与道参差。严严乎若国之有君，其无私德；繇繇乎若祭之有社，其无私福；泛泛乎其若四方之无穷，其无所畛域。兼怀万物，其孰承翼？是谓无方。万物一齐，孰短孰长？道无终始，物有死生，不恃其成。一虚一满，不位乎其形。年不可举，时不可止；消息盈虚，终则有始。是所以语大义之方，论万物之理也。物之生也，若骤若驰，无动而不变，无时而不移。何为乎，何不为乎？夫固将自化。"

河伯曰："然则何贵于道邪？"

北海若曰："知道者必达于理，达于理者必明于权，明于权者不以物害己。至德者，火弗能热，水弗能溺，寒暑弗能害，禽兽弗能贼。非谓其薄之也，言察乎安危，宁于祸福，谨于去就，莫之能害也。故曰：天在内，人在外，德在乎天。知天人之行，本乎天，位乎得，蹢躅而屈伸，反要而语极。"

曰："何谓天？何谓人？"

北海若曰："牛马四足，是谓天；落马首，穿牛鼻，是谓人。故曰，无以人灭天，无以故灭命，无以得殉名。谨守而勿失，是谓反其真。"

夔怜蚿，蚿怜蛇，蛇怜风，风怜目，目怜心。

夔谓蚿曰："吾以一足趻踔而行，予无如矣。今子之使万足，独奈何？"蚿曰："不然。子不见乎唾者乎？喷则大者如珠，小者如雾，杂而下者不可胜数也。今予动吾天机，而不知其所以然。"

蚿谓蛇曰："吾以众足行，而不及子之无足，何也？"蛇曰："夫天机之所动，何可易邪？吾安用足哉！"

蛇谓风曰："予动吾脊胁而行，则有似也。今子蓬蓬然起于北海，蓬蓬然入于南海，而似无有，何也？"风曰："然，予蓬蓬然起于北海而入于南海也，然而指我则胜我，鳅我亦胜我。虽然，夫折大木、蜚大屋者，唯我能也，故以众小不胜为大胜也。为大胜者，唯圣人能之。"

孔子游于匡，卫人围之数匝，而弦歌不辍。子路入见，曰："何夫子之娱也？"孔子曰：来，吾语女！我讳穷久矣，而不免，命也；求通久矣，而不得，时也。当尧

舜而天下无穷人，非知得也；当桀纣而

天下无通人，非知失也；时势适然。夫水

行不避蛟龙者，渔父之勇也；陆行不避

兕虎者，猎夫之勇也；白刃交于前，视死

若生者，烈士之勇也；知穷之有命，知

通之有时，临大难而不惧者，圣人之勇

也。由处矣，吾命有所制矣。"

无几何，将甲者进，辞曰："以为阳虎

也，故围之。今非也，请辞而退。"

公孙龙问于魏牟曰："龙少学先王

之道，长而明仁义之行；合同异，离坚

白；然不然，可不可；困百家之知，穷众

口之辩；吾自以为至达已。今吾闻庄子

之言，汒焉异之。不知论之不及与？知之弗

若与？今吾无所开吾喙，敢问其方。"

公子牟隐机大息，仰天而笑曰："子独

不闻夫坎井之蛙乎？谓东海之鳖曰：'吾乐与！出跳梁乎井干之上，入休乎缺甃之崖。赴水则接腋持颐，蹶泥则没足灭跗。还虷蟹与科斗，莫吾能若也。且夫擅一壑之水，而跨跱坎井之乐，此亦至矣，夫子奚不时来入观乎！'东海之鳖左足未入，而右膝已絷矣，于是逡巡而却，告之海曰：'夫千里之远，不足以举其大；千仞之高，不足以极其深。禹之时十年九潦，而水弗为加益；汤之时八年七旱，而崖不为加损。夫不为顷久推移，不以多少进退者，此亦东海之大乐也。'于是坎井之蛙闻之，适适然惊，规规然自失也。且夫知不知是非之竟，而犹欲观于庄子之言，是犹使蚊虻负山，商蚷驰河也，必不胜任矣。且夫知不知论极妙之言，而自适一时之利者，是非坎井之蛙与？且彼方跐黄泉而登大皇，无南无北，奭然四解，沦于不测；无东无西，始于玄冥，反于大通。子乃规规然而求之以察，索之以辩，是直用管窥天，用锥指地也，不亦小乎！子往矣！且子独不闻夫寿陵余子之学行于邯郸与？未得国能，又失其故行矣，直匍匐而归耳。今子不去，将忘子之故，失子之业。"

公孙龙口呿而不合，舌举而不下，乃逸而走。

庄子钓于濮水。楚王使大夫二人往先焉，曰："愿以境内累矣！"

庄子持竿不顾，曰："吾闻楚有神龟，死已三千岁矣。王巾笥而藏之庙堂之上。此龟者，宁其死为留骨而贵乎？宁其生而曳尾于涂中乎？"

二大夫曰："宁生而曳尾涂中。"庄子曰："往矣！吾将曳尾于涂中。"

惠子相梁，庄子往见之。或谓惠子曰："庄子来，欲代子相。"于是惠子恐，搜于国中三日三夜。

庄子往见之，曰："南方有鸟，其名为鹓鶵，子知之乎？夫鹓鶵，发于南海而飞于北海；非梧桐不止，非练实不食，非醴泉不饮。于是鸱得腐鼠，鹓鶵过之，仰而视之曰：'嚇！'今子欲以子之梁国而嚇我邪？"庄子与惠子游于濠梁之上。庄子曰："儵鱼出游从容，是鱼之乐也。"惠子曰："子非鱼，安知鱼之乐？"庄子曰："子非我，安知我不知鱼之乐？"惠子曰"我非子，固不知子矣；子固非鱼也，子之不知鱼之乐，全矣。"庄子曰："请循其本。子曰‘汝安知鱼乐’云者，既已知吾知之而问我。我知之濠上也。”

注音：张利明

校对：丁　秀

至乐
zhì lè

天下有至乐无有哉？有可以活身者无
tiān xià yǒu zhì lè wú yǒu zāi　yǒu kě yǐ huó shēn zhě wú

有哉？今奚为奚据？奚避奚处？奚就奚去？
yǒu zāi　jīn xī wéi xī jù　xī bì xī chǔ　xī jiù xī qù

奚乐奚恶？
xī lè xī wù

夫天下之所尊者，富贵寿善也；所乐
fú tiān xià zhī suǒ zūn zhě　fù guì shòu shàn yě　suǒ lè

者，身安厚味美服好色音声也；所下者，
zhě　shēn ān hòu wèi měi fú hǎo sè yīn shēng yě　suǒ xià zhě

贫贱夭恶也；所苦者，身不得安逸，口不得
pín jiàn yāo è yě　suǒ kǔ zhě　shēn bù dé ān yì　kǒu bù dé

厚味，形不得美服，目不得好色，耳不得
hòu wèi　xíng bù dé měi fú　mù bù dé hǎo sè　ěr bù dé

音声。若不得者，则大忧以惧，其为形也，
yīn shēng　ruò bù dé zhě　zé dà yōu yǐ jù　qí wéi xíng yě

亦愚哉！
yì yú zāi

夫富者，苦身疾作，多积财而不得尽
fú fù zhě　kǔ shēn jí zuò　duō jī cái ér bù dé jìn

用，其为形也亦外矣。夫贵者，夜以继日，
yòng　qí wéi xíng yě yì wài yǐ　fú guì zhě　yè yǐ jì rì

思虑善否，其为形也亦疏矣。人之生也，与忧俱生。寿者惛惛，久忧不死，何苦也！其为形也亦远矣。烈士为天下见善矣，未足以活身。吾未知善之诚善邪？诚不善邪？若以为善矣，不足活身；以为不善矣，足以活人。故曰："忠谏不听，蹲循勿争。"故夫子胥争之，以残其形；不争，名亦不成。诚有善无有哉？

今俗之所为与其所乐，吾又未知乐之果乐邪？果不乐邪？吾观夫俗之所乐，举群趣者，誙誙然如将不得已，而皆曰乐者，吾未之乐也，亦未之不乐也。果有乐无有哉？吾以无为诚乐矣，又俗之所大苦也。故曰："至乐无乐，至誉无誉。"

天下是非果未可定也。虽然，无为可以定是非。至乐活身，唯无为几存。请尝

试言之。天无为以之清，地无为以之宁。故
两无为相合，万物皆化生。芒乎芴乎，而
无从出乎！芴乎芒乎，而无有象乎！万
物职职，皆从无为殖。故曰天地无为也而
无不为也，人也孰能得无为哉！

庄子妻死，惠子吊之，庄子则方箕
踞鼓盆而歌。

惠子曰："与人居，长子、老、身死，不
哭，亦足矣，又鼓盆而歌，不亦甚乎！"

庄子曰："不然。是其始死也，我独何
能无概然！察其始而本无生，非徒无生
也而本无形，非徒无形也而本无气。杂乎
芒芴之间，变而有气，气变而有形，形
变而有生。今又变而之死。是相与为春
秋冬夏四时行也。人且偃然寝于巨室，而
我嗷嗷然随而哭之，自以为不通乎命，故

90

止也。"

支离叔与滑介叔观于冥伯之丘，昆仑之虚，黄帝之所休。俄而柳生其左肘，其意蹶蹶然恶之。支离叔曰："子恶之乎？"滑介叔曰："亡，予何恶！生者，假借也；假之而生生者，尘垢也。死生为昼夜。且吾与子观化而化及我，我又何恶焉！"

庄子之楚，见空髑髅，髐然有形。撽以马捶，因而问之，曰："夫子贪生失理而为此乎？将子有亡国之事，斧钺之诛而为此乎？将子有不善之行，愧遗父母妻子之丑，而为此乎？将子有冻馁之患，而为此乎？将子之春秋故及此乎？"于是语卒，援髑髅，枕而卧。夜半，髑髅见梦曰："子之谈者似辩士，视子所言，皆生人之累也，死则无此矣。子欲闻死之

说乎?"庄子曰:"然。"髑髅曰:"死,无
君于上,无臣于下,亦无四时之事,从然
以天地为春秋,虽南面王乐,不能过
也。"庄子不信,曰:"吾使司命复生于
形,为子骨肉肌肤,反子父母妻子闾里知
识,子欲之乎?"髑髅深矉蹙頞曰:"吾安
能弃南面王乐而复为人间之劳乎!"

颜渊东之齐,孔子有忧色。子贡下
席而问曰:"小子敢问,回东之齐,夫子
有忧色,何邪?"孔子曰:"善哉汝问!昔
者管子有言,丘甚善之,曰:'褚小者
不可以怀大,绠短者不可以汲深。'夫若
是者,以为命有所成而形有所适也,夫
不可损益。吾恐回与齐侯言尧舜黄帝
之道,而重以燧人神农之言。彼将内求
于己而不得,不得则惑,人惑则死。

"且女独不闻邪？昔者海鸟止于鲁郊，鲁侯御而觞之于庙，奏九韶以为乐，具太牢以为膳。鸟乃眩视忧悲，不敢食一脔，不敢饮一杯，三日而死。此以己养养鸟也，非以鸟养养鸟也。夫以鸟养养鸟者，宜栖之深林，游之坛陆，浮之江湖，食之鳅鲦，随行列而止，委蛇而处。彼唯人言之恶闻，奚以夫譊譊为乎！咸池九韶之乐，张之洞庭之野，鸟闻之而飞，兽闻之而走，鱼闻之而下人，人卒闻之，相与还而观之。鱼处水而生，人处水而死。彼必相与异，其好恶故异也。故先圣不一其能，不同其事。名止于实，义设于适，是之谓条达而福持。"

列子行，食于道从，见百岁髑髅，攓蓬而指之曰："唯予与汝知而未尝死，未尝

shēng yě ruò guǒ yàng hū yú guǒ huān hū
生 也。若 果 养 乎？予 果 欢 乎？"

zhǒng yǒu jǐ dé shuǐ zé wéi jì dé shuǐ tǔ zhī jì zé
种 有 几，得 水 则 为 䳭，得 水 土 之 际 则

wéi wā pín zhī yī shēng yú líng tún zé wéi líng xì líng xì dé
为 蛙 蠙 之 衣，生 于 陵 屯 则 为 陵 舄，陵 舄 得

yù qī zé wéi wū zú wū zú zhī gēn wéi qí cáo qí yè wéi
郁 栖 则 为 乌 足，乌 足 之 根 为 蛴 螬，其 叶 为

hú dié hú dié xū yě huà ér wéi chóng shēng yú zào xià qí
胡 蝶。胡 蝶 胥 也 化 而 为 虫，生 于 灶 下，其

zhuàng ruò tuì qí míng wéi qú duō qú duō qiān rì wéi niǎo
状 若 脱，其 名 为 鸲 掇。鸲 掇 千 日 为 鸟，

qí míng wéi gàn yú gǔ gàn yú gǔ zhī mò wéi sī mí sī mí
其 名 为 乾 余 骨。乾 余 骨 之 沫 为 斯 弥，斯 弥

wéi shí xī yí lù shēng hū shí xī huáng kuàng shēng hū jiǔ
为 食 醯。颐 辂 生 乎 食 醯；黄 軦 生 乎 九

yóu mào ruì shēng hū fǔ quán yáng xī bǐ hū bù sǔn jiǔ zhú
猷；瞀 芮 生 乎 腐 蠸。羊 奚 比 乎 不 箰，久 竹

shēng qīng níng qīng níng shēng chéng chéng shēng mǎ mǎ shēng
生 青 宁；青 宁 生 程，程 生 马，马 生

rén rén yòu fǎn rù yú jī wàn wù jiē chū yú jī jiē rù
人，人 又 反 入 于 机。万 物 皆 出 于 机，皆 入

yú jī
于 机。

注音：张 利 张利明

校对：张利明

达生
dá shēng

dá shēng zhī qíng zhě　　bù wù shēng zhī suǒ wú yǐ wéi
达生之情者，不务生之所无以为；

dá mìng zhī qíng zhě　　bù wù mìng zhī suǒ wú nài hé　　yǎng xíng
达命之情者，不务命之所无奈何。养形

bì xiān zhī yǐ wù　　wù yǒu yú ér xíng bù yǎng zhě yǒu zhī yǐ
必先之以物，物有余而形不养者有之矣；

yǒu shēng bì xiān wú lí xíng　　xíng bù lí ér shēng wáng zhě yǒu
有生必先无离形，形不离而生亡者有

zhī yǐ　　shēng zhī lái bù néng què　　qí qù bù néng zhǐ　　bēi
之矣。生之来不能却，其去不能止。悲

fú　　shì zhī rén yǐ wéi yǎng xíng zú yǐ cún shēng　　ér yǎng xíng
夫！世之人以为养形足以存生，而养形

guǒ bù zú yǐ cún shēng　　zé shì xī zú wéi zāi　　suī bù zú wéi
果不足以存生，则世奚足为哉！虽不足为

ér bù kě bù wéi zhě　　qí wéi bù miǎn yǐ
而不可不为者，其为不免矣。

fú　yù miǎn wéi xíng zhě　　mò rú qì shì　　qì shì zé wú
夫欲免为形者，莫如弃世。弃世则无

lèi　　wú lèi zé zhèng píng　　zhèng píng zé yǔ bǐ gēng shēng gēng
累，无累则正平，正平则与彼更生，更

shēng zé jī yǐ　　shì xī zú qì ér shēng xī zú yí　　qì shì
生则几矣。事奚足弃而生奚足遗？弃事

则形不劳，遗生则精不亏。夫形全精复，与天为一。天地者，万物之父母也；合则成体，散则成始。形精不亏，是谓能移。精而又精，反以相天。

子列子问关尹曰："至人潜行不窒，蹈火不热，行乎万物之上而不栗。请问何以至于此？"

关尹曰："是纯气之守也，非知巧果敢之列。居，予语汝。凡有貌象声色者，皆物也，物与物何以相远！夫奚足以至乎先！是色而已。则物之造乎不形，而止乎无所化。夫得是而穷之者，物焉得而止焉！彼将处乎不淫之度，而藏乎无端之纪，游乎万物之所终始。壹其性，养其气，合其德，以通乎物之所造。夫若是者，其天守全，其神无郤，物奚自入焉！

"夫醉者之坠车，虽疾不死。骨节与人同而犯害与人异，其神全也。乘亦不知也，坠亦不知也，死生惊惧不入乎其胸中，是故遻物而不慑。彼得全于酒而犹若是，而况得全于天乎？圣人藏于天，故莫之能伤也。

"复仇者，不折镆干；虽有忮心者不怨飘瓦，是以天下平均。故无攻战之乱，无杀戮之刑者，由此道也。不开人之天，而开天之天。开天者德生，开人者贼生。不厌其天，不忽于人，民几乎以其真！"

仲尼适楚，出于林中，见痀偻者承蜩，犹掇之也。

仲尼曰："子巧乎，有道邪？"

曰："我有道也。五六月累丸二而不坠，则失者锱铢；累三而不坠，则失者十一；

累五而不坠，犹掇之也。吾处身也，若蹶
株枸；吾执臂也，若槁木之枝。虽天地之
大，万物之多，而唯蜩翼之知。吾不反不
侧，不以万物易蜩之翼，何为而不得！"

孔子顾谓弟子曰："用志不分，乃凝于
神，其痀偻丈人之谓乎！"

颜渊问仲尼曰："吾尝济乎觞深
之渊，津人操舟若神。吾问焉，曰：'操
舟可学邪？'曰：'可。善游者数能。若乃
夫没人，则未尝见舟而便操之也。'吾
问焉而不吾告，敢问何谓也？"

仲尼曰："善游者数能，忘水也；若
乃夫没人之未尝见舟而便操之也，彼视
渊若陵，视舟之覆，犹其车却也。覆却
万方陈乎前而不得入其舍，恶往而不
暇！以瓦注者巧，以钩注者惮，以黄金

注者殙。其巧一也，而有所矜，则重外也。凡外重者内拙。"

田开之见周威公，威公曰："吾闻祝肾学生，吾子与祝肾游，亦何闻焉？"田开之曰："开之操拔篲以侍门庭，亦何闻于夫子！"威公曰："田子无让，寡人愿闻之。"开之曰："闻之夫子曰：'善养生者，若牧羊然，视其后者而鞭之。'"威公曰："何谓也？"田开之曰："鲁有单豹者，岩居而水饮，不与民共利，行年七十而犹有婴儿之色，不幸遇饿虎，饿虎杀而食之。有张毅者，高门县薄，无不走也，行年四十而有内热之病以死。豹养其内而虎食其外，毅养其外而病攻其内。此二子者，皆不鞭其后者也。"仲尼曰："无入而藏，无出而阳，柴立其中央。三者若得，其名必极。夫畏涂者，十杀一人，则父子兄弟相戒也，必盛卒徒而后敢出焉，不亦知乎！人之所取畏者，衽席之上，饮食之间，而不知为之戒者，过也！"

祝宗人玄端以临牢策，说彘曰："汝奚恶死！吾将三月豢汝，十日戒，三日齐，藉白茅，加汝肩尻乎雕俎之上，则汝为之乎？"为彘谋，曰不如食以糠糟而错之牢策之中。自为谋，则苟生有轩冕之尊，死得于䐁楯之上、聚偻之中则为之。为彘谋则去之，自为谋则取之，所异彘者何也！

桓公田于泽，管仲御，见鬼焉。公抚管仲之手曰："仲父何见？"对曰："臣无所见。"公反，诶诒为病，数日不出。齐士有皇子告敖者曰："公则自伤，鬼恶能伤公！夫忿滀之气，散而不反，则为不足；上而不下，则使人善怒；下而不上，则使人善忘；不上不下，中身当心，则为病。"桓公曰："然则有鬼乎？"曰："有。沈有履，灶有髻。户内之烦壤，雷霆处之；东北方之下者，倍阿鲑蠪跃之；西北方之下者，则泆阳处之。水有罔象，丘有峷，山有夔，野有彷徨，泽有委蛇。"公曰："请问委蛇之状何如？"皇子曰："委蛇，其大如毂，其长如辕，紫衣而朱冠。其为物也，恶闻雷车之声则捧其首而立。见之者殆乎霸。"桓公辴然而笑曰："此寡人之所见者也。"于是正衣冠与之坐，不终日而不知病之去也。

纪渻子为王养斗鸡。

十日而问："鸡已乎？"曰："未也，方虚

jiāo ér shì qì
憍 而 恃 气 。"

shí rì yòuwèn yuē wèi yě yóu yīng xiǎng yǐng
十 日 又 问 ， 曰 ："未 也 ， 犹 应 向 景 。"

shí rì yòu wèn yuē wèi yě yóu jí shì ér
十 日 又 问 ， 曰 ："未 也 ， 犹 疾 视 而

shèng qì
盛 气 。"

shí rì yòu wèn yuē jī yǐ jī suī yǒu míng zhě
十 日 又 问 ， 曰 ："几 矣 ， 鸡 虽 有 鸣 者 ，

yǐ wú biàn yǐ wàng zhī shì mù jī yǐ qí dé quán yǐ yì
已 无 变 矣 ， 望 之 似 木 鸡 矣 ， 其 德 全 矣 ， 异

jī wú gǎn yìng jiàn zhě fǎn zǒu yǐ
鸡 无 敢 应 ， 见 者 反 走 矣 。"

kǒng zǐ guān yú lǚ liáng xuán shuǐ sān shí rèn liú mò
孔 子 观 于 吕 梁 ， 县 水 三 十 仞 ， 流 沫

sì shí lǐ yuán tuó yú biē zhī suǒ bù néng yóu yě jiàn yī
四 十 里 ， 鼋 鼍 鱼 鳖 之 所 不 能 游 也 。 见 一

zhàng fū yóu zhī yǐ wéi yǒu kǔ ér yù sǐ yě shǐ dì zǐ
丈 夫 游 之 ， 以 为 有 苦 而 欲 死 也 。 使 弟 子

bìng liú ér zhěng zhī shù bǎi bù ér chū pī fà xíng gē ér
并 流 而 拯 之 。 数 百 步 而 出 ， 被 发 行 歌 而

yóu yú táng xià kǒng zǐ cóng ér wèn yān yuē wú yǐ zǐ
游 于 塘 下 。 孔 子 从 而 问 焉 ， 曰 ："吾 以 子

wéi guǐ chá zǐ zé rén yě qǐngwèn dǎo shuǐ yǒu dào hū
为 鬼 ， 察 子 则 人 也 。 请 问 ， 蹈 水 有 道 乎 ？"

yuē wú wú wú dào wú shǐ hū gù zhǎng hū xìng chéng
曰 ："亡 ， 吾 无 道 。 吾 始 乎 故 ， 长 乎 性 ， 成

hū mìng yǔ qí jù rù yǔ gǔ xié chū cóng shuǐ zhī dào ér
乎 命 。 与 齐 俱 入 ， 与 汩 偕 出 ， 从 水 之 道 而

bù wéi sī yān cǐ wú suǒ yǐ dǎo zhī yě kǒng zǐ yuē
不 为 私 焉 。 此 吾 所 以 蹈 之 也 。" 孔 子 曰 ：

"何谓始乎故，长乎性，成乎命？"曰：

"吾生于陵而安于陵，故也；长于水而安

于水，性也；不知吾所以然而然，命也。"

梓庆削木为鐻，鐻成，见者惊犹鬼

神。鲁侯见而问焉，曰："子何术以为

焉？"对曰："臣工人，何术之有！虽然，

有一焉。臣将为鐻，未尝敢以耗气也，

必齐以静心。齐三日，而不敢怀庆赏爵

禄；齐五日，不敢怀非誉巧拙；齐七日，

辄然忘吾有四枝形体也。当是时也，无

公朝。其巧专而外滑消；然后入山林，

观天性形躯，至矣，然后成见鐻，然

后加手焉，不然则已。则以天合天，器之

所以疑神者，其由是与！"

东野稷以御见庄公，进退中绳，左

右旋中规。庄公以为文弗过也。使之

钩百而反。颜阖遇之，入见曰："稷之马将败。"公密而不应。少焉，果败而反。公曰："子何以知之？"曰："其马力竭矣，而犹求焉，故曰败。"

工倕旋而盖规矩，指与物化而不以心稽，故其灵台一而不桎。忘足，履之适也；忘要，带之适也；忘是非，心之适也；不内变，不外从，事会之适也。始乎适而未尝不适者，忘适之适也。

有孙休者，踵门而诧子扁庆子曰："休居乡不见谓不修，临难不见谓不勇。然而田原不遇岁，事君不遇世，宾于乡里，逐于州部，则胡罪乎天哉？休恶遇此命也？"扁子曰："子独不闻夫至人之自行邪？忘其肝胆，遗其耳目，芒然彷徨乎尘垢之外，逍遥乎无事之业，是谓为而不恃，长而不宰。今汝饰知以惊愚，修身以明污，昭昭乎若揭日月而行也。汝得全而形躯，具而九窍，无中道夭于聋盲跛蹇而比于人数亦幸矣，又何暇乎天之怨哉！子往矣！"

孙子出，扁子入。坐有间，仰天而叹。弟子问曰："先生何为叹乎？"扁子曰："向者休来，吾告之以至人之德，吾恐其惊而遂至于惑也。"弟子曰："不然。孙子之所言是邪，先生之所言非邪，非固不能惑是；孙子所言非邪，先生所言是邪，彼固惑而来矣，又奚罪焉！"扁子曰："不然。昔者有鸟止于鲁郊，鲁君说之，为具太牢以飨之，奏《九韶》以乐之。鸟乃始忧悲眩视，不敢饮食。此之谓以己养养鸟也。若夫以鸟养养鸟者，宜栖之深

lín fú zhī jiāng hú shí zhī yǐ qiū tiáo shé zé ān píng lù
林，浮之江湖，食之以鳅鲦蛇，则安平陆

ér yǐ yǐ jīn xiū kuǎn qǐ guǎ wén zhī mín yě wú gào yǐ
而已矣。今休，款启寡闻之民也，吾告以

zhì rén zhī dé pì zhī ruò zài xī yǐ chē mǎ lè yàn yǐ zhōng
至人之德，譬之若载鼷以车马，乐鴳以 钟

gǔ yě bǐ yòu wū néng wú jīng hū zāi
鼓也，彼又恶能无惊乎哉！"

注音：王洪波

校对：张利明

山木
shān mù

庄子行于山中，见大木，枝叶盛
zhuāng zǐ xíng yú shān zhōng　jiàn dà mù　　zhī yè shèng
茂。伐木者止其旁而不取也。问其故，曰：
mào　fá mù zhě zhǐ qí bàng ér bù qǔ yě　　wèn qí gù　　yuē
"无所可用。"庄子曰："此木以不材得终
wú suǒ kě yòng　zhuāng zǐ yuē　　cǐ mù yǐ bù cái dé zhōng
其天年夫。"出于山，舍于故人之家。故人
qí tiān nián fú　　chū yú shān　shè yú gù rén zhī jiā　　gù rén
喜，命竖子杀雁而烹之。竖子请曰："其
xǐ　　mìng shù zǐ shā yàn ér xiǎng zhī　　shù zǐ qǐng yuē　　qí
一能鸣，其一不能鸣，请奚杀？"主人
yī néng míng　　qí yī bù néng míng　　qǐng xī shā　　zhǔ rén
曰："杀不能鸣者。"
yuē　　shā bù néng míng zhě

明日，弟子问于庄子曰："昨日山
míng rì　　dì zǐ wèn yú zhuāng zǐ yuē　　zuó rì shān
中之木，以不材得终其天年；今主人之
zhōng zhī mù　　yǐ bù cái dé zhōng qí tiān nián　　jīn zhǔ rén zhī
雁，以不材死；先生将何处？"庄子笑
yàn　　yǐ bù cái sǐ　　xiān shēng jiāng hé chǔ　　zhuāng zǐ xiào
曰："周将处乎材与不材之间。材与不材之
yuē　　zhōu jiāng chǔ hū cái yǔ bù cái zhī jiān　　cái yǔ bù cái zhī

间，似之而非也，故未免乎累。若夫乘道德而浮游则不然，无誉无訾，一龙一蛇，与时俱化，而无肯专为；一上一下，以和为量，浮游乎万物之祖。物物而不物于物，则胡可得而累邪！此神农黄帝之法则也。若夫万物之情，人伦之传，则不然。合则离，成则毁；廉则挫，尊则议，有为则亏，贤则谋，不肖则欺。胡可得而必乎哉？悲夫！弟子志之，其唯道德之乡乎！"

市南宜僚见鲁侯，鲁侯有忧色。市南子曰："君有忧色，何也？"鲁侯曰："吾学先王之道，修先君之业；吾敬鬼尊贤，亲而行之，无须臾离居。然不免于患，吾是以忧。"

市南子曰："君之除患之术浅矣！夫丰狐文豹，栖于山林，伏于岩穴，静也；

夜行昼居，戒也；虽饥渴隐约，犹旦胥疏

于江湖之上而求食焉，定也；然且不免

于罔罗机辟之患，是何罪之有哉？其皮为

之灾也。今鲁国独非君之皮邪？吾愿君刳

形去皮，洒心去欲，而游于无人之野。南

越有邑焉，名为建德之国。其民愚而朴，

少私而寡欲；知作而不知藏，与而不求其

报；不知义之所适，不知礼之所将；猖狂

妄行，乃蹈乎大方；其生可乐，其死可

葬。吾愿君去国捐俗，与道相辅而行。"

君曰："彼其道远而险，又有江山，我

无舟车，奈何？"市南子曰："君无形倨，

无留居，以为君车。"君曰："彼其道幽远

而无人，吾谁与为邻？吾无粮，我无食，安

得而至焉？"

市南子曰："少君之费，寡君之欲，虽无

粮而乃足。君其涉于江而浮于海，望之而不见其崖，愈往而不知其所穷。送君者皆自崖而反。君自此远矣！故有人者累，见有于人者忧。故尧非有人，非见有于人也。吾愿去君之累，除君之忧，而独与道游于大莫之国。方舟而济于河，有虚船来触舟，虽有惼心之人不怒，有一人在其上，则呼张歙之。一呼而不闻，再呼而不闻，于是三呼邪，则必以恶声随之。向也不怒而今也怒，向也虚而今也实。人能虚己以游世，其孰能害之？"

北宫奢为卫灵公赋敛以为钟，为坛乎郭门之外，三月而成上下之县。

王子庆忌见而问焉，曰："子何术之设？"

奢曰："一之间，无敢设也。奢闻之：

110

'既雕既琢，复归于朴。'侗乎其无识，傥乎其怠疑。萃乎芒乎，其送往而迎来。来者勿禁，往者勿止。从其强梁，随其曲傅，因其自穷。故朝夕赋敛而毫毛不挫，而况有大涂者乎！"

孔子围于陈蔡之间，七日不火食。大公任往吊之，曰："子几死乎？"曰："然。""子恶死乎？"曰："然。"任曰："予尝言不死之道。东海有鸟焉，其名曰意怠。其为鸟也，翂翂翐翐，而似无能；引援而飞，迫胁而栖；进不敢为前，退不敢为后；食不敢先尝，必取其绪。是故其行列不斥，而外人卒不得害，是以免于患。直木先伐，甘井先竭。子其意者饰知以惊愚，修身以明污，昭昭乎若揭日月而行，故不免也。昔吾闻之大成之人曰：'自伐者无功，功成者堕，名成者亏。'孰能去功与名而还与众人？道流而不明居，得行而不名处；纯纯常常，乃比于狂；削迹捐势，不为功名。是故无责于人，人亦无责焉。至人不闻，子何喜哉？"

孔子曰："善哉！"辞其交游，去其弟子，逃于大泽，衣裘褐，食杼栗，入兽不乱群，入鸟不乱行。鸟兽不恶，而况人乎？

孔子问子桑雽曰："吾再逐于鲁，伐树于宋，削迹于卫，穷于商周，围于陈蔡之间。吾犯此数患，亲交益疏，徒友益散，何与？"

子桑雽曰："子独不闻假人之亡与？林回弃千金之璧，负赤子而趋。或曰：'为其布与？赤子之布寡矣；为其累与？赤子之累

多矣。弃千金之璧，负赤子而趋，何也？'

林回曰：'彼以利合，此以天属也。'夫以利

合者，迫穷祸患害相弃也；以天属者，

迫穷祸患害相收也。夫相收之与相

弃亦远矣，且君子之交淡若水，小人之交

甘若醴。君子淡以亲，小人甘以绝，彼无

故以合者，则无故以离。"孔子曰："敬闻

命矣！"徐行翔佯而归，绝学捐书，弟

子无挹于前，其爱益加进。

异日，桑雽又曰："舜之将死，真泠禹

曰：'汝戒之哉！形莫若缘，情莫若率。'

缘则不离，率则不劳。不离不劳，则不求

文以待形；不求文以待形，固不待物。"

庄子衣大布而补之，正廓系履而过魏

王。魏王曰："何先生之惫邪？"

庄子曰："贫也，非惫也。士有道德

不能行，惫也；衣弊履穿，贫也，非惫也；此所谓非遭时也。王独不见夫腾猿乎？其得楠梓豫章也，揽蔓其枝而王长其间，虽羿蓬蒙不能眄睨也。及其得柘棘枳枸之间也，危行侧视，振动悼栗，此筋骨非有加急而不柔也，处势不便，未足以逞其能也。今处昏上乱相之间而欲无惫，奚可得邪？此比干之见剖心征也夫！"

孔子穷于陈蔡之间，七日不火食，左据槁木，右击槁枝，而歌焱氏之风，有其具而无其数，有其声而无宫角。木声与人声，犁然有当于人之心。

颜回端拱还目而窥之。仲尼恐其广己而造大也，爱己而造哀也，曰："回，无受天损易，无受人益难。无始而非卒也，人与天一也。夫今之歌者其谁乎？"

回曰："敢问'无受天损易'？"仲尼曰："饥渴寒暑，穷桎不行，天地之行也，运物之泄也，言与之偕逝之谓也。为人臣者，不敢去之。执臣之道犹若是，而况乎所以待天乎？"

"何谓无受人益难？"仲尼曰："始用四达，爵禄并至而不穷。物之所利，乃非己也，吾命其在外者也。君子不为盗，贤人不为窃，吾若取之何哉？故曰：鸟莫知于鷾鸸，目之所不宜处，不给视，虽落其实，弃之而走。其畏人也，而袭诸人间，社稷存焉尔。"

"何谓'无始而非卒'？"仲尼曰："化其万物而不知其禅之者，焉知其所终？焉知其所始？正而待之而已耳。"

"何谓'人与天一'邪？"仲尼曰："有

人，天也；有天，亦天也。人之不能有天，性也，圣人晏然体逝而终矣！"

庄周游于雕陵之樊，睹一异鹊自南方来者。翼广七尺，目大运寸，感周之颡，而集于栗林。庄周曰："此何鸟哉！翼殷不逝，目大不睹？"蹇裳躩步，执弹而留之。睹一蝉，方得美荫而忘其身。螳螂执翳而搏之，见得而忘其形；异鹊从而利之，见利而忘其真。庄周怵然曰："噫！物固相累，二类相召也。"捐弹而反走，虞人逐而谇之。

庄周反入，三日不庭。蔺且从而问之："夫子何为顷间甚不庭乎？"庄周曰："吾守形而忘身，观于浊水而迷于清渊。且吾闻诸夫子曰：'入其俗，从其令。'今吾游于雕陵而忘吾身，异鹊感吾颡，游于栗林而忘真，栗林虞人以吾为戮，吾所以不庭也。"

阳子之宋，宿于逆旅。逆旅人有妾二人，其一人美，其一人恶。恶者贵而美者贱。阳子问其故，逆旅小子对曰："其美者自美，吾不知其美也；其恶者自恶，吾不知其恶也。"阳子曰："弟子记之！行贤而去自贤之心，安往而不爱哉！"

注音：张利明

校对：丁　秀

117

tián　zǐ　fāng
田 子 方

tián zǐ fāng shì zuò yú wèi wén hóu　　shuò chēng xī gōng
田 子 方 侍 坐 于 魏 文 侯 ， 数 称 谿 工。

wén hóu yuē　　　xī gōng　zǐ zhī shī yé
文 侯 曰 ："谿 工 ， 子 之 师 邪 ？"

zǐ fāng yuē　　　fēi yě　　wú zé zhī lǐ rén yě　chēng dào
子 方 曰 ："非 也 ， 无 择 之 里 人 也。 称 道

shuò dàng　gù wú zé chēng zhī
数 当 ， 故 无 择 称 之。"

wén hóu yuē　　rán zé zǐ wú shī yé
文 侯 曰 ："然 则 子 无 师 邪 ？"

zǐ fāng yuē　　　yǒu
子 方 曰 ："有。"

yuē　　　zǐ zhī shī shéi yé
曰 ："子 之 师 谁 邪 ？"

zǐ fāng yuē　　dōng guō shùn zǐ
子 方 曰 ："东 郭 顺 子。"

wén hóu yuē　　　rán zé fū zǐ hé gù wèi cháng chēng zhī
文 侯 曰 ："然 则 夫 子 何 故 未 尝 称 之 ？"

zǐ fāng yuē　　　qí wéi rén yě zhēn　rén mào ér tiān xū
子 方 曰 ："其 为 人 也 真。 人 貌 而 天 虚 ，

yuán ér bǎo zhēn　qīng ér róng wù　　wù wú dào　zhèng róng yǐ
缘 而 葆 真 ， 清 而 容 物。 物 无 道 ， 正 容 以

悟之，使人之意也消。无择何足以称之！"

子方出，文侯傥然，终日不言。召前

立臣而语之曰："远矣，全德之君子！始

吾以圣知之言仁义之行为至矣。吾闻子

方之师，吾形解而不欲动，口钳而不欲

言。吾所学者，直土埂耳！夫魏真为我

累耳！"

温伯雪子适齐，舍于鲁。鲁人有请见

之者，温伯雪子曰："不可。吾闻中国之

君子，明乎礼义而陋于知人心。吾不欲见

也。"至于齐，反舍于鲁，是人也又请见。

温伯雪子曰："往也蕲见我，今也又蕲见

我，是必有以振我也。"出而见客，入而

叹。明日见客，又入而叹。其朴曰："每见

之客也，必入而叹，何邪？"曰："吾固告

子矣：中国之民，明乎礼义而陋乎知人心。

昔之见我者，进退一成规一成矩，从容一若龙一若虎。其谏我也似子，其道我也似父，是以叹也。"仲尼见之而不言。子路曰："吾子欲见温伯雪子久矣。见之而不言，何邪？"仲尼曰："若夫人者，目击而道存矣，亦不可以容声矣！"

颜渊问于仲尼曰："夫子步亦步，夫子趋亦趋，夫子驰亦驰，夫子奔逸绝尘，而回瞠若乎后矣！"夫子曰："回，何谓邪？"曰："夫子步亦步也，夫子言亦言也；夫子趋亦趋也，夫子辩亦辩也；夫子驰亦驰也，夫子言道，回亦言道也；及奔逸绝尘而回瞠若乎后者，夫子不言而信，不比而周，无器而民滔乎前，而不知所以然而已矣。"

仲尼曰："恶！可不察与！夫哀莫大于

心死，而人死亦次之。日出东方而入于西极，万物莫不比方，有目有趾者，待是而后成功。是出则存，是入则亡。万物亦然，有待也而死，有待也而生。吾一受其成形，而不化以待尽。效物而动，日夜无隙，而不知其所终。薰然其成形，知命不能规乎其前。丘以是日徂。吾终身与汝交一臂而失之，可不哀与！女殆著乎吾所以著也。彼已尽矣，而女求之以为有，是求马于唐肆也。吾服女也甚忘；女服吾也甚忘。虽然，女奚患焉！虽忘乎故吾，吾有不忘者存。"

孔子见老聃，老聃新沐，方将被发而干，慹然似非人。孔子便而待之。少焉见，曰："丘也眩与？其信然与？向者先生形体掘若槁木，似遗物离人而立于独也。"

老聃曰："吾游心于物之初。"孔子曰："何谓邪？"曰："心困焉而不能知，口辟焉而不能言。尝为汝议乎其将：至阴肃肃，至阳赫赫。肃肃出乎天，赫赫发乎地。两者交通成和而物生焉，或为之纪而莫见其形。消息满虚，一晦一明，日改月化，日有所为而莫见其功。生有所乎萌，死有所乎归，始终相反乎无端，而莫知乎其所穷。非是也，且孰为之宗！"孔子曰："请问游是。"老聃曰："夫得是至美至乐也。得至美而游乎至乐，谓之至人。"孔子曰："愿闻其方。"曰："草食之兽，不疾易薮；水生之虫，不疾易水。行小变而不失其大常也，喜怒哀乐不入于胸次。夫天下也者，万物之所一也。得其所一而同焉，则四支百体将为尘垢，而死生终始将为昼夜，而莫之能滑，而况得丧祸福之所介乎！弃隶者若弃泥涂，知身贵于隶也。贵在于我而不失于变。且万化而未始有极也，夫孰足以患心！已为道者解乎此。"孔子曰："夫子德配天地，而犹假至言以修心。古之君子，孰能脱焉！"老聃曰："不然。夫水之于汋也，无为而才自然矣；至人之于德也，不修而物不能离焉。若天之自高，地之自厚，日月之自明，夫何修焉！"孔子出，以告颜回曰："丘之于道也，其犹醯鸡与！微夫子之发吾覆也，吾不知天地之大全也。"

庄子见鲁哀公，哀公曰："鲁多儒士，少为先生方者。"庄子曰："鲁少儒。"哀公曰："举鲁国而儒服，何谓少乎？"庄子曰："周闻之：儒者冠圜冠者知天时，履句屦者，知地形，缓佩玦者，事至而断。君子有其道者，未必为其服也；为其服者，未必知其道也。公固以为不然，何不号于国中曰：'无此道而为此服者，其罪死！'"于是哀公号之五日，而鲁国无敢儒服者。独有一丈夫，儒服而立乎公门。公即召而问以国事，千转万变而不穷。庄子曰："以鲁国而儒者一人耳，可谓多乎？"

百里奚爵禄不入于心，故饭牛而牛肥，使秦穆公忘其贱，与之政也。有虞氏死生不入于心，故足以动人。

宋元君将画图，众史皆至，受揖而立；舐笔和墨，在外者半。有一史后至者，僵僵然不趋，受揖不立，因之舍。公使人视之，则解衣般礴臝。君曰："可矣，是真画者也。"

文王观于臧，见一丈人钓，而其钓莫钓。非持其钓有钓者也，常钓也。文王欲举而授之政，而恐大臣父兄之弗安也；欲终而释之，而不忍百姓之无天也。于是旦而属之大夫曰："昔者寡人梦见良人，黑色而髯，乘驳马而偏朱蹄，号曰：'寓而政于臧丈人，庶几乎民有瘳乎！'"诸大夫蹴然曰："先君王也。"文王曰："然则卜之。"诸大夫曰："先君之命，王其无它，又何卜焉。"遂迎臧丈人而授之政。典法无更，偏令无出。三年，文王观于国，则列士坏植散群，长官者不成德，斔斛不敢入于四竟。列士坏植散群，则尚同也；长官者不成德，则同务也，斔斛不敢入于四竟，则诸侯无二

125

xīn yě
心也。

wén wáng yú shì yān yǐ wéi tài shī
文王于是焉以为大师，

běi miàn ér wèn
北面而问

yuē zhèng kě yǐ jí tiān xià hū
曰："政可以及天下乎？"

zāng zhàng rén mèi rán ér
臧丈人昧然而

bù yìng
不应，

fàn rán ér cí
泛然而辞，

zhāo lìng ér yè dùn
朝令而夜遁，

zhōng shēn wú wén
终身无闻。

yán yuān wèn yú zhòng ní yuē
颜渊问于仲尼曰："文王其犹未邪？

wén wáng qí yóu wèi yé yòu
又

hé yǐ mèng wéi hū
何以梦为乎？"

zhòng ní yuē
仲尼曰："默，

mò rǔ wú yán fú
汝无言！夫

wén wáng jìn zhī yě
文王尽之也，

ér yòu hé lùn cì yān
而又何论刺焉！

bǐ zhí yǐ xún sī
彼直以循斯

xū yě
须也。"

liè yù kòu wèi bó hūn wú rén shè
列御寇为伯昏无人射，

yǐn zhī yíng wān cuò bēi
引之盈贯，措杯

shuǐ qí zhǒu shàng
水其肘上，

fā zhī
发之，

shì shǐ fù tà
适矢复沓，

fāng shǐ fù yù
方矢复寓。

dāng shì shí
当是时，

yóu xiàng rén yě
犹象人也。

bó hūn wú rén yuē
伯昏无人曰："是射

zhī shè
之射，

fēi bù shè zhī shè yě
非不射之射也。

cháng yǔ rǔ dēng gāo shān
尝与汝登高山，

lǚ
履

wēi shí
危石，

lín bǎi rèn zhī yuān
临百仞之渊，

ruò néng shè hū
若能射乎？"

yú shì wú
于是无

rén suì dēng gāo shān
人遂登高山，

lǚ wēi shí
履危石，

lín bǎi rèn zhī yuān
临百仞之渊，

bèi qūn
背逡

xún
巡，

zú èr fēn chuí zài wài
足二分垂在外，

yī yù kòu ér jìn zhī
揖御寇而进之。

yù kòu
御寇

fú dì
伏地，

hàn liú zhì zhǒng
汗流至踵。

bó hūn wú rén yuē
伯昏无人曰："夫至人者，

fú zhì rén zhě
上窥青天，

shàng kuī qīng tiān
上窥青天，

xià qián huáng quán
下潜黄泉，

huī chì bā jí
挥斥八极，

shén qì
神气

不变。今汝怵然有恂目之志，尔于中也殆矣夫！”

肩吾问于孙叔敖曰：“子三为令尹而不荣华，三去之而无忧色。吾始也疑子，今视子之鼻间栩栩然，子之用心独奈何？”

孙叔敖曰：“吾何以过人哉！吾以其来不可却也，其去不可止也。吾以为得失之非我也，而无忧色而已矣。我何以过人哉！且不知其在彼乎，其在我乎？其在彼邪，亡乎我；在我邪，亡乎彼。方将踌躇，方将四顾，何暇至乎人贵人贱哉！”

仲尼闻之曰：“古之真人，知者不得说，美人不得滥，盗人不得劫，伏戏黄帝不得友。死生亦大矣，而无变乎己，况爵禄乎！若然者，其神经乎大山而无介，入乎渊泉而不濡，处卑细而不惫，充满天地，既以与人，己愈有。"

楚王与凡君坐，少焉，楚王左右曰
"凡亡"者三。凡君曰："凡之亡也，不足
以丧吾存。"夫凡之亡不足以丧吾存，则
楚之存，不足以存存。由是观之，则凡未
始亡，而楚未始存也。

注音：王洪波　徐晓静　丁　秀

校正：张利明

知北游
zhì běi yóu

知北游于玄水之上，登隐弅之丘，而
适遭无为谓焉。知谓无为谓曰："予欲有
问乎若：何思何虑则知道？何处何服则安
道？何从何道则得道？"三问而无为谓不
答也，非不答，不知答也。知不得问，反于
白水之南，登狐阕之上，而睹狂屈焉。知
以之言也问乎狂屈。狂屈曰："唉！予知
之，将语若。"中欲言而忘其所欲言。"知
不得问，反于帝宫，见黄帝而问焉。黄
帝曰："无思无虑始知道，无处无服始安道，
无从无道始得道。"

知问黄帝曰："我与若知之，彼与彼不知也，其孰是邪？"黄帝曰："彼无为谓真是也，狂屈似之，我与汝终不近也。夫知者不言，言者不知，故圣人行不言之教。道不可致，德不可至。仁可为也，义可亏也，礼相伪也。故曰：'失道而后德，失德而后仁，失仁而后义，失义而后礼。'礼者，道之华而乱之首也。'故曰：'为道者日损，损之又损之以至于无为，无为而无不为也。'今已为物也，欲复归根，不亦难乎？其易也，其唯大人乎？生也死之徒，死也生之始，孰知其纪？人之生，气之聚也；聚则为生，散则为死。若死生为徒，吾又何患！故万物一也。是其所美者为神奇，其所恶者为臭腐；臭腐复化为神奇，神奇复化为臭腐。故曰：'通天下一气耳。'圣人故贵一。"

知谓黄帝曰："吾问无为谓，无为谓不应我。非不我应，不知应我也；吾问狂屈，狂屈中欲告我而不我告，非不我告，中欲告而忘之也。今予问乎若，若知之，奚故不近？"黄帝曰："彼其真是也，以其不知也；此其似之也，以其忘之也；予与若终不近也，以其知之也。"

狂屈闻之，以黄帝为知言。

天地有大美而不言，四时有明法而不议，万物有成理而不说。圣人者，原天地之美而达万物之理。是故至人无为，大圣不作，观于天地之谓也。

合彼神明至精，与彼百化，物已死生方圆，莫知其根也，扁然而万物，自古以固存。六合为巨，未离其内；秋豪为小，待

131

之 成 体； 天 下 莫 不 沈 浮， 终 身 不 故； 阴
阳 四 时 运 行， 各 得 其 序。 惛 然 若 亡 而 存，
油 然 不 形 而 神， 万 物 畜 而 不 知。 此 之 谓 本
根， 可 以 观 于 天 矣！

　　齧 缺 问 道 乎 被 衣， 被 衣 曰：" 若 正 汝
形， 一 汝 视， 天 和 将 至； 摄 汝 知， 一 汝 度，
神 将 来 舍。 德 将 为 汝 美， 道 将 为 汝 居。
汝 瞳 焉 如 新 生 之 犊 而 无 求 其 故。" 言 未
卒， 齧 缺 睡 寐。 被 衣 大 说， 行 歌 而 去 之，
曰：" 形 若 槁 骸， 心 若 死 灰， 真 其 实 知， 不
以 故 自 持。 媒 媒 晦 晦， 无 心 而 不 可 与 谋。 彼
何 人 哉！"

　　舜 问 乎 丞：" 道 可 得 而 有 乎？" 曰：" 汝
身 非 汝 有 也， 汝 何 得 有 夫 道！" 舜 曰：" 吾
身 非 吾 有 也， 孰 有 之 哉？" 曰：" 是 天 地 之
委 形 也； 生 非 汝 有， 是 天 地 之 委 和 也； 性

命非汝有，是天地之委顺也；孙子非汝

有，是天地之委蜕也。故行不知所往，处

不知所持，食不知所味。天地之强阳气

也，又胡可得而有邪！"

孔子问于老聃曰："今日晏闲，敢问

至道。"

老聃曰："汝齐戒，疏瀹而心，澡雪而

精神，掊击而知。夫道，窅然难言哉！将

为汝言其崖略。

"夫昭昭生于冥冥，有伦生于无

形，精神生于道，形本生于精，而万

物以形相生。故九窍者胎生，八窍者卵

生。其来无迹，其往无崖，无门无房，四

达之皇皇也。邀于此者，四肢强，思虑

恂达，耳目聪明。其用心不劳，其应物

无方，天不得不高，地不得不广，日月不得

不行，万物不得不昌，此其道与！

"且夫博之不必知，辩之不必慧，圣人以断之矣！若夫益之而不加益，损之而不加损者，圣人之所保也。渊渊乎其若海，魏魏乎其终则复始也。运量万物而不匮。则君子之道，彼其外与！万物皆往资焉而不匮。此其道与！

"中国有人焉，非阴非阳，处于天地之间，直且为人，将反于宗。自本观之，生者，暗噫物也。虽有寿夭，相去几何？须臾之说也，奚足以为尧、桀之是非！果蓏有理，人伦虽难，所以相齿。圣人遭之而不违，过之而不守。调而应之，德也；偶而应之，道也；帝之所兴，王之所起也。

"人生天地之间，若白驹之过郤，忽然而已。注然勃然，莫不出焉；油然漻然，莫

bù rù yān yǐ huà ér shēng yòu huà ér sǐ shēng wù āi zhī
不入焉。已化而生，又化而死。生物哀之，

rén lèi bēi zhī jiě qí tiān tāo huī qí tiān zhì fēn hū wǎn
人类悲之。解其天弢，堕其天袠。纷乎宛

hū hún pò jiāng wǎng nǎi shēn cóng zhī nǎi dà guī hū bù
乎，魂魄将往，乃身从之。乃大归乎！不

xíng zhī xíng xíng zhī bù xíng shì rén zhī suǒ tóng zhī yě fēi
形之形，形之不形，是人之所同知也，非

jiāng zhì zhī suǒ wù yě cǐ zhòng rén zhī suǒ tóng lùn yě bǐ
将至之所务也，此众人之所同论也。彼

zhì zé bù lùn lùn zé bù zhì míng jiàn wú zhí biàn bù ruò
至则不论，论则不至；明见无值，辩不若

mò dào bù kě wén wén bù ruò sāi cǐ zhī wèi dà dé
默。道不可闻，闻不若塞。此之谓大得。"

dōng guō zǐ wèn yú zhuāng zǐ yuē suǒ wèi dào wù hū
东郭子问于庄子曰："所谓道，恶乎

zài zhuāng zǐ yuē wú suǒ bù zài dōng guō zǐ yuē
在？"庄子曰："无所不在。"东郭子曰：

xī ér hòu kě zhuāng zǐ yuē zài lóu yǐ yuē
"期而后可。"庄子曰："在蝼蚁。"曰：

hé qí xià yé yuē zài tí bài yuē hé qí yù
"何其下邪？"曰："在稊稗。"曰："何其愈

xià yé yuē zài wǎ pì hé qí yù shèn yé
下邪？"曰："在瓦甓。"："何其愈甚邪？"

yuē zài shǐ niào dōng guō zǐ bù yìng
曰："在屎溺。"东郭子不应。

zhuāng zǐ yuē fū zǐ zhī wèn yě gù bù jí zhì
庄子曰："夫子之问也，固不及质。

zhèng huò zhī wèn yú jiān shì lǚ xī yě měi xià yù kuàng rǔ
正获之问于监市履狶也，每下愈况。汝

wéi mò bì wú hū táo wù zhì dào ruò shì dà yán yì rán
唯莫必，无乎逃物。至道若是，大言亦然。

周遍咸三者，异名同实，其指一也。尝相与游乎无何有之宫，同合而论，无所终穷乎！尝相与无为乎！澹而静乎！漠而清乎！调而闲乎！寥已吾志，无往焉而不知其所至，去而来而不知其所止。吾已往来焉而不知其所终，彷徨乎冯闳，大知入焉而不知其所穷。物物者与物无际，而物有际者，所谓物际者也。不际之际，际之不际者也。谓盈虚衰杀，彼为盈虚非盈虚，彼为衰杀非衰杀，彼为本末非本末，彼为积散非积散也。"

　　婀荷甘与神农同学于老龙吉。神农隐几阖户昼瞑。婀荷甘日中㸢户而入，曰："老龙死矣！"神农隐几拥杖而起，嚗然放杖而笑，曰："天知予僻陋慢诞，故弃予而死。已矣，夫子无所发予之狂言而死矣夫！"

弇堈吊闻之曰："夫体道者，天下之君子所系焉。今于道，秋豪之端万分未得处一焉，而犹知藏其狂言而死，又况夫体道者乎！视之无形，听之无声，于人之论者，谓之冥冥，所以论道，而非道也。"

于是泰清问乎无穷曰："子知道乎？"无穷曰："吾不知。"又问乎无为，无为曰："吾知道。"曰："子之知道，亦有数乎？"曰："有。"曰："其数若何？"无为曰："吾知道之可以贵，可以贱，可以约，可以散，此吾所以知道之数也。"

泰清以之言也问乎无始曰："若是，则无穷之弗知与无为之知，孰是而孰非乎？"无始曰："不知深矣，知之浅矣；弗知内矣，知之外矣。"于是泰清仰而叹曰："弗知乃知乎！知乃不知乎！孰知不知之知？"

无始曰："道不可闻，闻而非也；道不可见，见而非也；道不可言，言而非也。知形形之不形乎！道不当名。"

无始曰："有问道而应之者，不知道也。虽问道者，亦未闻道。道无问，问无应。无问问之，是问穷也；无应应之，是无内也。以无内待问穷，若是者，外不观乎宇宙，内不知乎大初。是以不过乎昆仑，不游乎太虚。"

光曜问乎无有曰："夫子有乎？其无有乎？"无有弗应也。光曜不得问而孰视其状貌，窅然空然。终日视之而不见，听之而不闻，搏之而不得也。

光曜曰："至矣，其孰能至此乎！予能有无矣，而未能无无也。及为无有矣，

hé cóng zhì cǐ zāi
何 从 至 此 哉 ！”

dà mǎ zhī chuí gōu zhě　　nián bā shí yǐ　　ér bù shī háo
大 马 之 捶 钩 者 ， 年 八 十 矣 ， 而 不 失 豪

máng　　dà mǎ yuē　　　　zǐ qiǎo yú　　yǒu dào yú　　yuē　　chén
芒 。 大 马 曰 ：“ 子 巧 与 ， 有 道 与 ？” 曰 ：“ 臣

yǒu dào yě　　chén zhī nián èr shí ér hào chuí gōu　　yú wù wú shì
有 守 也 。 臣 之 年 二 十 而 好 捶 钩 ， 于 物 无 视

yě　　fēi gōu wú chá yě　　shì yòng zhī zhě　　jiǎ bù yòng zhě
也 ， 非 钩 无 察 也 。 是 用 之 者 ， 假 不 用 者

yě　　yǐ cháng dé qí yòng　　ér kuàng hū wú bù yòng zhě hū
也 ， 以 长 得 其 用 ， 而 况 乎 无 不 用 者 乎 ！

wù shú bù zī yān
物 孰 不 资 焉 ！”

rǎn qiú wèn yú zhòng ní yuē　　wèi yǒu tiān dì kě zhī
冉 求 问 于 仲 尼 曰 ：“ 未 有 天 地 可 知

yé　　zhòng ní yuē　　kě　　gǔ yóu jīn yě　　rǎn qiú shī
邪 ？” 仲 尼 曰 ：“ 可 。 古 犹 今 也 。” 冉 求 失

wèn ér tuì　　míng rì fù jiàn　　yuē　　xī zhě wú wèn　　wèi
问 而 退 。 明 日 复 见 ， 曰 ：“ 昔 者 吾 问 ‘ 未

yǒu tiān dì kě zhī hū　　fū zǐ yuē　　kě　　gǔ yóu jīn
有 天 地 可 知 乎 ？’ 夫 子 曰 ：‘ 可 。 古 犹 今

yě　　xī rì wú zhāo rán　　jīn rì wú mèi rán　　gǎn wèn hé
也 。’ 昔 日 吾 昭 然 ， 今 日 吾 昧 然 。 敢 问 何

wèi yě　　zhòng ní yuē　　xī zhī zhāo rán yě　　shén zhě xiān
谓 也 ？” 仲 尼 曰 ：“ 昔 之 昭 然 也 ， 神 者 先

shòu zhī　　jīn zhī mèi rán yě　　qiě yòu wèi bù shén zhě qiú yé
受 之 ； 今 之 昧 然 也 ， 且 又 为 不 神 者 求 邪 ！

wú gǔ wú jīn　　wú shǐ wú zhōng　　wèi yǒu zǐ sūn ér yǒu zǐ sūn
无 古 无 今 ， 无 始 无 终 。 未 有 子 孙 而 有 子 孙 ，

kě hū
可 乎 ？”

冉求未对。仲尼曰："已矣，未应矣！不以生生死，不以死死生。死生有待邪？皆有所一体。有先天地生者物邪？物物者非物，物出不得先物也，犹其有物也。犹其有物也无已！圣人之爱人也终无已者，亦乃取于是者也。"

颜渊问乎仲尼曰："回尝闻诸夫子曰：'无有所将，无有所迎。'回敢问其游。"

仲尼曰："古之人，外化而内不化，今之人，内化而外不化。与物化者，一不化者也。安化安不化，安与之相靡？必与之莫多。狶韦氏之圃，黄帝之圃，有虞氏之宫，汤武之室。君子之人，若儒墨者师，故以是非相蛮也，而况今之人乎！圣人处物不伤物。不伤物者，物亦不能伤也。

唯无所伤者，为能与人相将迎。山林
与！皋壤与！使我欣欣然而乐与！乐未毕
也，哀又继之。哀乐之来，吾不能御，其
去弗能止。悲夫，世人直为物逆旅耳！夫
知遇而不知所不遇，能能而不能所不能。
无知无能者，固人之所不免也。夫务免
乎人之所不免者，岂不亦悲哉！至言去
言，至为去为。齐知之所知，则浅矣！"

注音：张 利 丁 秀

校对：王洪波

注音复审：郭 飚 胡文臻

（全书总审校：刘可敏 胡若音 郭 飚 胡文臻）

参考文献

1. 孙通海译注《庄子》，中华书局，2007。

2. 王磊、张淳、邓启铜注释《庄子》，南京大学出版社，2014。

大众庄学

【外篇】

胡文臻　潘晨光　郭　飚　著

社会科学文献出版社
SOCIAL SCIENCES ACADEMIC PRESS (CHINA)

庄学应用研究委员会

《大众庄学》特邀庄学应用研究学者

内 篇

佟绍伟　自然资源部不动产登记中心副主任

李　星　蒙城县人大常委会副主任,《庄学研究》副
　　　　主编

李天明　中国社会科学出版社副社长

张　超　民盟中央科技委员会副主任，中关村工信二
　　　　维码技术研究院院长

外 篇

李天明　中国社会科学出版社副社长

张　超　民盟中央科技委员会副主任，中关村工信二
　　　　维码技术研究院院长

樊沁永　扬州大学哲学系副主任、讲师

谢春风　北京教育科学研究院德育研究中心主任、研
　　　　究员

赵德鸿　哈尔滨师范大学文学院教授、博士生导师

李　星　蒙城县人大常委会副主任、《庄学研究》副主编

杂　篇

王国良　安徽省庄子研究会副会长

李仁群　安徽大学原党委书记，安徽省庄子研究会会长

赵德鸿　哈尔滨师范大学文学院教授、博士生导师

刘　静　（女）新疆霍尔果斯市副市长、教授

王和平　新疆霍尔果斯中亚研究院院长、特邀研究员

李天明　中国社会科学出版社副社长

张　超　民盟中央科技委员会副主任、中关村工信二维码技术研究院院长

谢春风　北京教育科学研究院德育研究中心主任、研究员

樊沁永　扬州大学哲学系副主任、讲师

目录

序

张国祚 *

庄子，姓庄，名周，宋国蒙人，先祖是宋国君主宋戴公。他是继老子之后道家学派的代表人物，庄学的创立者，与老子并称"老庄"。庄子是我国古代独具风格、颇有影响的思想家、哲学家、文学家。其代表作《庄子》问世已有2200多年。

首先，庄子是著名的思想家。例如，《庄子》"内圣外王"的政治思想直接演绎出对"天子"和"匹夫"的贵贱观："时势为天子，未必贵也；穷为匹夫，未必贱也。贵贱之分，在于行之美恶。"这一破除迷信"天子"、贬低"匹夫"的道家政治思想，超越了一般伦理辨析，而对于中国古代德治思想的发展产生了重要的影响。

其次，庄子是杰出的哲学家。例如，《庄子》对老子

---

① 张国祚，教授，博士，博士生导师。我国知名学者、马克思主义理论家、中国文化软实力研究的领军人物，诗人。中国文化软实力研究中心主任，国家文化软实力研究协同创新中心主任，中央马克思主义理论研究和建设工程"国家文化软实力建设研究"首席专家，《文化软实力》主编。曾任中宣部理论局副局长、全国哲学社会科学规划办公室主任。

"道"的继承和发展。认为"夫道，有情有信，无为无形"，"神鬼神地，生天生地"，"自古以固存"、"先天地生而不为久，长出上古而不为老""在太极之先而不为高，在六极之下而不为深""杀生者不死，生生者不生"。这些论述看似玄妙，其实深刻在理。"有情"，说明道知善恶；"有信"，说明道的作用可验证；"无为"，说明道的作用是不知不觉的；"无形""在太极之先而不为高，在六极之下而不为深"，说明道是看不见的；"神鬼神地，生天生地"，说明道具有创造性，是万物的创造者；"自古以固存""先天地生而不为久，长出上古而不为老"，说明道在时间和空间上是无限的，具有永存性；"杀生者不死，生生者不生"，说明道的运作使万物常因特殊的际遇或兴或亡，但道的自身却永不消失，具有永恒性。可见，庄子对作为自然规律的"道"的阐释非常全面而深刻，达到了同时代人的高峰。

最后，庄子是卓越的文学家。通读《庄子》也是一种文学享受。通篇充满灵动的想象力，语言生动、形象、精美，构思奇妙多变，以诗歌般的对话讲述故事，阐发哲理，无愧为"哲学里的文学、文学中的哲学"。以诸多耐人寻味、引人入胜的小故事，阐发诸多大道理，例如，无为与有为、德位与地位、学问与实践、老师与学生、问题与治理等辩证关系，都是通过生动有趣的文学故事阐发的。庄子堪称杰出的寓言创作家。

正因为庄子是颇具文学家才华的哲学家，所以其在文学界的影响广泛而深远。唐朝诗人李白评价庄子："万古高风一子休，南华妙道几时修。谁能造入公墙里，如上江边望月楼。"表达了对庄子精神境界的向往。唐朝诗人白居易评价庄子:"庄生齐物同归一,我道同中有不同。"认可庄子关于"人与自然"关系的观点。金圣叹夸赞《庄子》是"天下奇书"。鲁迅先生对庄子文章的评价极高,说庄子文章"汪洋辟阖,仪态万方,晚周诸子之作,莫能先也",认为后期的各种思想流派的作品,没有能超越庄子的。郭沫若对庄子的评价也非常高,他说:"秦汉以来的每一部中国文学史,差不多大半是在他的影响之下发展的:以思想家而兼文章家的人,在中国古代哲人中,实在是绝无仅有。"

常言道:"文史哲不分家。"这是有道理的。凡是优秀的人文社科作品总能以优美的文笔诉说历史、讲述故事、阐发哲理。在这方面,《庄子》堪称范本。庄子以生花之妙笔、生动有趣的故事,阐发了深刻的哲理,阐释了"人与自然、人与社会、人与人"理应遵循的三大生存和谐关系,无愧为中华优秀传统文化中的一大瑰宝、一大富矿。习近平总书记一再强调,我们要对优秀传统文化进行"创造性转化和创新性发展",以服务于新时代中国特色社会主义。这是当代中国学人应该接续完成的历史使命。

2018年7月创刊的《庄学研究》,其办刊宗旨是"把论文写在祖国的大地上",意在为"创造性转化和创新性发展"做出自己的贡献。中国社会科学院哲学研究所、中国社会科学院社会发展研究中心、蒙城县人民政府、安徽省庄子研究会等单位戮力同心、集思广益,大力弘扬庄学优秀传统文化,取得了值得重视的应用研究成果,并成功地将研究成果转化为一系列文化产品。安徽省庄子研究会也因此荣获

2019 年度"全国社科联先进社会组织"。

　　《大众庄学》是关于《庄子》研究的一项优秀成果，是《庄学研究》编辑部与读书会联合组织一批《庄子》应用研究专家完成的。内容是对《庄子》内篇、外篇、杂篇等的普及性解读，是对《庄子》"创造性转化和创新性发展"的一种探索。读后有新意、有启迪，愿为序。

2021 年 7 月于北京

骈拇

导 读

所谓"骈拇",就是连在一起的并生脚趾。它和旁出的"枝指"、附着的赘瘤等东西一样,都是对人体无用的"多余"的东西。《骈拇》一篇重在阐述人的行为应该合乎自然,顺应人情,大力驳斥了滥用聪明、矫饰仁义的行为,认为这种行为根本不是天下的至理正道,倡导敬畏自然,放任天性,保持真情。

文章首先阐述矫饰仁义和滥用聪明这样的行为,就如同骈拇、枝指等多余的无用之物一样,明确批驳通过标榜道德、闭塞真性,使天下人争先恐后去信守礼法的行为。并用离朱、师旷、曾参、史䲡、杨朱和墨翟等人作为例子,来证明多余矫造的不正之法,绝对不是天下的至理正道。

文章接着阐明"至理正道",不会违背事物顺应自然的天真之情和自然常态。而运用礼乐对百姓生硬地加以改变,运用仁义对人民进行所谓的教化,从而抚慰天下民心,其实就是丢掉了社会的常态,反而会让天下人困惑。

之后进一步指出"标榜仁义"导致"搅乱天下",无人不为仁义而疲于奔命,因为仁义而改变了自己本性。百姓、士人、大夫、圣人这些不同的社会角色，虽然事业不同，名声不同，但是他们在因为外物而"牺牲生命而损害人的本性"这一点上，却是完全一样的。

最后阐述了作者心中的完美，绝不是仁义之类的东西，而是人的天然德行，是放任天性、保持真情的做法。告诫人们应该看清自身、听见内心的声音、安于自己的境地。并阐明了上不为仁义、下不为淫僻的行为准则。

全篇从多个角度批驳了"礼乐仁义"——它不仅束缚了人们的行动，同时也改变了人们的天性，更是各种社会问题和国家频繁动荡的祸根。希望能够摒弃"礼乐仁义"，回归人的真切的自然天性。

"万事拼同骈拇视，浮生无奈茧丝多。"庄子这篇文章对于后人拨开那些障目浮云，看清真实内心，更真实地去生活，有着非常重要的警示作用。

第1节

一　原文

骈拇枝指①，出乎性哉②！而侈于德③。附赘县疣④，出乎形哉！而侈于性。多方乎仁义而用之者，列于五藏哉⑤！而非道德之正也⑥。是故骈于足者，连无用之肉也；枝于手者，树无用之指也；多方骈枝于五藏之情者⑦，淫僻于仁义之行⑧，而多方于聪明之用也⑨。

是故骈于明者，乱五色⑩，淫文章⑪，青黄黼黻之煌煌非乎^⑫？而离朱是已^⑬。多于聪者，乱五声^⑭，淫六律^⑮，金石丝竹黄钟大吕之声非乎^⑯？而师旷是已^⑰。枝于仁者，擢德塞性以收名声^⑱，使天下簧鼓以奉不及之法非乎^⑲？而曾史是已^⑳。骈于辩者，累瓦结绳窜句^㉑，游心于坚白同异之间^㉒，而敝跬誉无用之言非乎^㉓？而杨墨是已^㉔。故此皆多骈旁枝之道，非天下之至正也^㉕。

二　出场

离朱　师旷　曾参　史鳅　杨朱　墨翟

三　注释

①骈（pián）：合并。拇：脚的大趾拇。骈拇是指脚的大趾拇和二趾拇连在了一起。枝指：旁生的手指。这里"骈拇"和"枝指"都指多余的东西。

②性：这里指天生。

③侈：多，剩余。德：通"得"。

④赘：病名，赘疣。县（xuán）：通"悬"。疣（yóu）：生在皮肤上的肉赘，通称瘊子。

⑤藏（zàng）：内脏，这个意义后代写作"臟"，现简化为"脏"。

⑥正：有自然、本然的意思。

⑦五藏之情：指人的内在之情，即天生的品行和欲念。

⑧淫：耽滞，迷乱。僻：邪恶，不正。

⑨聪：听觉灵敏。明：视觉清晰。

⑩五色：青、黄、赤、白、黑五种基本颜色。

⑪淫：惑乱。文章：华美的花纹和色彩。

⑫黼（fǔ）黻（fú）：古代礼服上绣制的花纹。煌煌：光彩眩目的样子。

⑬离朱：人名，亦作离娄，视力过人。

⑭五声：指宫、商、角、徵、羽，古乐中的五个音节。

⑮六律：古代用长短不同的竹管制作不同声调的定音器，其作用相当于今天的定调。六律的名称是黄钟、太簇、姑洗、蕤宾、夷则、无射。

⑯金、石、丝、竹：原指乐器原料，后用来代指器乐之声。黄钟、大吕：古代音调的名称。

⑰师旷：晋平公时的著名乐师。

⑱擢（zhuó）：拔，提举。塞：闭。"塞性"即闭塞正性。

⑲簧鼓：笙簧鼓动，泛指各种乐器发出的喧嚷。

⑳曾史：曾参和史鳅（qiū），春秋时代的著名贤人。曾参，孔子的学生；史鳅，是卫灵公的大臣。

㉑累瓦结绳：比喻堆砌无用的词语。窜句：穿凿文句。

㉒游心：驰骋心思。

㉓敝：疲惫不堪。跬（kuǐ）：古代的半步；现在的一步古代称"跬"，现在的两步古代称"步"。"跬誉"指短暂的声誉。

㉔杨墨：杨朱和墨翟，战国时代宋国人。

㉕至正：至道正理。

四 译文

脚趾并生和歧指旁出，虽然是天生而成的，但是对于人的身体来说却是一种多余的东西；赘瘤悬疣，虽然是人身体上长出来的东西，但相比天生的人体同样显得多余。采用各种方法推行仁义，被认为等同于身体中重要的五脏，但这绝不是无所偏执的中正之道。所以，脚趾并生，只是把无用的肉连了起来而已；六指旁出，只是多了根无用的手指而已；这些并生旁出的多余东西，对于人天生的品行和欲念来说，就好比迷乱而又错误地推行仁义，或是无节制地滥用人的听力和视力。

因而视觉过于明察的，就会迷乱五色，混淆文采，岂不像用青黄相间的华丽服饰来炫人眼目？而离朱就是这样做的。听觉过度灵敏的，就会搅乱了五音，迷乱了六律，难道不是各种音调都不再协调了吗？而师旷就是这样做的。标榜仁义的，标榜道德、闭塞真性来沽名钓誉，难道不是使天下人争先恐后去信守那些根本无法做到的礼法吗？而曾参和史鳅就是这样做的。多言诡辩的，堆砌辞藻，穿凿文句，将心思用在了"坚白"论之类的诡辩中，难道不就是疲惫不堪地罗列废话去追求短暂的声誉吗？而杨朱和墨翟就是这样做的。所以这些都是多余矫造的不正之法，绝对不是天下的至理正道。

第 2 节

一 原文

彼至正者①，不失其性命之情②。故合者不为骈，而枝者不为岐③；长者不为有余，短者不为不足。是故凫胫虽短④，续之则忧；鹤胫虽长，断之则悲。故性长非所断，性短非所续，无所去忧也。意仁义其非人情乎！彼仁人何其多忧也？

且夫骈于拇者，决之则泣⑤；枝于手者，龁之则啼⑥。二者，或有余于数，或不足于数，其于忧一也。今世之仁人，蒿目而忧世之患⑦；不仁之人，决性命之情而饕贵富⑧。故曰仁义其非人情乎！自三代以下者⑨，天下何其嚣嚣也⑩？

且夫待钩绳规矩而正者，是削其性者也；待绳索胶漆而固者⑪，是侵其德者也⑫；屈折礼乐⑬，呴俞仁义⑭，以慰天下之心者，此失其常然也⑮。天下有常然。常然者，曲者不以钩，直者不以绳，圆者不以规，方者不以矩，附离不以胶漆，约束不以绳索⑯。故天下诱然皆生而不知其所以生⑰，同焉皆得而不知其所以得。故古今不二，不可亏也，则仁义又奚连连如胶漆绳索而游乎道德之间为哉？使天下惑也！

二 出场

无

三 注释

① 至正：通行本误作"正正"，依褚伯秀等说改正。

② 性命之情：顺其自然的天真之情。

③ 岐：旧误作"跂"。

④ 凫（fú）：野鸭。胫（jìng）：小腿。

⑤ 决：断，分开。

⑥ 龁（hé）：咬断。

⑦ 蒿目：放眼远望

⑧ 饕（tāo）：贪得无厌。

⑨ 三代：即夏、商、周三个朝代。

⑩ 嚣嚣：喧嚣。

⑪ 缰索：今本作"绳约"，依马叙伦《庄子义证》改。

⑫ 侵其德：伤害了事物的天性和自然。

⑬ 屈折：周旋。

⑭ 呴（xǔ）俞：抚爱化育。"呴俞仁义"就是用仁义的手段来抚爱和教化别人。

⑮ 常然：常态，指人和事物的本然和真性。

⑯ 缪（mò）：绳索。

⑰ 诱然：不知不觉的样子。

四 译文

　　我们所说的至理正道，是不会违背事物顺应自然的天真之情。因而合并的不会是骈生，而旁出的也不会是歧指，长的不会感觉到多余，短的不会感觉到不足。所以说野鸭的腿虽然很短，将其续长一截就后果堪忧；鹤的腿虽然很长，但截去一段就会陷入痛苦。事物天生就长的，不能随意截短；事物原本就很短的，也不能随意续长。这都没有什么好忧虑的。想来仁义并不是人的天性真情啊，不然那些倡导仁义的人为什么有这么多的担忧呢？

况且对于脚趾并生的人来说，分裂脚趾他会痛哭；对于手指旁出的人来说，咬断歧指他会哀啼。这两种情况，一种是多于正常的手指数，一种是少于正常的脚趾数，但所导致的忧患却是一样的。如今世上的仁人，眼光高远而忧虑人间的祸患；那些不仁的人，抛弃自然天性而贪图富贵。所以说，仁义并不是人的天性真情！不然从夏、商、周三代以来，天下又怎么会那么喧嚣竞逐呢？

况且依靠曲尺、墨线、圆规、角尺这些外在工具去端正事物形态，这本就是损伤事物本性真情的做法；依靠绳索胶漆而使事物相互紧紧粘固的，这是伤害事物自然天真的做法；运用礼乐对百姓生硬地加以改变，运用仁义对人民进行所谓的教化，从而抚慰天下民心，这其实是丢掉了社会的常态。天下的事物都各有它们的自然常态。所谓常态，就是不依靠曲尺而自然弯曲，不依靠墨线而自然笔直，不依靠圆规而自然正圆，不依靠角尺而自然端方，分离的东西附着在一起不依靠胶和漆，单个的事物联结在一起不依靠绳索。于是，天下万物都在不知不觉中生长而并不知道自己为什么这样生长，同样也都在不知不觉地有所得而不知道自己为什么有所得。古今道理并没有两样，不能亏负。可仁义又为什么会无休无止地，如同胶漆绳索那样，存在于天道和本性之间呢？这就使天下人大惑不解了！

第 3 节

一 原文

夫小惑易方①，大惑易性。何以知其然邪？有虞氏招仁义以挠天下也②，天下莫不奔命于仁义，是非以仁义易其性与？故尝试论之，自三代以下者，天下莫不以物易其性矣。小人则以身殉利③，士则以身殉名，大夫则以身殉家，圣人则以身殉天下。故此数子者，事业不同，名声异号，其于伤性以身为殉，一也。臧与谷④二人相与牧羊而俱亡其羊。问臧奚事，则挟策读书；问谷奚事，则博塞以游⑤。二人者，事业不同，其于亡羊均也。伯夷死名于首阳之下⑥，盗跖死利于东陵之上⑦。二人者，所死不同，其于残生伤性均也，奚必伯夷之是而盗跖之非乎⑧！天下尽殉也，彼其所殉仁义也，则俗谓之君子；其所殉货财也，则俗谓之小人。其殉一也，则有君子焉，有小人焉；若其残生损性，则盗跖亦伯夷已，又恶取君子小人于其间哉！

且夫属其性乎仁义者，虽通如曾史，非吾所谓臧也；属其性于五味，虽通如俞儿⑨，非吾所谓臧也；属其性乎五声，虽通如师旷，非吾所谓聪也；属其性乎五色，虽通如离朱，非吾所谓明也。吾所谓臧者，非仁义之谓也，臧于其德而已矣；吾所谓臧者，非所谓仁义之谓也，任其性命之情而已矣；吾所谓聪者，非谓其闻彼也，自闻而已矣；吾所谓明者，非谓其见彼也，自见而已矣。夫不自见而见彼，不自得而得彼者，是得人之得而不自得其得者也，适人之适而不自适其适者也。夫适人之适而不自适其适，虽盗跖与伯夷，是同为淫僻也。余愧乎道德，是以上不敢为仁义之操，而下不敢为淫僻之行也。

二 出场

有虞氏　臧　谷　伯夷　盗跖　俞儿

三 注释

①惑：迷。易：改变。

②有虞氏：原作"自虞氏"，依严灵峰先生之说改。旧说指舜。招仁义：以仁义作号召。挠：搅乱。

③殉：为某一目的而献身。

④臧：家奴。谷：童仆。

⑤博塞：亦作"簙簺"，一种类似掷骰子的游戏。

⑥伯夷：殷商末年的贤士，反对武王伐商，不食周粟而饿死于首阳山。

⑦盗跖（zhí）：春秋时代的大盗。东陵：陵名，在今济南境内。

⑧是、非：这里分别引申为赞许和指责。

⑨俞儿：相传为齐人，味觉灵敏，善于辨别味道。

四 译文

小迷惑会让人走错方向，大迷惑则会让人改变本性。怎么来证明这一点呢？自从虞舜标榜仁义而搅乱天下以来，无人不为仁义而疲于奔命，这是不是用仁义来改变人的本性呢？现在我们试着论述这个问题。从夏、商、周三代以来，天下没有人不因为外物而错乱本性。百姓为了利益而牺牲，士人为了名声而牺牲，大夫为了家族而牺牲，圣人则为了天下而牺牲。以上这几种人，他们所从事的事业不同，名声不同，而他们在"牺牲生命而损害人的本性"这一点上，却是一样的。臧与谷两个家奴一起放羊却让羊跑了。当问臧那时候在做什么，他说是在拿着书简读书；又问谷当时在做什么，他说是在玩骰子。这两个人所做的事不一样，不过他们丢失了羊这一结果却是一样的。伯夷为了贤名死在首阳山下，盗跖为了私利死在东陵山上，这两个人死因不同，而他们在伤害生命、损伤本性方面却是同样的。那又为何一定要去赞誉伯夷而指责盗跖呢？所有人都在为某种目的而献身：那些为仁义而牺牲的，大家称之为君子；那些为财货而牺牲的，大家称之为小人。但他们都为了某一目的而牺牲，有的被叫作君子，有的却被叫作小人。如果从残害生命、损伤本性这方面来看，盗跖和伯夷是完全一样了，哪能区分什么君子和小人呢？

况且，把自己的本性都交付给仁义，即使如同曾参和史鳍那样精通于仁义，也不是我所认为的完美；把自己的本性交付给甜、酸、苦、辣、咸五味，即使如同俞儿那样精辨于味道，也不是我所认为的完备；把自己的本性交付于五声，即使如同师旷那样精研于音律，也不是我所认为的聪敏；把自己的本性交付给五色，即使如同离朱那样通晓于色彩，也不是我所认为的敏锐。我所说的完美，绝不是仁义之类的东西，而是人的天然德行罢了；我所说的完善，绝不是所谓的仁义，而是放任天性、保持真情罢了。我所说的聪敏，不是说能听到别人说什么，而是指能够听见自己内心的声音。我所说的视觉敏锐，不是说能看见别人，而是指能够看清自己罢了。不能看清自己而只能看清别人，不能安于自得而向别人索求的人，总是想得到别人所得到的，而不能安于自己所得，总是贪图达到别人所达到的境地而不能安于自己所遇。而这样的人，无论他在现实生活中是盗跖还是伯夷，都同样是滞乱邪恶的。我敬畏宇宙万物的自然规律，所以对上我不能奉行所谓仁义的节操，对下我不会做出滞乱邪恶的行径。

经典成语

1. 骈拇枝指

【释义】比喻多余的或不必要的事物。

2. 累瓦结绳

【释义】比喻没有用的言辞。

3. 舍策追羊

【释义】放下手中书本去寻找丢失的羊。比喻发生错误以后，设法补救。

4. 臧谷亡羊

【释义】比喻事虽不同但实质一样。

5. 断鹤续凫

【释义】断，截断。续，接。凫，野鸭。截断鹤的长腿去接续野鸭的短腿，比喻行事违反自然规律。

6. 蒿目时艰

【释义】蒿目，极目远望。指对时事忧虑不安。

7. 规矩钩绳

【释义】规矩，画圆、方的工具。指应当遵守的标准、法则。

当代意义

庄子在《骈拇》一文当中，特别强调顺应自然法则，不作无谓的担忧。"是故凫胫虽短，续之则忧；鹤胫虽长，断之则悲。故性长非所断，性短非所续，无所去忧也。"

现在很多家长对自己的孩子倾注了无穷的热望，给孩子制订了各种各样的发展方案，为孩子报了一个接一个的兴趣班，但完全没有顾及孩子发展的自然法则。当孩子某一个方面显得不如其他人的时候，他们就拼命地给孩子"加码"，希望孩子能够迎头赶上。这完全就是一种典型的"续凫"做法。

每个孩子都有他的"闪光点"，而且孩子的每一个"闪光点"都是他的财富，家长应该"无所去忧也"。家长更多地应该遵循自然发展的规律，真正认识到孩子的本真所在，找到最适合孩子天性的发展方向。

此外，《骈拇》中"适人之适而不自适其适者"，也是目前我们这个社会当中非常普遍的一个现象。眼睛永远都看着身边的其他人，而并不真正去关注自己的内心和生活。庄子提出"自适其适"的观点，千年以后，对于我们的生活依然有着巨大的指导作用。

　　这一点也适用于指导我们如何过好自己的生活。那就是不要过分去关注别人的生活，完全以别人的生活方式为方式，以别人的生活标准为标准，以别人的生活喜好为喜好，在一味地模仿与追逐当中，往往会丧失自己朴素自然而美好的生活。

马　蹄

导 读

《马蹄》是一篇短小而精巧的文章，庄子巧妙地用马来比喻世人，利用马从"自然天真"到"暴戾诡诈"的变化，来表现圣人所谓的"礼乐"对人的束缚，"仁义"对人的摧残，提倡一切返归自然的主张。

全文可以分成三个部分。第一部分（第1节）以"伯乐治马"和"陶匠善治埴木"为例，讲述了所谓残忍的"治马"的过程，以及所造成的"马之死者已过半"的惨痛结局。表现了"治理天下"的这些政治手段，都是对人的自然天性的残害，强调了人的天性不是迎合别人以及所谓的"规矩"。

第二部分（第2节）则描绘了一个人与自然和谐相处的"至德之世"。在这里，自然环境没有被人为改变，人们在这里保持着自然天真，行动稳重而目光专注，与万物并生，根本没有君子小人的区别。但在"圣人"出现之后，他们费劲心力地去追寻和倡导"仁义"，却损害了人的本性天真。

第三部分（第3节）继续以马为喻，讲述了马为了反抗约束，从"自然天真"到"暴戾诡诈"的一系列变化，进一步说明了一切羁绊都是对自然本性的摧残。圣人推行的所谓仁义，只不过是鼓励人们去争名夺利而已。

庄子在文章当中再次强调了应该保持人的自然天真，就如同马"喜则交颈相靡，怒则分背相踶"一样，就如同黏土和木材的本性并不是要去迎合圆规、角尺、钩弧、墨线的标准，再次宣扬了道家无为而治的思想。

第1节

一　原文

马，蹄可以践霜雪，毛可以御风寒，龁草饮水①，翘足而陆②，此马之真性也。虽有义台路寝③，无所用之。及至伯乐④，曰："我善治马。"烧之⑤，剔之⑥，刻之⑦，雒之⑧，连之以羁馽⑨，编之以皂栈⑩，马之死者十二三矣；饥之，渴之，驰之，骤之，整之，齐之，前有橛饰之患⑪，而后有鞭策之威，而马之死者已过半矣。陶者曰："我善治埴⑫，圆者中规，方者中矩。"匠人曰："我善治木，曲者中钩，直者应绳。"夫埴木之性，岂欲中规矩钩绳哉？然且世世称之曰"伯乐善治马，而陶匠善治埴木"，此亦治天下者之过也。

二　出场

伯乐　陶者　匠人

三　注释

①龁（hé）：咬、嚼。

②陆：通"踛"（lù），跳跃。

③义台：高台。路寝：宽大的居室。

④伯乐：姓孙，名阳，字伯乐，秦穆公时人，善于识马、驯马。

⑤烧之：用烧红的铁器灼炙马毛。

⑥剔之：用剪刀修剪马鬃。

⑦刻之：凿削马蹄。

⑧雒（luò）之：烙上印记。雒，通"烙"。

⑨羁：马络头。馽（zhí）：绊马脚的绳索。

⑩皂（zào）：马槽。栈：安放在马脚下的木板，用以防潮。

⑪橛（jué）：马口所衔之木。饰：马络头上的装饰。

⑫埴（zhí）：黏土。

四　译文

马，它的蹄可以践踏霜雪，毛可以抵御风寒，吃草喝水，扬蹄跳跃，这就是马的天性。即使有高台大殿，对马来说也毫无用处。等到世上出了伯乐，他说："我很善于管理马匹。"于是他用烧红的铁器灼炙马毛，用剪刀修剪马鬃，凿削马蹄甲，烙上马印记，用马络头和绊脚绳来拴连它们，用马槽和马床来编排它们，这样一来马就死掉十分之二三了；之后又让它们经受饿渴折磨，让它们练习急速奔跑，训练它们步伐整齐，这样一来，马匹因为前有马口横木和马络头的约束，后有马鞭抽打的恐惧，很快就死伤大半了。陶工说："我最善于使用黏土，我用黏土制成的器皿，圆的合乎圆规，而方的合乎角尺。"木匠说："我最善于使用木材，我用木材制成的器具，弯曲的地方符合钩弧的要求，而笔直的地方跟墨线吻合。"黏土和木材的本性难道就是要去迎合圆规、角尺、钩弧、墨线的标准吗？然而世世代代的人都还称赞说："伯乐善于管理马匹"，"陶匠和木匠善于使用黏土和木材"，这也就是治理天下的人犯的过错啊！

第 2 节

一　原文

　　吾意善治天下者不然。彼民有常性，织而衣，耕而食，是谓同德；一而不党①，命曰天放②。故至德之世，其行填填③，其视颠颠④。当是时也，山无蹊隧，泽无舟梁；万物群生，连属其乡；禽兽成群，草木遂长。是故禽兽可系羁而游，鸟鹊之巢可攀援而窥。

　　夫至德之世，同与禽兽居，族与万物并。恶乎知君子小人哉！同乎无知，其德不离；同乎无欲，是谓素朴；素朴而民性得矣。及至圣人，蹩躠⑤为仁，踶跂⑥为义，而天下始疑矣；澶漫⑦为乐，摘僻为礼，而天下始分矣。故纯朴不残，孰为牺樽⑧！白玉不毁，孰为珪璋！道德不废，安取仁义！性情不离，安用礼乐！五色不乱，孰为文采！五声不乱，孰应六律！夫残朴以为器，工匠之罪也；毁道德以为仁

24

义，圣人之过也。

二　出场

圣人

三　注释

①一而不党：浑然一体，没有偏私。

②天放：放任自然。

③填填：质重的样子。

④颠颠：专注的样子。

⑤整蕮（bié xuè）：用心尽力。

⑥踶跂（zhì qǐ）：勉力行走的样子。

⑦澶漫（dàn màn）：恣意，放荡不羁。

⑧牺樽：古代祭祀用的一种酒器。

四　译文

　　我认为善于治理天下的人就不是这样。黎民百姓有他们的本能和天性，织布穿衣，耕种吃饭，这就是他们共有的德行。人们的思想行为浑然一体没有偏私，这就叫作放任自然天真。所以在人类天性保留最完善的上古时代中，人们行动持重，目光专注。正是在这个时代，山野间没有道路和隧道，水面上没有船只和桥梁；万物共同生活，没有边界分隔；禽兽草木都在自由生长。因此人们可以牵引着禽兽四处去游玩，也可以攀登到鸟鹊的巢窠上去探望。

　　在人的天性保留最完善的年代，人和禽兽比邻而居，跟

25

其他物类和谐并存，哪里知道有什么君子、小人的分别呢！人如果跟无知之物一样，本能和天性就不会丧失；人如果跟无欲之物一样，这就是他的自然素质。只要能够保持这种自然素质，人的本能和天性就会代代相传。

而等到世上出了所谓的圣人，费尽心力地去追寻和倡导"仁义"，于是天下开始迷惑了。肆意追求并制定繁杂琐碎的"礼乐"，于是天下开始分离了。所以说，天然木料没被剖开，谁能做成牺樽这类酒器！白玉没有破裂，谁能用它雕刻成珪璋这类的玉器！自然法则没有被废弃的话，哪里用得着仁义呢！人的天性不被背离，哪里用得着礼乐呢！五色不被散乱，怎会有文采！五声不被重组，怎会合六律！毁坏原木做成各种器皿，这是木工的罪过，毁弃自然法则以推行所谓仁义，这就是圣人的罪过！

第3节

一　原文

夫马，陆居则食草饮水，喜则交颈相靡①，怒则分背相踶②。马知已此矣！夫加之以衡扼③，齐之以月题④，而马知介倪、阘扼、鸷曼、诡衔、窃辔⑤。故马之知而能至盗者，伯乐之罪也。

夫赫胥氏⑥之时，民居不知所为，行不知所之，含哺而熙⑦，鼓腹而游。民能以此矣！及至圣人，屈折礼乐以匡天下之形，县跂⑧仁义以慰天下之心，而民乃始踶跂好知，争归于利，不可止也。此亦圣人之过也。

二　出场

伯乐　赫胥氏

三　注释

①靡（mó）：通"摩"，摩擦。

②踶（dì）：踢。

③衡扼：衡、扼是同义词，是驾在牲口脖子上并与辕相连的部件。

④月题：马额上的佩饰，其形似月。

⑤介倪：睥睨，侧目怒视的样子。闉扼：屈曲头颈，对抗马具。鸷（zhì）曼：马发怒撞击篷盖。诡衔：吐出口勒。窃辔：偷偷咬断缰绳，逃脱辔头。

⑥赫胥氏：中国古代传说中的部落首领，后人追尊他为帝王。

⑦熙：同"嬉"，游戏。

⑧县跂（qǐ）：悬挂于高处而令人仰慕。县，通"悬"。跂，踮起脚后跟。

四　译文

马生活在大地上，饿了吃草，渴了喝水，高兴时相互交颈摩擦，生气时背对背相互踢踹，马所晓得的也就仅此而已了。等到后来把车衡和颈轭加在它身上，把配着月牙形佩饰的辔头戴在它头上，那么马就会侧目怒视，屈曲脖颈抗拒轭

27

木，暴戾不驯地撞击篷盖；或者狡猾地吐出嘴里的口勒，偷偷地逃脱辔头。所以，马的机智而形成和人抗敌的动作，这是伯乐的罪过啊！

上古赫胥氏的时代，黎民百姓在家不知道做些什么，外出也不知道要去哪里，口里含着食物嬉戏，鼓着吃饱的肚子游玩，人们能做的仅此而已。等到圣人出现，用矫揉造作的"礼乐"来匡正天下百姓的行为举止，标榜高不可及的"仁义"来慰藉天下百姓的心，于是人们便开始费尽心力去寻求智巧，争先恐后地去竞逐利益，并一发不可收拾了。这也是圣人的罪过啊！

经典成语

1. 中规中矩

【释义】形容合乎规矩，没有偏差。

2. 诡衔窃辔

【释义】马吐出马嚼，咬断缰绳。比喻不受束缚。

3. 含哺鼓腹

【释义】口含食物，手拍肚子。形容太平时代无忧无虑的生活。

当代意义

庄子在《马蹄》这篇文章当中，提到了一个人与自然和谐相处的"至德之世"，"当是时也，山无蹊隧，泽无舟梁；万物群生，连属其乡；禽兽成群，草木遂长。是故禽兽可系羁而游，鸟鹊之巢可攀援而窥"。在那个时代，山川保持原貌，万物欣欣向荣，人与动物和谐共生。这对于我们社会发展具有一定的启发意义。

之前，很多地方发展，只注重经济效益，完全不注重对自然环境的保护，也不注重人与其他物类的共生。很多楼盘房屋直接建在自然保护区内，很多项目开发不断破坏山林湖泊的本来面貌，很多污染物直接排入江河。这极大破坏了自然生态，损毁了动植物的家园，导致其他物类的死亡和逃离。这其实也就是庄子在文中所说的"民乃始踶跂好知，争归于利，不可止也"，人们只为追逐利益，而一发不可收拾了。

值得欣慰的是，新时代我们越来越意识到，人类不是这个世界的唯一成员，如何与动物、植物等其他物类和谐共生，为子孙后代留下可持续发展的资源，是关乎千秋万代的大事。新时代各地积极践行"绿水青山就是金山银山"的发展理念，驰而不息地建设美丽中国。

此外，庄子还揭示出一个值得我们深思的现象："陆居则食草饮水，喜则交颈相靡，怒则分背相踶"充满了自然天性的马，是如何变成了"知介倪、闉扼、鸷曼、诡衔、窃辔"，和人类对抗，如同盗贼一般诡诈的马的呢？

这一现象经常在一些公司的企业管理当中出现。公司片面地强调员工对公司制度的服从，强调公司的利益等，而忽视从人性化的角度出发，对员工天性的尊重和重视，这最终就会导致很多天性善良、愿意为公司努力奋斗的员工，变成了想尽一切办法钻制度空子、与公司对抗的人。而最终公司也并没有实现建立这些管理制度的初衷。

因此，这也在提醒一些企业的管理者，要更为人性化地和员工相处，不要总是以"治马"的心态去"管理"员工，而要更多地从员工角度出发，保持他们的天性，实现人性化管理，让公司与员工能够和谐共处，共同发展。

肱篚

导 读

"胠箧"读音是 qū qiè，就是撬开箱子，打开箱子，也有"盗窃"的意思。

在《胠箧》中，庄子提出了一个非常有名的观点，"圣人不死，大盗不止"。这句话听起来颠覆我们的三观，非常消极。从字面的意思来理解这句话：圣人如果不死，盗贼就不会消失。咋一看起来很令人费解，认为是庄子在反对"圣人"，但究竟庄子想表达什么？他的真实想法又是什么呢？

我们先弄明白道家思想的圣人和传统意义上的圣人有何区别。老子在《道德经》中说"圣人处无为之事，行不言之教""圣人之道，为而不争"；庄子说"至人无己，神人无功，圣人无名"。这里的"圣人"是指那些达到了至高境界，达到了"无为"状态的"真人"。而庄子"胠箧"里面说的圣人，是指传统意义上的圣人，就是那些追求名利、地位显赫、功成名就的人，其典型特点是"有为"，但庄子是明确反对的。这是道家的圣人和传统意义的圣人的差异。

庄子为什么说"圣人不死，大盗不止"呢？因为，在这里，圣人和盗贼代表了"有为"的两种极端表现。在现实社会中，我们人为地制定了一些圣人的标准，就像本篇中盗跖所说的"圣、勇、义、智、仁"，这些看起来就是我们传统意义上所理解的圣人的标准。这些人为的标准偏离了道家思想的自然的本性，这些标准成为治世工具和道德规范，它就像一把双刃剑，可杀人，亦可救人。故庄子提醒我们追求"圣人"的同时，"盗贼"就会出现。

在本篇中庄子举了一个盗贼的例子，他说，为了防备那些撬箱子、掏袋子、开柜子的盗贼，聪明的人就把箱子绑好绳索，还加上了牢固的锁，他们认为这样做东西就不会丢失了。但是盗贼来了之后，正好不用绑了，背着柜子或者箱子就跑，还唯恐绳索和锁不牢固。这些缄、縢、扃、镯其实就是我们制定的那些管理社会的标准和圣人的道德规范，所谓的圣人和坏人都可以为了自己的目的而使用。所以庄子又举了一个例子，说齐国以圣人之法管理得很好，鸡犬相闻，民富国强。然而田成子一下子杀了齐国的国君也就窃据了整个齐国。他所盗窃夺取的不仅仅是齐国，连同那里各种圣明的法规与制度也一块儿劫夺去了。这不就是盗窃了齐国并连同窃据了那里圣明的法规和制度，从而用来守卫窃国者的盗贼之身吗？

庄子意思是说，人与人、国与国之间应该没有等级差别，人们没有多余的欲望，国家也没有更多的企图，这是庄子所推崇的美好社会。而我们却偏偏要去追随所谓的圣人，这样就人为地制造了欲望。一旦人与人之间有了差别，欲望就会让人们无止境、不理性地去追求它，导致各种不必要的人的痛苦和国家之间战争的发生，用现代的话说就是"内卷"。所以，我们回过头来看，庄子说"圣人不死，大盗不止"，其实"圣人"和"大盗"都是人为制造出来的，都是人性的欲望所致。所以，如果我们没有了所谓圣人的标准，大家就没有了差别，没有了差别就没有了奢望，没有了奢望，就没有了大盗，所以说"圣人不死，大盗不止"。

庄子继承了老子的道家思想，庄子的很多著作其实就是通过各种虚拟人物和寓言对老子《道德经》的进一步阐释。《老子》中说"不尚贤，使民不争；不贵难得之货，使民不为盗；不见可欲，使民心不乱。是以圣人之治，虚其心，实其腹，弱其志，强其骨。常使民无知无欲。使夫知者不敢为也。为无为，则无不治。"老子认为，不标榜贤名，使人民不起争心；不珍惜难得的财货，使人民不起盗心；不显现名利的可贪，能使人民的心思不被惑乱。若使人民常保有这样无知无欲的天真状态，没有伪诈的心智，没有争盗的欲望，纵然有诡计多端的阴谋家，也不敢妄施伎俩。在这样的情况下，以"无为"的态度来治世，就没有治理不好的事务。这其实表达的就是回归本真，消除级差，不制造"内卷"，社会就会按照自然的规律运转。

人的欲望是瓶子里的魔鬼，财产私有是产生盗贼的根本原因，如果没有私有制，没有私有的贵重物品，人们还偷盗什么呢？古代的尧舜，是公天下，那时的圣人，是维护公天下。至夏启立国，便是家天下，那时的圣人，是维护家天下。家天下就会引来窃国的人。圣人和大盗都与道家思想所推崇的"无为"背道而驰。那应该怎么做呢？那就是天下为公，打开我的箱子、口袋、柜子，即使有东西，也不是贵重物品，也就是说，没有私有财产，盗贼还偷什么。所以，庄子说"圣人不死，大盗不止"。

第1节

一　原文

将为胠箧探囊发匮之盗而为守备①，则必摄缄縢固扃镝②；此世俗之所谓知也。然而巨盗至，则负匮揭箧担囊而趋③，唯恐缄縢扃镝之不固也。然则乡之所谓知者④，不乃为大盗积者也？

二　出场

大盗　智者

三　注释

①胠（qū）：从旁打开。箧（qiè）：箱子一类盛物器具。探：掏。囊：口袋。发：打开。匮（guì）：柜子。

②摄：打结，收紧。缄（jiān）、縢（téng）：均为绳索。扃（jiōng）：插闩。镝（jué）：锁钥。

③揭：举，扛着。

④乡：通"向"，从前，过去。

四　译文

为了对付撬箱子、掏口袋、开柜子的小偷而做防范准备，必定要收紧绳结、加固插闩和锁钥，这就是一般人所说的聪明做法。可是一旦大盗来了，就背着柜子、扛着箱子、挑着口袋快步跑了，唯恐绳结、插闩与锁钥不够牢固哩。既然是这样，那么先前所谓的聪明做法，不就是给大盗做好了积聚和储备吗？

五 当代意义

防盗之法往往也是盗贼盗窃之法，所以只要盗窃的环境存在，防盗就可能是掩耳盗铃，自欺欺人。所以我们就应该创造夜不闭户的社会环境，这才是防盗的根本。

第2节

一 原文

故尝试论之，世俗之所谓知者，有不为大盗积者乎？所谓圣者，有不为大盗守者乎？何以知其然邪？昔者齐国邻邑相望，鸡狗之音相闻，罔罟之所布①，耒耨之所刺②，方二千余里。阖四竟之内③，所以立宗庙社稷④，治邑屋州闾乡曲者⑤，曷尝不法圣人哉！然而田成子一旦杀齐君而盗其国⑥。所盗者岂独其国邪？并与其圣知之法而盗之。故田成子有乎盗贼之名，而身处尧舜之安，小国不敢非⑦，大国不敢诛⑧，专有齐国⑨。则是不乃窃齐国，并与其圣知之法以守其盗贼之身乎？

二 出场

大盗 田成子

三 注释

①罔：同"网"。罟（gǔ）：各种网的总称。

②耒（lěi）：犁。耨（nòu）：锄头，一种锄草工具。

③阖（hé）：全。竟：境，这个意义后代写作"境"。

④宗庙：帝王或诸侯祭祀祖先的地方。社稷：本指土神和谷神，这里指祭祀土神和谷神的地方。

⑤邑、屋、州、闾、乡曲：古代不同行政区划的名称。旧注："六尺为步、步百为亩、亩百为夫，夫三为屋，屋三为井，井四为邑"；"五家为比，五比为闾，五闾为族，五族为党，五党为州，五州为乡"。"曲"则指"乡"之一隅。

⑥田成子：即田常，本为陈国人，故又称陈恒，其先祖田完从陈国来到齐国，成了齐国的大夫，改为田氏。田常于鲁哀公十四年杀了齐简公，齐国大权落入田氏之手，后来田常的曾孙又废齐自立，仍称"齐"。

⑦非：非议。

⑧诛：讨伐。

⑨专有齐国：今本作"十二世有齐国"。俞樾疑是"世世有齐国"，今依严灵峰之说改。《列子·杨朱篇》曰："田恒专有齐国。"当是此文所本，故疑《庄子》原文亦作"专"。

四 译文

所以我曾试图讨论这种情况，世俗所谓的聪明人，有不替大盗积聚财物的吗？所谓的圣人，有不替大盗守卫财物的吗？怎么知道是这样的呢？当年的齐国，邻近的村邑遥遥相望，鸡狗之声相互听闻，鱼网所撒布的水面，犁锄所耕作的土地，方圆两千多里。整个国境之内，所有用来设立宗庙、社稷的地方，所有用来建置邑、屋、州、闾、乡、里各级行政机构的地方，何尝不是在效法古代圣人的做法！然而田成子一下子杀了齐国的国君也就窃据了整个齐国。他所盗窃夺取的难道仅仅只是那样一个齐国吗？而是连同那里各种圣明的法规与制度也一块儿劫夺去了。而田成子虽然有盗贼的名声，却仍处于尧舜那样安稳的地位，小的国家不敢非议他，大的国家不敢讨伐他，世世代代窃据齐国。那么，这不就是盗窃了齐国并连同那里圣明的法规和制度，从而用来守卫他盗贼之身吗？

第3节

一 原文

尝试论之，世俗之所谓至知者，有不为大盗积者乎？所谓至圣者，有不为大盗守者乎？何以知其然邪？昔者龙逢斩①，比干剖②，苌弘胣③，子胥靡④。故四子之贤而身不免乎戮。故跖之徒问于跖曰："盗亦有道乎⑤？"跖曰："何适而无有道邪！夫妄意室中之藏⑥，圣也；入先，勇也；出后，义也；知可否，知也；分均，仁也。五者不备而能成大盗者，天下未之有也。"由是观之，善人不得圣人之道不立，跖不得圣人之道不行；天下之善人少而不善人多，则圣人之利天下也少而害天下也多。故曰，唇竭而齿寒[7]，鲁酒薄而邯郸围[8]，圣人生而大盗起。掊击圣人[9]，纵舍盗贼[10]，而天下始治矣！夫谷虚而川竭[11]，丘夷而渊实。圣人已死，则大盗不起，天下平而无故矣。

二　出场

至知者　大盗　龙逢　比干　苌弘　子胥　盗跖

三　注释

①龙逢：夏桀时的贤人，为夏桀杀害。

②比干：殷纣王的庶出叔叔，力谏纣王，被纣王剖心。

③苌弘：春秋末期周灵王时的贤臣。胣（chǐ）：剖开肚腹掏出肠子。

④子胥：即伍子胥，吴王夫差时被杀害。靡：同"糜"，腐烂。子胥靡：子胥死后被抛尸江中而腐烂。

⑤道：这里指规矩、准绳。

⑥妄意：凭空推测。

⑦竭：揭，举。"唇竭"指嘴唇向外翻开。

⑧鲁酒薄而邯郸围：有两种说法，一是指楚宣王大会诸侯，而鲁恭王到得晚，所献之酒味道淡薄，楚王怒。鲁王自恃是周公的后代，不告而别。于是楚王带兵攻打鲁国。魏国一直想攻打赵国，担心楚国发兵救赵，正当楚国和鲁国交

兵时，于是魏国趁机兵围赵国都城邯郸。一是指楚王大会诸
侯，赵与鲁均献酒，鲁酒味薄而赵酒味浓。楚王之酒吏向赵
国索酒而赵不给，酒吏怀恨易换赵、鲁之酒，于是楚王以酒
薄的缘故兵围邯郸。这句是借历史故事来说明：事有关联，
常常出于预料之中。

⑨掊（pǒu）：抨击。

⑩纵：放宽。舍（shě）：放弃，这个意义后代写作
"捨"，现又简化为"舍"。

⑪谷虚而川竭：原作"川竭而谷虚"。应作"谷虚而川
竭"，与下句"丘夷而渊实"对文。

四　译文

所以我曾试图讨论这种情况，世俗的所谓聪明人，有不
替大盗积聚财物的吗？所谓的圣人，有不替大盗防守财物的
吗？怎么知道是这样的呢？从前龙逢被斩首，比干被剖胸，
苌弘被掏肚，子胥被抛尸江中任其腐烂。即使像上面四个人
那样的贤能之士，仍不能免于遭到杀戮。因而盗跖的门徒向
盗跖问道："做强盗也有规矩和准绳吗？"盗跖回答说："到什
么地方会没有规矩和准绳呢？凭空推测出屋里储藏着什么财
物，这就是圣明；率先进到屋里，这就是勇敢；最后退出屋
子，这就是义气；能知道可否采取行动，这就是智慧；事后
分配公平，这就是仁爱。以上五样不能具备，却能成为大盗
的人，天下是没有的。"从这一点来看，善人不能通晓圣人
之道便不能立业，盗跖不能通晓圣人之道便不能行窃；天下
的善人少，而不善的人多，那么圣人给天下带来的好处也就

少，而给天下带来的祸患也就多。所以说，嘴唇向外翻开牙齿就会外露受寒，鲁侯奉献的酒味道淡薄致使赵国都城邯郸遭到围困，圣人出现了因而大盗也就兴起了。抨击圣人，释放盗贼，天下方才能太平无事。溪谷空虚，河川便干涸，丘陵变平坦了，深渊便填满了。圣人死了，大盗就不会兴起，天下便太平无事。

第4节

一　原文

圣人不死，大盗不止。虽重圣人而治天下^①，则是重利盗跖也^②。为之斗斛以量之^③，则并与斗斛而窃之；为之权衡以称之^④，则并与权衡而窃之；为之符玺以信之^⑤，则并与符玺而窃之；为之仁义以矫之^⑥，则并与仁义而窃之。何以知其然邪？彼窃钩者诛^⑦，窃国者为诸侯，诸侯之门而仁义存焉，则是非窃仁义圣知邪？故逐于大盗，揭诸侯^⑧，窃仁义并斗斛权衡符玺之利者，虽有轩冕之赏弗能劝^⑨，斧钺之威弗能禁^⑩。此重利盗跖而使不可禁者，是乃圣人之过也。

二　出场

盗跖　窃钩者　窃国者

三　注释

①重（zhòng）圣人：使圣人之法得到重视。

②重利盗跖：使盗跖获得厚利。

③斗、斛（hú）：古代的两种量器，十斗为一斛。本句两个"之"字含义不一，前指天下之人，后指斗斛所量之物。

④权：秤锤。衡：秤杆。

⑤符玺（xǐ）：古代用作凭证的信物。符，古代朝廷传达命令或征调兵将用的凭证，双方各执一半，以验真假。玺，印。信：取信。

⑥矫：纠正。

⑦钩：本指腰带钩，这里泛指各种细小的不值钱的东西。诛：刑戮，杀害。

⑧逐：追随。揭：举。揭诸侯：高居于诸侯之位。

⑨轩：古代大夫以上的人所乘坐的车子。冕：古代大夫或诸侯所戴的礼帽。"轩冕"连用，这里代指高官厚禄。劝：劝勉，鼓励。

⑩钺（yuè）：大斧。"斧"和"钺"都常用作刑具，这里代指行刑。

四　译文

　　圣人不死，大盗也就不会中止。即使让整个社会都重用圣人治理天下，那么这也会让盗跖获得最大的好处。给天下人制定斗、斛来计量物品的多少，那么盗跖就连同斗斛一道盗窃走了；给天下人制定秤锤、秤杆来计量物品的轻重，那么盗跖就连同秤锤、秤杆一道盗窃走了；给天下人制定符、玺来取信于人，那么盗跖就连同符、玺一道盗窃走了；给天下人制定仁义来规范人们的道德和行为，那么盗跖就连同仁义一道盗窃走了。怎么知道是这样的呢？那些偷窃腰带环钩之类小东西的人受到刑戮和杀害，而窃夺了整个国家的人却成为诸侯；诸侯之门方才存在仁义。这不就是盗窃了仁义和圣智吗？所以，那些追随大盗、高居诸侯之位、窃夺了仁义以及斗斛、秤具、符玺之利的人，即使有高官厚禄的赏赐也不可能劝勉他们，即使有行刑杀戮的威严也不可能禁止他们。这些大大有利于盗跖而不能使他们禁止的情况，都是圣人的过错。

经典成语

1. 探囊胠箧

【释义】用手摸袋子，撬开小箱子。指偷盗。

2. 盗亦有道

【释义】盗贼也有他们的那一套规矩和道理。

3. 窃钩者诛，窃国者侯

【释义】偷钩的要处死，篡夺政权的人反倒成为诸侯。旧时用以讽刺法律的虚伪和不合理。

4. 绝圣弃智

【释义】弃绝聪明才智，返归天真纯朴。这是古代老、庄无为而治的思想。

5. 权衡轻重

【释义】衡量哪个轻，哪个重。比喻比较利害得失的大小。

在宥

导　读

"在"是自在、自然的意思，"宥"是宽容的意思。反对人为的改造或者破坏行为，提倡自然，提倡尊重、敬畏自然的精神。阐述无为而治的主张就是本篇的主旨。

全篇分为六个部分。第一部分从"闻在宥天下"到"吾又何暇治天下哉"，指出一切有为之治都会使天下之人"淫其性"而"迁其德"，因此"君子不得已而临莅天下"就应当"莫若无为"。第二部分从"崔瞿问于老聃曰"至"故曰'绝圣弃知而天下大治'"，借老聃对崔瞿的谈话说明推行仁义扰乱人心是天下越治越坏的原因，极力主张"绝圣去知"。第三部分从"黄帝立为天子十九年"至"而我独存乎"，通过广成子对黄帝的谈话，阐明治天下者必须先治身的道理，并详细说明了治身、体道的方法和途径。第四部分从"云将东游"至"起辞而行"，用鸿蒙与云将的对话，进一步阐明无为与养心的关系，指出无为的要害就在于"心养"。第五部分从"世俗之人"至"天地之友"，着力说明拥有土地的统治者一心贪求私利必定留下祸患，从而进一步阐明了"养心"和"忘物"的关系，做到了"无己"也就能忘形、忘

51

物。第六部分从"贱而不可不任者"到"不可不察也"，概括了治理天下时遇到的十种情况，指出对待这些情况都只能听之任之，随顺应合，并就此提出了君主无为，臣下有为的主张。

第1节

一　原文

闻在宥天下①，不闻治天下也。在之也者，恐天下之淫其性也②；宥之也者，恐天下之迁其德也。天下不淫其性，不迁其德，有治天下者哉！昔尧之治天下也，使天下欣欣焉人乐其性，是不恬也；桀之治天下也，使天下瘁瘁焉人苦其性③，是不愉也。夫不恬不愉，非德也。非德也而可长久者，天下无之。

人大喜邪？毗于阳④；大怒邪？毗于阴。阴阳并毗，四时不至，寒暑之和不成，其反伤人之形乎！使人喜怒失位，居处无常，思虑不自得，中道不成章，于是乎天下始乔诘卓鸷⑤，而后有盗跖、曾、史之行。故举天下以赏其善者不足，举天下以罚其恶者不给，故天下之大，不足以赏罚。自三代以下者，匈匈焉终以赏罚为事，彼何暇安其性命之情哉！

而且说明邪？是淫于色也；说聪邪？是淫于声也；说仁邪？是乱于德也；说义邪？是悖于理也；说礼邪？是相于技也；说乐邪？是相于淫也；说圣邪？是相于艺也；说知邪？是相于疵也。天下将安其性命之情，之八者，存可也，亡可也；天下将不安其性命之情，之八者，乃始脔卷獊囊而乱天下也⑥。而天下乃始尊之惜之，甚矣天下之惑也！岂直过也而去之邪！乃齐戒以言之⑦，跪坐以进之，鼓歌以儛之⑧，吾若是何哉！

故君子不得已而临莅天下⑨，莫若无为。无为也而后安其性命之情。故曰："贵以身为天下，则可以托天下；爱以身为天下，则可以寄天下。"故君子苟能无解其五藏，无擢其聪明；尸居而龙见，渊默而雷声，神动而天随，从容无为而万物炊累焉。吾又何暇治天下哉！

二　出场

（唐）尧　（夏）桀　君子

三　注释

①在：自在。一说是存，存而不论的意思。宥：宽容。在宥天下：任天下自在地发展，人和事物均各得其所，相安无事，也就是无为而治。

②淫：过了，超出。

③瘁瘁：忧愁的样子。

④毗（pí）：损伤。阳：与下句的"阴"本指日光的向背，此处指气候的冷暖，中国古代哲学著作中又借此解释事物对立的两个侧面。

⑤乔诘：意不平。卓鸷：行不平。

⑥脔（luán）：切成块的肉。脔卷：拳曲而不舒展的样子。獊（cāng）囊：犹抢攘，纷乱貌。

⑦齐（zhāi）：通"斋"，斋戒。

⑧儛（wǔ）：舞。

⑨莅（lì）：到，临。

四　译文

只听说天下人应自由自在地生活，没有听说要对天下百姓管理治理的。完全任由百姓自由自在地生活，是怕他们丧失了本性；要让百姓能够宽松安适，是怕他们改变纯朴的德性。天下之人都不丧失本性，不改变德性，哪里还用治理天下呢！从前尧治理天下时，让人欣喜若狂、快乐不已，这就不宁静了；桀治理天下时，使人疲于奔命、痛苦不堪，这就不愉快了。把天下之人弄得不宁静不愉快，这并不是人的自然本性。违背人的自然本性而可以长久，这是天下没有的事情。

人若过于欢乐，就会伤害阳气；人若过于愤怒，就会伤害阴气。阴阳二气都受到了伤害，四时的节气不按时而至，寒暑的交替失去调和，这不反过来要伤害到人体吗？使人喜怒无常，居无定所，思虑不安，中和之道遭到破坏。于是天下开始出现了自大、责备、高傲、凶猛等不和谐的现象，而后也就产生了盗跖、曾参、史鳝等不同的行为。出现这种情况，所以动员全天下的力量来奖赏善举，也还是不够；动员全天下的力量来惩罚恶行，也还是不够。因此天下之大，但不足以处理奖善罚恶的事。自从夏、商、周三代以来，那些国君始终以赏善罚恶作为主要管理事务，他们哪里还有时间顾及安定百姓的自然本性呢！

而且，如果喜好目明，就会沉溺于五色；如果喜好耳聪，就会沉迷于声乐；如果喜好仁爱，就会扰乱人的自然状态；如果喜好道义，就会违反事物的常理；如果喜好礼仪，就会助长拍马屁技巧；如果喜好音乐，就会助长淫乐；如果喜好圣智，就会助长技艺；如果喜好智巧，就会助长了无聊的辩解。天下人想要获得稳定的、自然赋予的真情和本性，上面这八个方面，可以存留，丢弃也可以；天下人不想获得自然赋予的真情和本性，这八个方面，就会成为正义不伸、征战扰乱的主要因素，从而引导并迷乱天下。可是，天下人竟然不懂得取舍关系，要尊崇它，珍惜它，天下人为其所迷惑，竟达到如此执迷不悟的地步。如此种种，一代又一代地流传。人们依然虔诚地评议它，恭敬地传颂它，高兴地供奉它，面对此情况，我也没有什么办法呀！

因而君子不得已，而居于统治天下的地位，最好是一切顺其自然。顺其自然，才能让天下人保有人类自然的本性与真情。

因此说："以尊重生命的态度去治理天下，才可以完全把天下交给他；以珍爱生命的态度去治理天下，便可以把天下托付给他。"也正因为这样，君子如果不能敞露心中的灵气，不表明自己的才华和智巧，那就会安然不动而精神腾飞，沉静缄默而感人至深，精神活动合乎天理。从容自如，顺应自然，而万事万物都像炊烟游尘那样自由自在地飘散。我又为什么要分出心思去治理天下！

五　当代意义

天下人，想要获得稳定的生活环境，首先是要珍惜大自然赋予的真情和本性环境。

第2节

一　原文

崔瞿问于老聃曰："不治天下，安臧人心？"①

老聃曰："女慎无撄人心②。人心排下而进上，上下囚杀，淖约柔乎刚强。廉刿雕琢，其热焦火，其寒凝冰。其疾俛仰之间而再抚四海之外，其居也渊而静，其动也悬而天。偾骄而不可系者，其唯人心乎！

"昔者黄帝始以仁义撄人之心，尧舜于是乎股无胈，胫无毛，以养天下之形，愁其五藏以为仁义，矜其血气以规法度③。然犹有不胜也，尧于是放讙兜于崇山，投三苗于三峗，流共工于幽都④，此不胜天下也。夫施及三王而天下大骇矣。下有桀跖，上有曾史，而儒墨毕起。于是乎喜怒相疑，愚知相欺，善否相非，诞信相讥，而天下衰矣；大德不同，而性命烂漫矣；天下好知，而百姓求竭矣。于是乎斤锯制焉，绳墨杀焉，椎凿决焉⑤。天下脊脊大乱⑥，罪在撄人心。故贤者伏处大山嵁岩之下⑦，而万乘之君忧栗乎庙堂之上⑧。

"今世殊死者相枕也⑨，桁杨者相推也⑩，刑戮者相望也，而儒墨乃始离跂攘臂乎桎梏之间⑪。噫，甚矣哉！其无愧而不知耻也甚矣！吾未知圣知之不为桁杨椄槢也⑫，仁义之不为桎梏凿枘也，焉知曾史之不为桀跖嚆矢也⑬！故曰'绝圣弃知而天下大治'。"

二 出场

崔瞿　老聃

三 注释

①崔瞿：杜撰的人名。老聃：老子的别名。臧：善。今本误作"藏"。

②撄（yīng）：纠缠，扰乱。

③矜其血气：指耗费了无数心血。

④共工：帝尧的水官。幽都：即幽州，地处北方。

⑤椎凿：穿孔的工具。决：打穿，引伸为刑戮、处决。文中的"钅斤锯""绳墨""椎凿"都是木匠的工具，借指伤害人的刑具。

⑥脊脊：相互践踏的样子。一说是淆乱的意思。

⑦伏处：隐居。嵁（kān）岩：深谷。

⑧乘（shèng）：古代一车四马为一乘。"万乘之君"指能统驭上万辆战车的国君，即大国的国君；这里泛指居于统治地位的诸侯。

⑨殊：断。"殊死"也就是斩首。

⑩桁（háng）杨：夹在被囚禁者颈上和脚上的刑具。

⑪离跂（qí）：翘足，形容用力的样子。攘臂：举臂。桎（zhì）梏（gù）：拘束犯人两脚的刑具，这里喻指用来束

缚人的真情本性的工具。

⑫楱（jiē）楷（xí）：指桎梏两孔间接合的横木。后即指桎梏。

⑬嚆（hāo）矢：响箭。

四 译文

崔瞿向老聃（老子）请教："不治理天下，怎么能让人心向善稳定呢？"

老聃回答说："你需要时刻谨慎行事，而不要随意欺扰人心。人们的心情受到压抑便消沉颓丧，人得志便显得趾高气扬。消沉颓丧或者趾高气扬的表现，就像人受到拘禁和伤害一样苦累。唯有柔弱顺应，才能以柔克刚。一个人遭受挫折和伤害时，人的情绪冲动，就像熊熊燃烧的大火，情绪低落时，就像凛凛的寒冰。人的内心变化，是非常快速的，转眼间，又去巡游四海之外的地方；静处的时候，寂静无声，活动的时候，龙腾虎跃。骄矜无法禁止的，又无所拘束的，只能是人的内心活动。

"黄帝时期开始用仁义来扰乱人心，尧和舜为了人们的生活，于是敬业地疲于奔波，他们历经磨难，腿上无肉，胫上秃毛，实现养育天下众多生存的生命，推行仁义到了呕心沥血的地步，耗费心血来制定人们遵守的法度。但是也没有治理好天下。此后，尧将讙兜放逐到南方的崇山，将三苗放逐到西北的三峗，将共工放逐到北方的幽都，这些就是没能治理好天下的明证。延续到夏、商、周三代，更是从多方面惊扰了天下的人民，下有夏桀、盗跖之流，上有曾参、史鳝之流，而儒家和墨家的争辩又全面展开。这样一来，有人喜欢，有人忧愁，相互之间有了猜疑；有人智慧，有人愚昧，相互之间发生了欺诈；有人善良，有人丑恶，相互之间产生了责难；有人妄言，有人信任，相互之间出现了讥刺。因此，天下也就逐渐衰败了。基本观念和生活态度如此不同，人类的自然本性就散乱了，天下人群都去追求智巧，百姓因此纷争迭起。于是用斧锯之类的刑具来制裁他们，用绳墨之类的法度来规范他们，用椎凿之类的刑具来惩处他们。天下相互践踏而大乱，罪在扰乱人心。因此，智慧先达的人，在高山深谷下隐蔽；而帝王与诸侯，个个火急火燎，在朝堂之上混乱不堪。

"当今之世（庄子时期），被杀害的人的尸体堆积如山；戴着脚镣手铐的人，一个挨着一个地住满牢房；受到不同刑具伤害的人，到处都是；而儒家墨家，面对枷锁和羁绊，挥手舞臂地奋力争辩其对错。唉，真是太过分了！他们不知心愧又不知羞耻竟然到了这等地步。我不知道那所谓的圣智法条不是脚镣手铐上用作连接左右两部分的插木；我也不明白那所谓的仁义礼数不是枷锁上用作加固的孔洞和木拴；又怎么知道曾参和史鳅不是夏桀和盗跖的先导呢！所以说：'封杀来往圣人（统治者与管理者）身边的奸佞小人，抛弃偏听的智慧（主观臆断），接受合理劝谏，天下就会得到有效安全的治理与和谐的生活。'"

五　当代意义

本小节以崔瞿向老聃（老子）请教的对话为开始，提出严肃的治国大业的管理问题："不治理天下，怎么能让'人心向善'呢?"老聃回答说："你需要时刻谨慎行事，而不要随意欺扰人心。"

在双方讨论中也指出了有效办法，同时这些办法在今天也可以借鉴，例如，管理者要远离奸佞小人；彻底抛弃那些没有调查的分析及主观臆断；虚心接受合理劝谏，起用真诚实干又具有工匠技术的实干家与热爱国家人民以及自然科学的战略智慧者，这样有助于获得有效、安全的治理与和谐的生活。

第3节

一　原文

黄帝立为天子十九年①，令行天下，闻广成子在于空同之山②，故往见之，曰："我闻吾子达于至道，敢问至道之精。吾欲取天地之精，以佐五谷，以养民人。吾又欲官阴阳，以遂群生，为之奈何?"

广成子曰："而所欲问者，物之质也；而所欲官者，物之残也。自而治天下，云气不待族而雨，草木不待黄而落，日月之光益以荒矣。而佞人之心翦翦者③，又奚足以语至道!"

黄帝退，捐天下，筑特室④，席白茅，间居三月，复往邀之。

广成子南首而卧，黄帝顺下风膝行而进，再拜稽首而问曰："闻吾子达于至道，敢问，治身奈何而可以长久？"广成子蹶然而起⑤，曰："善哉问乎！来！吾语汝至道。至道之精，窈窈冥冥⑥；至道之极，昏昏默默⑦。无视无听，抱神以静，形将自正。必静必清，无劳汝形，无摇汝精，乃可以长生。目无所见，耳无所闻，心无所知，汝神将守形，形乃长生。慎汝内⑧，闭汝外⑨，多知为败。我为汝遂于大明之上矣，至彼至阳之原也；为汝入于窈冥之门矣，至彼至阴之原也。天地有官，阴阳有藏⑩；慎守汝身，物将自壮。我守其一以处其和，故我修身千二百岁矣，吾形未常衰。"

黄帝再拜稽首，曰："广成子之谓天矣！"

广成子曰："来，余语汝。彼其物无穷，而人皆以为有终；彼其物无测，而人皆以为有极。得吾道者，上为皇而下为王；失吾道者，上见光而下为土。今夫百昌皆生于土而反于土，故余将去汝，入无穷之门，以游无极之野。吾与日月参光，吾与天地为常。当我，缗乎！远我，昏乎！人其尽死，而我独存乎！"

二　出场

黄帝　广成子　佞人

三　注释

① 黄帝：轩辕氏，相传为中原部族的祖先。

② 广成子：传说即老子，实为虚构的人物。空同：亦作崆峒，神话中的山名。

③ 佞人：谗谄的小人。蕲蕲：犹浅浅。

④ 筑特室：指为了避喧嚣而另辟静室。

⑤ 蹶（guì）然：急遽的样子。

⑥ 窈窈冥冥：深远昏暗的样子。

⑦ 昏昏默默：喻深静。

⑧ 慎汝内：不动其心。内：内心，精神世界。

⑨ 闭汝外：不以外物动吾心。外：人体外在的感受器官，如眼和耳。

⑩ 藏：府。阴阳有藏：阴阳各居其所。

四　译文

黄帝号令天下，已经十九年了，发布的诏令通行无阻。皇帝听说广成子居住在空同（崆峒）山上，决定前往拜见他。黄帝说："我听说先生精通至道，冒昧请教修习至道的精华学问。我想获取天地的灵气，用来滋润五谷生长，用五谷养育百姓。我又想主宰自然阴阳变化，来帮助众多生灵和善生存，我应该如何办好？"

广成子回答："你想问的，是万事万物的自然源泉；你想主宰的，是万事万物以外的东西。你治理天下以来，天上的云气没有聚集完成，就落下了雨；地上的草木没有等到枯黄，都凋零落了叶；太阳和月亮的光亮也慢慢地晦暗下来。然而，佞人的心境这般浅陋，又怎么能谈'至道'呢！"

黄帝听了这席话，回来后，就放弃每天的政务工作，改为筑起清心寂智的安静思考的工作室，铺上洁白的茅草，谢绝交往，独居三月后，再次前往问道学习。

广成子头朝南，席地躺着，黄帝则顺着下方，双膝着地慢速匍匐向前，行了叩头着地大礼，问道："听说先生已经通晓至道，冒昧请教，如何修养自身，才能活得长久？"广成子急速地挺身而起，说："问得好！来来来，我告诉你至道。至道的精髓，幽深渺远；至道的至极，晦暗沉寂。做到什么也不看，什么也不听，自我精神保持宁静，形体自然就顺应正道。保持宁寂和清静，不要使身形疲累劳苦，不要使精神动荡恍惚，这样就可以长生。眼睛什么也没看见，耳朵什么也没听到，内心什么也不知晓。这样去学习感悟，你的精神就会保守你的形体，形体也就自然健康长寿。小心地别除所有的思虑，关闭起对外的一切感官，智慧技巧太多了，就会面临失败。我帮助你来到最光明的环境，直达阳气的本原之地。我来帮助你进入到幽深渺远的大门，直达阴气的本原之地。天和地都各有主宰，阴和阳都各有府藏，谨慎地守护你的身形，万物将会自然地生长。我坚守浑一的大道，而又处于阴阳二气调谐的境界，所以，我修身至今，已有一千二百年了，而我的身形，还从没有衰老的迹象。"

黄帝再次跪拜在地，行了大礼说："先生与自然浑为一体了。"

广成子又说："来来来，我告诉你。宇宙间的万般事物是没有穷尽的，然而，人们却认为宇宙有边际；宇宙间的物质深不可测，人们却认为有穷极。理解掌握了我所说的道的人，在上可以成为皇帝，在下可以成为王侯；不能理解掌握我所说的道的人，抬头只能见到日月的光亮，低头只能化为土地。万物昌盛，生于土地又返归土地。所以，我将离你而去，进入没有穷尽的大门，遨游到没有极限的原野。我将与日月同光，与天地共存。向着我生命而来，我无所觉察！背着我生命而去，我无所在意！人们生存之道，源于生，结于亡，生命都要结束，而我独自留下来啊！"

五　当代意义

本节告诫人们，无论管理者还是百姓，只要体悟到"道"的本真意义，就能成为管理国家、治理区域、建设家园的智慧者，就能成为服务国家与人民的有智慧道学方法的人。

第4节

一　原文

云将东游①，过扶摇之枝而适遭鸿蒙②。鸿蒙方将拊脾雀跃而游③。云将见之，倘然止，贽然立④，曰："叟何人邪？叟何为此？"

鸿蒙拊脾雀跃不辍⑤，对云将曰："游！"

云将曰："朕愿有问也。"

鸿蒙仰而视云将曰："吁！"

云将曰："天气不和⑥，地气郁结，六气不调，四时不节。今我愿合六气之精以育群生，为之奈何？"

鸿蒙拊脾雀跃掉头曰："吾弗知！吾弗知！"

云将不得问。又三年，东游，过有宋之野而适遭鸿蒙。云将不喜，行趋而进曰："天忘朕邪？天忘朕邪？"再拜稽首，愿闻于鸿蒙。

鸿蒙曰："浮游，不知所求；猖狂，不知所往；游者鞅掌，以观无妄。朕又何知！"

云将曰："朕也自以为猖狂，而民随予所往；朕也不得已于民，今则民之放也。愿闻一言。"

鸿蒙曰："乱天之经，逆物之情，玄天弗成；解兽之群，而鸟皆夜鸣；灾及草木，祸及止虫⑦。噫，治人之过也！"

云将曰："然则吾奈何？"

鸿蒙曰："噫，毒哉！仙仙乎归矣。"

云将曰："吾遇天难，愿闻一言。"

鸿蒙曰："噫！心养。汝徒处无为，而物自化。堕尔形体⑧，黜尔聪明，伦与物忘；大同乎涬溟，解心释神，莫然无魂。万物云云，各复其根，各复其根而不知；浑浑沌沌⑨，终身不离；若彼知之，乃是离之。无问其名，无窥其情，物固自生。"

云将曰："天降朕以德⑩，示朕以默⑪；躬身求之，乃今也得。"再拜稽首，起辞而行。

二 出场

云将 鸿蒙

三 注释

① 云将：云的主帅。寓言中的人物。

②扶摇：神木；一说为飓风。鸿蒙：自然元气。寓言中的人物。

③拊（fǔ）：拍击。

④贽（zhì）然立：形容站着不动的样子。

⑤辍（chuò）：停止。

⑥天：这里实指鸿蒙，敬如上天的意思。

⑦止：亦作"昆"，"止虫"即昆虫。一说"止"是"豸"的意思，"止虫"即豸虫。

⑧堕（huī）：通"隳"，毁坏的意思。

⑨浑浑沌沌：各任自然，浑然无知，保持自然真性的状态。

⑩降：这里是传授、教诲的意思。

⑪默：义同"养心"，即清心寂神的意思。

四　译文

云将来到东方巡游，经过神木的枝头，恰巧遇上了鸿蒙。鸿蒙正拍着大腿像雀儿一样跳跃游乐。云将看到鸿蒙的气势，非常惊疑地停下来，恭敬地站着说："老先生，你是什么人呀？为什么来这里？"

鸿蒙拍着大腿不停地跳跃，对云将说："自由自在地游乐！"

云将说："我想向你请教。"

鸿蒙抬起头来，看了看云将道："可以！"

云将说："天上的云气流动不畅，地上的地气堵塞不通，阴、阳、风、雨、晦、明六气不调和了，四时变化不符合节令变化规律了。如今我希望调谐六气之精华来养育众多的生灵，对此，应该怎么办？"

鸿蒙拍着大腿掉过头去说："我不知道！我不知道！"

云将的问题没有得到回答。又过了三年，云将再次来到东方巡游，经过宋国的原野时，恰巧又遇到了鸿蒙。云将大喜，快步来到鸿蒙的面前说："老先生忘了我吗？您忘了我吗？"云将跪地行了叩头大礼，希望得到鸿蒙的指教。

鸿蒙说："自由自在地去遨游，不知道追求什么；漫不经心地随意活动，不知道去哪里好。玩乐的人络绎不绝，观赏真实的风景。我又能知道什么啊！"

云将说："我自认为能够随心地活动，但人民也都会跟着我走；我不得已而对人民有所亲近，如今却为人民所效仿。我希望能聆听您的一言教诲。"

鸿蒙说："扰乱自然的规律，违背事物发展的真情，整个自然的变化不能顺应规律。离散群居的野兽，飞翔的鸟儿都夜鸣，灾害波及草木，祸患波及昆虫。噫，这都是治理天下的过错！"

云将问："那么我将怎么办？"

鸿蒙说："噫，你受到的毒害实在太深啊！你还是就这么回去吧！"

云将说："我遇见您实在不容易，恳切希望能听到您的指教。"

鸿蒙说："噫！修心养性。你只须处心于无为之境，万物会自然地有所变化。忘却你的形体，废弃你的智慧，遗忘伦理和万物。混同于茫茫的自然之气，解除思虑释放精神，像死灰一样没有灵魂。万物纷杂繁多，全都各自回归本性，各自回归本性却是出自无心，浑然无知又保持本真，终身不得违背；假如有所感知，就是背离本真。不要询问它们的名称，不要窥测它们的实情，万物本是自然地生长。"

云将说："您把对待外物和对待自我的要领传授给了我，您把清心寂静的思考方法告诉了我；我亲身探求大道，如今方才有所领悟和收获。"再次行了叩头大礼，起身告别离去。

五　当代意义

回归本性，是修行人的基本诉求。要想回归本性，就得悟道。庄子通过对话来阐述，在人类社会与生活活动中，人必须守住内心世界的"真性"，才能够体悟到无形无相，体悟"道学"的本性。

第5节

一　原文

世俗之人，皆喜人之同乎己而恶人之异于己也。同于己而欲之，异于己而不欲者，以出乎众为心也。夫以出乎众为心者，曷常出乎众哉①！因众以宁②，所闻不如众技众矣。而欲为人之国者，此揽乎三王之利而不见其患者也③。此以人之国侥倖也，几何侥倖而不丧人之国乎！其存人之国也，无万分之一；而丧人之国也，一不成而万有余丧矣。悲夫，有土者之不知也④。

夫有土者，有大物也⑤。有大物者，不可以物；物而不物，故能物物⑥。明乎物物者之非物也，岂独治天下百姓而已哉！出入六合，游乎九州⑦，独往独来，是谓独有⑧。独有之人，是谓至贵。

大人之教⑨，若形之于影，声之于响⑩。有问而应之，尽其所怀，为天下配⑪。处乎无响，行乎无方。挈汝适复之挠挠⑫，以游无端；出入无旁⑬，与日无始；颂论形躯，合乎大同⑭，大同而无己。无己，恶乎得有有！睹有者，昔之君子；睹无者，天地之友。

二 出场

有土者　大人

三 注释

① 曷常：何尝。常：通"尝"。

② 因：随顺，顺乎。宁：安。

③ 揽：把持。

④ 有土者：拥有国土的人，指国君。

⑤ 有大物：拥有万物。

⑥ 物物：物使天下之物。前一"物"字用如动词。

⑦ 九州：指中原、地域，意思是国家。

⑧ 独有：拥有自己的内在人格世界，在精神上能特立独行。

⑨ 大人：至人，即上文中"独有之人"。

⑩ 响：回声。

⑪配：匹对，这里指应答。问话者为主，应答者则为配。

⑫挈：提。适复：往返。挠挠：纷纷。

⑬旁（bàng）：同"傍"，依傍。

⑭颂（róng）：通"容"，仪容。论：语。"颂论"犹言容颜、谈吐。

四 译文

世俗人都喜欢别人跟自己相同，而讨厌别人跟自己不一样。希望别人跟自己相同，不希望别人跟自己不一样的人，总是把出人头地当作自己主要的内心追求。那些一心只想出人头地的人，又何尝能够真正超出众人呢！随顺众人之意，当然能够得到安宁，可是个人的所闻总不如众人的技艺多才智高。希图治理邦国的人，必定是贪取夏、商、周三代帝王之利，而又看不到这样做的后患的人。这样做是凭借统治国家的权力贪求个人的侥幸，而贪求个人的侥幸而不至于丧失国家统治权力的又有多少人呢！他们中能够保存国家的，不到万分之一；而丧失国家的，自身一无所成，还会留下许多祸患。可悲呀，拥有土地的统治者却不明白呀！

拥有土地的国君，必然拥有众多的物品。拥有众多的物品，却不可以受外物所役使，使用外物而不为外物所役使，所以能够主宰天下万物。明白了拥有外物又能主宰外物的人，本身就不是物，岂止是治理天下百姓而已！这样的人已经能往来于天地四方，游乐于整个世界，独自无拘无束地去，又自由自在地来，这样的人就叫作拥有万物而又超脱于万物。拥有万物而又超脱于万物的人，这就称得上是至高无上的贵人。

至人的教诲，就好像形体躯干折射出的身影，就像遥远的传声产生的回响。有提问就有应答，竭尽自己所能，为天下人关心的问题做出应答。处心于没有声响的环境，活动在变化不定的地方，引领着人们往返于纷扰的世界，从而遨游在无始无终的浩渺之境，或出或进都无须依傍，像跟随太阳那样没有尽头地周而复始；容颜、谈吐和身形躯体均和众人一样的，大家都是一样，也就无所谓自身。无所谓自身，哪里用得着据有各种物象！看到了自身和各种物象的存在，这是过去的君子；看不到自身和各种物象的存在，这就跟永恒的天地结成了朋友。

五 当代意义

本节告诫人们，"守土有责"是人生存的基本"心性"，管理者必须要保护国家寸土利益，必须守住"本心真性"的道。同时告诫管理者，无论官职大小，必须终身学习体悟道学的应用意义："人法地，地法天，天法道，道法自然"的宇宙运行和人类生存规律。只有这样，大小官员做到不贪不腐、诚实敬业、修心养性、不忘初心，才能够防止任何形式的破坏，避免给国家造成巨大损失。

第6节

一 原文

贱而不可不任者，物也；卑而不可不因者，民也；匿而不可不为者，事也；粗而不可不陈者①，法也；远而不可不居者，义也；亲而不可不广者，仁也；节而不可不积者②，礼也；中而不可不高者，德也；一而不可不易者，道也；神而不可不为者，天也。故圣人观于天而不助，成于德而不累，出于道而不谋，会于仁而不恃，薄于义而不积③，应于礼而不讳④，接于事而不辞，齐于法而不乱，恃于民而不轻，因于物而不去⑤。物者莫足为也，而不可不为。不明于天者，不纯于德；不通于道者，无自而可；不明于道者，悲夫！

何谓道？有天道，有人道。无为而尊者，天道也；有为而累者，人道也。主者，天道也；臣者，人道也。天道之与人道也，相去远矣，不可不察也。

二 出场

天道 人道

三 注释

① 粗：粗略。陈：陈述。

② 节：礼仪。积：增多。

③ 薄：通"迫"，迫近，接近的意思。

④讳：回避。

⑤因：循，遵从。

四 译文

低贱而不可不听任的，是万物；卑微而不可不随顺的，是百姓；不显眼而不可不去做的，是事情；不周全而不可不陈述的，是可供借鉴的经验言论；距离遥远但又不可不恪守的，是道义；亲近而不可不扩展的，是仁爱；小节，而不可不累积的，是礼仪；顺依其性然而不可不尊崇的，是德；本于一气，而不可不变化的，是道；神机莫测，而不可不顺应的，是自然。所以，圣人观察自然的神妙却不去帮助，修习了善行的修养却不受拘束，行动出于道却在事先没有多考虑，符合仁的要求却不有所依赖，履行了道义却不积不留，应合礼仪却不避不让，接触琐事却不推迟拖延，同于法度而不知法犯法和肆行妄为，依靠百姓而不随意奴役差遣，遵循事物变化的规律而不朝令夕改和轻率废弃。顺应万事万物决不可以强为（不可滥为），但是又不可不为（必须作为）。没有理解自然的规律与变化，也就不会获得管理的能力，不会具备纯正的修养；不通晓道的人，什么事情也办不成。不通晓道的人，是很可悲的啊！

什么叫作道？有天道，有人道。无所作为而处于尊崇地位的，这就是天道；事必躬亲有所作为而劳累的，这就是人道。君王，就是天道，臣下，就是人道。天道与人道相比，差得实在太远，不能不细加体察。

五　当代意义

道是什么？道，有天道（自然运行规律）、有人道（人与人相处的关系）。

天人合一，多指人与道合而"天地与我并生，万物与我为一"的境界，也指天人相合相应。因此，人们只有在工作生活中，遵循自然规律，顺应自然法则，在此前提下，积极发挥人的主观能动性和创造性，使天人达到有机的合一，天人和谐共生。

经典成语

1. 窈窈冥冥

【释义】窈窈：深远。冥冥：幽深。形容深远微妙。

2. 昏昏默默

【释义】①看不见听不到的状态。指至道难见莫测。
②迷糊，不知所以。

天 地

导 读

　　《天地》篇以天地作为话题，展开对自然规律和社会生活道理的探讨。从表面上看内容比较庞杂，但核心主张明确，强调效法天地之道，崇尚无为而治。

　　有研究者认为这一篇不是庄子的作品，因为其中杂有孔子的大量言论。但钟泰先生坚定地认为，《天地》《天道》《天运》三篇是一个类型，承接上一篇《在宥》，都是庄子的作品。内外杂篇的划分也不必然是庄子与庄子后学的差别，外杂篇也可以理解为是外应之学，是庄子思想的展开。我们同意钟泰先生的意见，因为庄子不必然反对孔子，庄子完全可以通过孔子的言论回到老子的思想，凸显出一条补救儒家末流弊病，注重自然生命的探索道路。

　　本篇做了节选，省略了尧治天下等内容，选取了 5 个小节，讲述了庄子"无为而治"的思想，也清晰地勾勒了儒道两家对黄帝之学的继承和发扬。第 1 节直接陈述《天地》的道德观，可以看作庄子的立论。第 2 节和第 3 节都在谈道，求道当"刳心"，"万物孰能定之"。第 4 节是黄帝遗玄珠的寓言，譬喻道不是感觉的对象，感官、言辩都无从求得。

第 5 节讲了子贡南游的故事，借孔子之言总结了"浑沌氏"（黄帝）的道术，也指出为政者当去"机心"。

第 1 节

一　原文

天地虽大，其化均也①；万物虽多，其治一也②；人卒虽众③，其主君也。君原于德而成于天④，故曰，玄古之君天下⑤，无为也，天德而已矣。

以道观言，而天下之名正⑥；以道观分，而君臣之义明⑦；以道观能，而天下之官治⑧；以道泛观，而万物之应备⑨。故通于天者，道也；顺于地者，德也⑩；行于万物者，义也；上治人者，事也⑪；能有所艺者，技也⑫。技兼于事，事兼于义，义兼于德，德兼于道，道兼于天⑬，故曰：古之畜天下者⑭，无欲而天下足，无为而万物化，渊静而百姓定⑮。记曰："通于一而万事毕⑯，无心得而鬼神服。"

二　注释

①天地：古人认为，天地由元气所生，清轻上升的气产生天，浊重下降的气产生地，天地是万物之祖。化：化生，产生。均：平均，没有偏私。

②治：条理。

③人卒：民众。

④原：本。此处即以德为本。德：自得。

⑤玄古：远古。

⑥言：名，即老子所谓"名"，老子用道和名对举，《齐物论》用道和言对举。观：显示，显现。名：原作"君"，依严灵峰之说改。

⑦分（fèn）：名分。义：理，伦理。

⑧能：技能。

⑨应：应对。

⑩"故通于天者……"两句，今本作"故通于天地者，德也；行于万物者，道也"。陈碧虚《庄子阙误》引江南古藏本改。

⑪事：百官之事，此处不是泛指一切事情。

⑫艺：此处指生产，即谋生的一技之长。技：技术。

⑬兼于：合于。

⑭畜（xù）：畜养。

⑮渊静：指深沉清静，不扰乱人心，即老子所说的"我无为而民自化，我好静而民自正"。

⑯记：古书之记载，不指定某书。毕：完备。

三 译文

天地虽然很广大，但是天地化生出万物没有偏私。万物虽然杂多，但是条理分明（统一于道德）。老百姓虽然众多，但是都由君主管理。君主依照天地产生万物的原则，以自然的方式来治理天下而有所成就。所以说，远古至德之世的君主治理天下，以"无为"作为方法，是"天德"的落实而已。

从道显现出名，则天下的名才正；从道显现出名分，则君主和臣民的伦理才分明；从道显现出行政的技能，则天下的官员才能各尽其职；万物的生化运动完备地体现了道。所以，通达于天的是"道"；顺适于地的是"德"；周行于万物的是"义"；从事治理工作的就是各行其事；掌握一定的艺能就是技艺。技艺合于事，事合于义理，义理合于德，"德"合于道，道合于天。所以说，古代养育天下百姓的君主，没有私欲就能让天下富足；自然无为，万物就能各自安好；内心清净便能让百姓安定。记书上说："贯通于道则万事完备，心无所求而鬼神敬服。"

第2节

一　原文

夫子曰："夫道，覆载万物者也，洋洋乎大哉！君子不可以不刳心焉 ①。无为为之之谓天 ②，无为言之之谓德 ③，爱人利物之谓仁，不同同之之谓大 ④，行不崖异之谓宽 ⑤，有万不同之谓富。故执德之谓纪 ⑥，德成之谓立，循于道之谓备 ⑦，不以物挫志之谓完 ⑧。君子明于此十者，则韬乎其事心之大也 ⑨，沛乎其为万物逝也 ⑩。若然者，藏金于山，沉珠于渊；不利货财，不近贵富；不乐寿，不哀夭；不荣通，不丑穷。不拘一世之利以为己私分 ⑪，不以王天下为己处显 ⑫。显则明。万物一府 ⑬，死生同状 ⑭。"

二　出场

夫子

三　注释

①刳（kū）：剖开、挖空。刳心：指去除私心，大其心才能容道。

②天：天道、自然。

③言：谓教也。

④不同同之：前一个"同"，为相同之义；后一个"同"，为动词，有融合之义。

⑤崖异：乖异。谓人性情、言行不合常理。宽：宽宏。

⑥纪：纲纪。

⑦备：完备。

⑧完：充实，指德性完备无缺。

⑨韬：包容。事心：立心，立志。

⑩沛：充沛。

⑪私分：私有。

⑫王（wàng）：称王，统治。

⑬府：脏腑，此处引申为体。"万物一府"即万物一体。

⑭状：情形。

四　译文

先生说："道，覆盖和承载着万物，广阔无边盛大啊！君子不可以不去除私心（以容纳大道）。以无为指导行动就是天道自然；以无为来教化就是德；爱人、给万物以利就是仁；融合不同的就是大；行为合乎人情常理就是宽，包罗万象就是富。因此，依照'德'（行动）就是有纲纪；'德'能够彰显就是有所立；完全遵循天道就是完备；不为物所累而伤害了志行就是德性充实（的完人）。君子能够明察这十个方面，就会以大格局来立志向，因为（心）无所阻碍，万类皆能归往而相处融洽。如此，（就好像）把黄金藏在山里，把宝珠藏在深渊；不把货财当作利益，不追求贵富的生活；不以长寿而喜，也不以夭折而悲伤；不以通达为荣耀，也不以困顿为羞耻。不会追求世间的利益以满足私欲，不以称霸天下为显赫。（'显则明'疑为衍文，不译）（因为）万物本来就是一体，死生没有什么差别。"

第3节

一　原文

夫子曰："夫道，渊乎其居也①，淼乎其清也②。金石不得，无以鸣③。故金石有声，不考不鸣④。万物孰能定之⑤！

"夫王德之人⑥，素逝而耻通于事⑦，立之本原而知通于神⑧。故其德广。其心之出⑨，有物采之⑩。故形非道不生，生非德不明。存形穷生，立德明道，非王德者邪！荡荡乎⑪！忽然出，勃然动，而万物从之乎！此谓王德之人。

"视乎冥冥⑫！听乎无声。冥冥之中，独见晓焉⑬；无声之中，独闻和焉。故深之又深而能物焉⑭；神之又神而能精焉；故其与万物接也⑮，至无而供其求，时骋而要其宿，大小，长短，修远⑯。"

二　出场

夫子

三　注释

① 渊：深。

② 漻（liáo）：水清澈的样子。

③ 金石：钟磬，乐器。鸣：响。

④ 考：叩击。

⑤ 定：确定。万物孰能定之：万物的感应谁能确定它的性质。

⑥ 王德：盛德。王：盛大。

⑦ 素：真。逝：往。素逝：率真而行。通于事：被事牵绊。

⑧ 知（zhì）：通"智"。神：形容变化不测的境界。

⑨ 出：发动。

⑩ 有：由。采：摘取。

⑪ 荡荡：宽平广大的样子。

⑫ 冥冥：昏暗。

⑬ 独：偏偏。晓：明。

⑭ 能：或"有"之误。能物：能生物。

⑮ 其：指道。

⑯ "大小，长短，修远"，为衍文，疑为郭象注。

四 译文

先生说:"道,幽深渊静,澄澈清明。钟磬缺失了(道)就不会有声响。(钟磬有声,是因为有叩击。这句为古注杂入正文。)天下万物的性质都是由(道)来确定的啊!

"具有盛德的人率真行事,不迎合事务,以天道为根本,智慧通达自然生化,真是德性广大啊!(具有盛德的人)起心动念,感应于物的显现。所以,没有道就没有生命的形体,没有德就没有生命的本性。保存形体成全生命,彰显德性和道体,这不就是盛德吗?宽广伟大啊!他们无心地有所感,无心地有所动,顺从自然,万物群生无不顺从!这就是有盛德的人。道,看上去是那么晦暗,听起来是那么寂然无声。然而在晦暗之中偏偏能够明白,无声之中偏偏能够听到和音。所以,深而又深却能产生万物,神妙莫测而能成精气。所以,道与万物相接,虚无能满足万物的需求,时刻运动驰骋而能以归宿统摄。可大可小,可长可短,直到永远。(最后一句为衍文,古注杂入正文。)

第4节

一 原文

黄帝游乎赤水之北①,登乎昆仑之丘而南望②。还归遗其玄珠③。使知索之而不得④,使离朱索之而不得⑤,使喫诟索之而不得也⑥。乃使象罔⑦,象罔得之。黄帝曰:"异哉!象罔乃可以得之乎?"

二　出场

黄帝　知　离朱　喫诟　象罔

三　注释

①赤水：杜撰河流之名称。北：北方，晦暗处。

②昆仑：昆仑山，有混沌的隐喻。南：向阳处，明。

③玄珠：产于赤水深处之珠，喻道。

④知：才智、智慧。拟人化的角色。

⑤离朱：传说中黄帝时视力好的人。

⑥喫诟（chī gòu）：即《胠箧》篇的"解垢"，善于闻声巧辩。拟人化的角色。

⑦象罔：喻无形迹，拟人化的角色。

四　译文

黄帝出游赤水河的北面，登上了昆仑山向南眺望。返回之后，丢失了玄珠。派才智超群的知去寻找，没有找到。派善于明察的离朱去寻找，也没有找到。派善于闻声辨言的喫诟去寻找，也没有找到。于是派象罔去找，而无智、无视、无闻的象罔找到了。黄帝感慨说："奇怪啊！象罔才可以找得到吗？"

第5节

一 原文

子贡南游于楚①，反于晋，过汉阴②见一丈人方将为圃畦③，凿隧而入井④，抱瓮而出灌，滑滑然用力甚多而见功寡⑤。子贡曰："有械于此⑥，一日浸百畦⑦，用力甚寡而见功多，夫子不欲乎？"

为圃者仰而视之曰："奈何？"曰："凿木为机，后重前轻，挈水若抽；数如泆汤⑨，其名为槔⑩。"为圃者忿然作色而笑曰⑪："吾闻之吾师⑫，有机械者必有机事，有机事者必有机心⑬。机心存于胸中，则纯白不备⑭；纯白不备，则神生不定⑮；神生不定者，道之所不载也。吾非不知，羞而不为也。"

子贡瞒然惭⑯，俯而不对⑰。有间，为圃者曰："子奚为者邪⑱？"曰："孔丘之徒也。"

为圃者曰："子非夫博学以拟圣⑲，於于以盖众⑳，独弦哀歌以卖名声于天下者乎？汝方将忘汝神气，堕汝形骸，而庶几乎！汝身之不能治㉑，而何暇治天下乎？子往矣，无乏吾事㉒！"

子贡卑陬失色㉓，顼顼然不自得㉔，行三十里而后愈㉕。其弟子曰："向之人何为者邪？夫子何故见之变容失色，终日不自反邪㉖？"曰："始吾以为天下一人耳，不知复有夫人也。吾闻之夫子，事求可㉗，功求成，用力少，见功多者，圣人之道。今徒不然㉘。执道者德全，德全者形全，形全者神全。神全者，圣人之道也。托生与民并行而不知其所之，汒乎淳备哉㉙！功利机巧必忘夫人之心。若夫人者，非其志不之，非其心不为。虽以天下誉之，得其所谓，謷然不顾㉚；以天下非之，失其所谓，傥然不受㉛。天下之非誉，无益损焉，是谓全德之人哉！我之谓风波之民。"

反于鲁，以告孔子。孔子曰："彼假修浑沌氏之术者也㉜。识其一，不知其二；治其内，而不治其外。夫明白太素㉝，无为复朴，体性抱神，以游世俗之间者，汝将固惊邪？且浑沌氏之术，予与汝何足以识之哉！"

二 出场

子贡 汉阴丈人 子贡弟子 孔子

三 注释

①子贡：孔子弟子。

②汉阴：汉水的南边。水南为阴。

③丈人：长者。方将：正在。圃：菜园。畦（qí）：分块的田地。

④隧：隧道。

⑤滑滑然：灌水声。

⑥械：器械、工具。

⑦浸：浇灌。

⑧挈（qiè）：提。

⑨泆（yì）：漫溢。

⑩槔（gāo）：井上汲水的工具。

⑪忿（fèn）然作色：因气愤而脸有怒色。

⑫吾师：旧指老子，实际不详。

⑬机心：投机取巧之心。

⑭纯白：纯净的心境。

⑮神生不定：心神不安宁。

⑯瞒（mén）然：惭愧的样子。

⑰对：应对，回答。

⑱奚：何。奚为：干什么。

⑲拟圣：比拟、仿效圣人。

⑳於（wū）于：叹词，此处为夸耀。盖众：压倒众人。

㉑几：近。汝，你。

㉒乏：废。

㉓卑陬（zōu）：形容惭愧的样子。陬，角落。

㉔顼（xū）顼然：茫然自失的样子。

㉕愈：恢复正常。

㉖反：通"返"，恢复。

㉗可：应当。

㉘徒：但，乃。

㉙汒（máng）乎：广大貌。淳：敦厚，质朴。

㉚謷：通"傲"，骄傲，轻慢。

㉛傥然：无心的样子。

㉜假：借助。浑沌氏:《应帝王》篇中提到，浑沌氏为中央之帝，中央为土，色尚黄，即黄帝。

㉝太：原作"人"，形近误也。

四 译文

子贡到南方的楚国游历，返回晋国的途中经过汉水南岸，见到一个老者正在菜园里（劳作），他凿了一个隧道通到井里，抱着瓮取水出来浇灌，吭哧吭哧地花了很大的力气但是功效甚小。子贡于是说："有一种器械，一天可以浇灌上百个畦，用力少而功效大，老先生您想不想用呢？"

老者抬头看着子贡说："怎么做？"子贡说："用木头做成器械，后重前轻，提水就像抽水一样，快得像沸腾的水向外漫溢一样，这种器械叫作槔。"老者面带怒色地讥笑他说："我听我的老师说，机械是用来从事机巧之事，机巧之事一定来源于机巧之心。胸中存有机巧之心，那么淳朴清白的心境就不完善。淳朴清白的心境不完善就会心神不宁，心神不宁的人，内心就没有道。我不是不知道用器械，而是以用器械为羞。"

子贡满脸羞愧，低着头无言以对。过了一会儿，老者问道："你是干什么的呀？"子贡答："我是孔丘的学生。"

老者说："孔子不就是那个因为见闻广博就自比圣人，自认为超群出众，自弹自唱卖弄名声的人吗？你现在把神气收一收，忘掉你的形骸（名声），就差不多好一点了！你连自己的身体都不能修养好，怎么能治天下呢？你快点走吧，不要耽误我的事情。"

子贡非常惭愧，神色顿失，茫然若失，离开了三十里地才慢慢恢复。

子贡的弟子问道："之前那个人是谁啊？为什么老师见到他神色大变，整天都缓不过来？"子贡答道："原来我以为孔夫子是天下唯一的圣人，不知道还有这样的圣人。我听孔夫子曾经说过，事功要追求合理并能落实，用力少而效率高，这便是圣人之道。现在我才知道不是这样，坚守道的人德才完备，德完备的人形体才健康，形体健康的人精神才完备，精神完备才是圣人之道。与百姓共生于世间，而不妄自确立方向，广博纯粹呀！这样的人不会有功利机巧之心。像这种人，不合他心志的，他不会去做。即便天下的人都称赞他，而且这种称赞名实相符，他也傲然不动。天下的人都非议、误会他，让他名声丧失，他也漠然不顾。天下的毁誉对他没有什么损伤和增益，这就是德性完备的人啊！我只不过是随波逐流的人罢了。"

　　回到鲁国，子贡将这段经历禀告孔子。孔子说："他修行的是黄帝之道而不得其真。他了解黄帝之学的一方面，但是不知道黄帝之学的另一方面。只是了解内学而不知道外学。明白朴素，自然无为，复归道德，能够体察本性，抱守精神，逍遥于世俗之间。你又有什么好惊异的呢？况且，黄帝之道，我和你又怎么可能有真正的了解呢？"

经典成语

1. 神乎其神

【释义】神秘奇妙到了极点，形容非常奇妙神秘。

【出自】《庄子·天地》："深之又深而能物焉，神之又神而能精焉。"

2. 独弦哀歌

【释义】讥刺故意不与世俗相和，以沽名钓誉。

【出自】《庄子·天地》："子非夫博学以拟圣，於于以盖众，独弦哀歌，以卖名声于天下者乎。"

当代意义

改革开放以来，中国人走出国门，主动了解世界，不再封闭自守。但是，是不是出了国，开了眼界，就一定有广阔的心胸和宏大的格局呢？

我们读老庄，要读出老庄的"减法"功夫。要开眼界，以眼界开心胸，以心胸成就格局。但是，读完了《庄子》，我们要知道，"眼界"不是目之所视，眼界背后有心胸，心胸开阔必须有"减法"的功夫，物来顺应，过则舍之。有所见就有所不见，眼界越宽，越知道经验的局限，心胸越广，越保持不先物动的无知状态，这才是天地格局。有了天地格局，就能宽容地看待世事变迁，安时处顺，以"无为"而为，是生命的成长，也是社会和谐的根底。

天道

导 读

　　《天道》承接《天地》，核心主题是帝王的治道应崇尚虚静无为。本篇参考了孙通海先生译注的《庄子》，删减了较为庞杂的内容。保留的内容主要有四个部分：第一部分总述了虚静无为是畜养天下的大道；第二部分是舜请教尧为君之道；第三部分是士成绮见老子，老子从观人之术和名实观的角度谈了自己修身之法；第四部分讲的是轮扁见齐桓公的故事。

　　传统上我们认为庄子跟儒家是对立的，好像庄子不太愿意介入世俗社会的家国治理。但是，这一篇显然表明庄子不反对世俗治理，只是强调"无为"的原则。虽然尧舜在主流的历史记载中是儒家圣王的形象，在《庄子》的其他篇章中也有被调侃和批评的用法。但此处则成为庄子肯定的形象。不管是从人道还是从天道的角度，只要崇尚虚静无为，就是治理国家最重要的大道。从整体看运动变化的世界，永恒地处在运动之中，万物的形态都是临时的聚散。掌握永恒运动这一基本认识是庄子理解无为的前提。并且，这个运动不是外在设定的目的，或者外力的推动、欲望的牵动。庄子理解的运动是万物各自具有运动的本性，这个本性是源自自身、源于自然的。充分理解了天地万物的基本运动原理，人事的治理就变得简单了，那就是不干扰，让万物自在地发挥其潜能和职责；不越俎代庖，也不随便设立目标，以天地般广阔的胸襟包容一切合乎自然的运动。庄子认为只有如此，才是贴近了天道的圣王，也只有如此，才能让万物众生达到最高的和谐。

社会生活中的具体的仁爱是儒家所推崇和表彰的。孔子强调"仁者，爱人"，到孟子将其发展为"老吾老以及人之老，幼吾幼以及人之幼"。《天道》中，庄子借尧舜的对话，区分了天道和人道，并以天道自然统摄了人道。儒家的仁爱是有差等的，基于自然和血缘远近的关系，是人本中心的秩序建立。道家的仁爱是无区别的，万物一体，同体共生，生死都没有差别，爱就显得没有那么炙热，而多了一份清冷。道家的"不仁"不是反对"仁"，而是理解了一切都有内在的天道秩序，自己的"爱"只能是"无为"的自然，不将自身行动产生的对世间的影响归为自己的有为，看到了天地的大和谐。

接下来，士成绮与老子讨论修身问题则是对帝王之道对普通人的影响的演绎。这一段虽然也可能是庄子编出来的故事，但内容是一贯的精彩。士成绮这个杜撰的名字就体现了一个非常自以为是的形象。"士"表明了身份，"成"在庄子这里也不是一个很好的字眼，很容易让人想到"成心"；一个有着成见的士人来拜见老子，而且是绮丽的，"绮"字表明了在文质之间、在内外之间，这个人是更加偏重外、注重文饰的。接下来的故事果不其然。士成绮各种铺垫自己多么诚心地想见老子，想要请教老子，结果一见面就批评老子，显然是道听途说了很多关于老子的话。但是，老子对他的批评没有任何反应。

果然，气场强大的老子还是让士成绮有所收敛，或者说有点紧张。第二天士成绮止息了自己的成见之后，真诚地来请教老子，还是有点慌张的。但是老子这时候就不客气了，把士成绮从头到脚数落了一遍，每个细节的批评都落在一个要害，就是士成绮不修真，不可信，是欺世盗名，不懂自然的人。

逐于外的人忽视了内就失去了对生命的洞悉。不懂得生命就没有办法治理好百姓。庄子在此选用一个底层的劳动者，通过技艺不可言传的比喻指出了治国的大道也不可言传。这个比喻太深刻了。如果说道家的知识在形式上不可避免地还是要借助文字的话，那么在内容上则是不断指向生命本身，而"绝圣去智""虚静无为""得意忘言""得意忘象"才是贴近天地自然、认识自身本性的重要方法。

第1节

一　原文

天道运而无所积①，故万物成；帝道运而无所积，故天下归②；圣道运而无所积，故海内服③。明于天，通于圣，六通四辟于帝王之德者④，其自为也，昧然无不静者矣⑤。圣人之静也，非曰静也善，故静也；万物无足以铙心者⑥，故静也。水静则明烛须眉，平中准⑦，大匠取法焉。水静犹明，而况精神⑧！圣人之心静乎！天地之鉴也，万物之镜也。夫虚静恬淡寂漠无为者，天地之本⑨，而道德之至，故帝王圣人休焉⑩。休则虚，虚则实，实则备矣⑪。虚则静，静则动，动则得矣⑫。静则无为，无为也则任事者责矣⑬。无为则俞俞⑭，俞俞者忧患不能处，年寿长矣。夫虚静恬淡寂漠无为者，万物之本也。明此以南乡⑮，尧之为君也；明此以北面⑯，舜之为臣也。以此处上，帝王天子之德也；以此处下，玄圣素王之道也⑰。以此退居而闲游，则江海山林之士服⑱；以此进为而抚世⑲，则功大名显而天下一也。静而圣，动而王，无为也而尊，朴素而天下莫能与之争美。

夫明白于天地之德者，此之谓大本大宗⑳，与天和者也；所以均调天下㉑，与人和者也。与人和者，谓之人乐㉒；与天和者，谓之天乐。

庄子曰："吾师乎㉓！吾师乎！韲万物而不为义㉔，泽及万世而不为仁，长于上古而不为寿，覆载天地刻雕众形而不为巧㉕，此之为天乐。故曰：'知天乐者，其生也天行㉖，其死也物化。静而与阴同德，动而与阳同波。'故知天乐者，无天怨㉗，无人非㉘，无物累㉙，无鬼责㉚。故曰：'其动也天，其静也地，一心定而天地正；其魄不祟，其魂不疲，一心定而万物服。'言以虚静推于天地，通于万物，此之谓天乐。天乐者，圣人之心，以畜天下也㉛。"

二　注释

① 运：运行，转动。积：留滞。

② 归：归向。

③ 服：服从。

④ 六通四辟：六合通达，四时顺畅。

⑤ 昧然：冥然，不知不觉的意思。

⑥ 铙（náo）：通"挠"，搅动，扰乱。

⑦ 中（zhòng）：合乎。准：标准。

⑧ 精神：心神，心志。

⑨ 本："本"今本误作"平"。根据马叙伦之说改。

⑩ 休：停止。休焉：休虑息心。

⑪ 则：然后。备：完备。

⑫ 得：得其所止，指合理。

⑬ 任事者：做事的人。责：各尽其责。

⑭ 俞俞：形容安逸的样子。

⑮ 乡（xiàng）：通"向"。

⑯ 北面：意指北面为臣。

⑰ 玄圣、素王：玄默之圣，素白之王。今所谓无冕之王。

⑱ 则：通行本缺此字。江海山林之士：隐士。

⑲ 抚世：安世。

⑳ 大本大宗：德之体。

㉑ 均调天下：德之用。

㉒ 人乐：乐以天下。

㉓ 吾师乎：指道。

㉔ 甗（jī）：毁坏。义：今本作"戾"。

㉕ 刻雕：比喻产生。

㉖ 天行：顺乎自然而运行。

㉗ 无天怨：不怨天。

㉘ 无人非：不非议他人。

㉙ 无物累：不被外物牵累。

㉚ 无鬼责：不责备鬼神的报应。

㉛ 畜（xù）：畜养。

三 译文

天道的运行从未有过停滞，所以万物得以生成；帝王之道运行也从未有过停滞，所以天下百姓归顺；圣人之道的运行也从未有过停滞，所以四海之内人人顺服。明白于天道，通达于圣人的智慧，通晓于帝王之德的人，动必因为自身，心体韬晦寂静。圣人内心的寂静，不是因为寂静美好，所以才去追求寂静。万物都不能扰乱他的内心，因而心神才虚寂。水静止的时候可以清晰地照见人的须眉，水面合乎水平测定的标准，高明的工匠也会以之为标准。水静下来都能明如鉴，更何况是人的精神！圣明的人心境是多么虚空寂静啊！可以作为天地、万物的明镜。虚静、恬淡、寂寞、无为，是天地自然的根本，是道德修养的最高境界，所以古代帝王和圣人都止于此。止于此便心体虚空，心体虚空才能容纳充实，容纳充实才能成全完备。心体虚空才会平静，平静才会（自己）运动，（自己）运动也就能够得其所止。虚静便能无为，无为才能使任事的人各尽其责。无为也就从容自得，从容自得的人便无忧无患，年寿也就长久了。虚静、恬淡、寂寞、无为，是万物的根本。明白这个道理而居于帝王之位的就是唐尧这样的君主；明白这个道理而居于臣下之位的就是虞舜这样的臣子。凭借这个道理而处于尊上的地位，就是帝王、天子的德性；凭借这个道理而处于庶民百姓的地位，就是玄圣、素王的德性。凭借这个道理退居闲游，江海山林的隐士就会心悦诚服；以此进身仕途而安抚世间百姓，就能功业卓著，使天下统一于道。静则成为玄圣，动则成为帝王，天道尊崇，保持淳厚素朴，天下就没有什么东西可以跟它媲美。

明白天地自然的德性，可以称为掌握了根本和宗原，因而成为跟自然和谐的人。用此来均平万物，便是跟众人和谐的人。与人和谐的，称作人乐；与自然和谐的，就称作天乐。

庄子说："我的宗师啊！我的宗师啊！切分万物而不认为是"义"，恩泽施及万世而不认为是"仁"，生命长于远古而不认为是长寿，覆天载地、主宰众物之形而不认为是智巧，这就叫作天乐。所以说：'通晓天乐的人，他的生死顺应自然运动，遵循万物变化的道理。他的动静同于阴阳大化。'因此体察到天乐的人，不会怨天，不会尤人，不被物累，不责难鬼神的报应。所以说：'运动合乎天道，静止合乎地道，内心安定专一而能够主政天下；鬼魔不会作祟，精神不会疲惫，内心专一安定万物归附。'就是说，把虚空寂静推及到天地，通达于万物，这就叫作天乐。所谓天乐，就是用圣人的心养育天下。"

第2节

一 原文

昔者舜问于尧曰："天王之用心何如^①？"

尧曰："吾不敖无告^②，不废穷民^③，苦死者^④，嘉孺子而哀妇人^⑤，此吾所以用心已。"

舜曰："美则美矣，而未大也。"

尧曰："然则何如？"

舜曰："天德而土宁^⑥，日月照而四时行，若昼夜之有经，云行而雨施矣。"

尧曰："胶胶扰扰乎^⑦！子，天之合也；我，人之合也。"

夫天地者^⑧，古之所大也，而黄帝尧舜之所共美也。故古之王天下者，奚为哉？天地而已矣。

二 出场

舜　尧

三 注释

① 天王：天子。

② 敖（áo）：通"傲"，傲慢。无告：即穷民，困顿、无处倾诉的人。

③ 废：废弃，舍弃。

④ 苦：引申为悲悯。

⑤嘉：喜爱。嘉孺子：善待孤儿。

⑥土：今本作"出"。宁：安。

⑦胶胶扰扰：形容扰乱。

⑧天地：自然。

四　译文

舜曾经向尧请教："你作为天子如何用心？"

尧说："我从不侮慢无所倾诉的百姓，也不弃置困顿的穷苦人，悲悯死者，善待孤儿寡母。这些就是我用心的方式。"

舜说："这样做当然是很好了，却不是最完善的。"

尧说："如此那么将怎么办呢？"

舜说："顺乎天德则一切安宁，日月照耀，四季运行，如同昼夜交替，云行雨施，自有其规律！"

尧说："整日里纷纷扰扰啊！你，跟自然相合；我，跟人事相合。"

天地自然，自古以来是最伟大的，黄帝、尧、舜都共同赞美它。所以，古时候统治天下的人，做些什么呢？效法天地罢了。

第3节

一　原文

士成绮见老子而问曰①："吾闻夫子圣人也，吾固不辞远道而来愿见，百舍重跰而不敢息②。今吾观子，非圣人也。鼠壤有余蔬③，而弃妹之者④，不仁也，生熟不尽于前⑤，而积敛无崖⑥。"

老子漠然不应。

士成绮明日复见，曰："昔者吾有刺于子⑦，今吾心正却矣，何故也？"

老子曰："夫巧知神圣之人，吾自以为脱焉⑧。昔者子呼我牛也而谓之牛，呼我马也而谓之马。苟有其实，人与之名而弗受，再受其殃⑨。吾服也恒服⑩，吾非以服有服。"

士成绮雁行避影⑪，履行遂进而问⑫："修身若何？"

老子曰："而容崖然⑬，而目冲然⑭，而颡頯然⑮，而口阚然⑯，而状义然⑰，似系马而止也。动而持⑱，发也机⑲，察而审⑳，知巧而睹于泰㉑。凡以为不信。边竟有人焉㉒，其名为窃㉓。"

二 出场

士成绮 老子

三 注释

① 士成绮：人名。

② 百舍：旅途百日。跰：通"茧"，脚跟厚皮。

③ 鼠壤：老鼠穴中的土壤。

④ 妹：犹"昧"。弃妹：不爱物。

⑤ 生熟：生与熟的食物。

⑥ 无崖：没有边际。

⑦刺：讽刺。

⑧脱：脱离。

⑨弗受：不接受。再受其殃：再遭受祸殃。

⑩服：服从，接受。

⑪雁行避影：像雁斜行，侧身避影。形容侧身行走的样子。

⑫履行遂进：形容蹑足渐行渐进。

⑬而：你。容：脸色。崖然：自认为了不起的样子。

⑭目：眼神。冲（chōng）然：形容鼓目突视的样子。

⑮颡（sǎng）：额头。頯（kuí）然：形容宽大高亢。

⑯閔（hǎn）然：雄辩的样子。

⑰状：形体，身形。义：借为"峨"。义然：形容巍峨的样子。

⑱持：控制。

⑲机：机弩，形容快。

⑳察而审：明察而谨慎。

㉑泰：骄泰。

㉒竟：同"境"。

㉓窃：盗贼。

四　译文

士成绮见到老子问道："听说先生是个圣人，我便不辞路途遥远而来拜见，旅途百日，脚掌上结了厚厚的老茧也不敢停下来休息。如今我见到先生，竟不像是圣人。老鼠洞边有许多剩余的食物，却弃之不顾，这是不仁！生熟的食物享用不尽，聚敛财物却还没有限度。"

老子好像没有听见似的，不作回答。

第二天士成绮再次见到老子，说："昨日我冒犯了您，今天我则止息了那样的想法，这是什么原因呢？"

老子说："我自以为早已脱离了巧智神圣的这种人的行列。先前你叫我牛就称作牛，叫我马就称作马。假如确实如此，别人给了相应的称呼却要拒绝，将会再次受到祸殃。我顺应外物总是自然而然，并不是因为要有为而为。"

士成绮像雁一样侧身而行，小心避开老子的身影，穿着鞋走进了老子的室内问道："怎样修身呢？"老子说："你的容颜岸然，你的眼睛鼓目突出，你的头额矜傲，你的口舌夸张，你的身形巍峨，好像奔马被拴住身体但是心犹奔腾。你的行为暂时有所克制，一旦行动就像箭发弩机，你明察而又精审，自持智巧而外露骄恣之态，凡此种种都不能取信于人。边远的地方有过这样的人，他们的名字就叫作贼。"

第4节

一　原文

桓公读书于堂上①，轮扁斫轮于堂下②，释椎凿而上③，问桓公曰："敢问，公之所读者，何言邪？"

公曰："圣人之言也。"

曰："圣人在乎？"

公曰："已死矣。"

曰："然则君之所读者，古人之糟魄已夫④！"

桓公曰："寡人读书，轮人安得议乎！有说则可，无说则死！"

轮扁曰："臣也以臣之事观之。斫轮，徐则甘而不固⑤，疾则苦而不入⑥。不徐不疾，得之于手而应于心。口不能言，有数存焉乎其间⑦。臣不能以喻臣之子⑧，臣之子亦不能受之于臣，是以行年七十而老斫轮⑨。古之人与其不可传也死矣，然则君之所读者，古人之糟魄已夫！"

二　出场

齐桓公　轮扁

三　注释

① 桓公：齐桓公，春秋五霸之一。

② 轮扁：制造车轮的工匠，名扁。

③ 释：放下。

④ 糟魄：糟粕。魄："粕"的借字。

⑤ 徐：慢。甘：松，滑动。

⑥ 疾：快。苦：苦涩，涩滞。

⑦ 数：技艺。

⑧ 喻：使……明白。

⑨ 而老：《淮南子》作"老而"。

四 译文

齐桓公在堂上读书，轮扁在堂下砍制车轮，他放下椎子和凿子走上朝堂，问齐桓公："冒昧地请问，您所读的书，讲的是什么？"

齐桓公说："是圣人的话。"

轮扁说："圣人还在世吗？"

齐桓公说："已经死了。"

轮扁说："既然这样，那么您所读的书，全是古人的糟粕啊！"

齐桓公说："寡人读书，你一个做轮子的工匠怎么敢妄加评议呢！有什么道理说出来，还可以原谅你，没有道理可说，那就得处死你。"

轮扁说："我用我所从事的工作观察到这个道理。制作车轮，动作慢（榫卯）就松而不坚固，动作快（榫卯）就涩滞而不入木。不慢不快，手上做得顺利而且应合于心，虽然口头不能表达，却有技艺在其中。我不能（通过言语）使我的儿子明白其中的奥妙，我的儿子也不能从我这儿得到这个技艺，所以我活了七十岁，如今老了还在砍削车轮。古时候的人跟他们不可言传的道理一块儿死亡了，那么国君所读的书，当然是古人的糟粕啊！"

经典成语

1. 六通四辟

【释义】本义指上下四方和春秋四时。引申为顺应天时，任物性自然。又比喻四面八方无不通达。也作"六通四达"。

【出自】《庄子·天道》："明于天，通于圣，六通四辟于帝王之德者，其自为也，昧然无不静者矣。"

2. 胶胶扰扰

【释义】纷乱不宁。

【出自】《庄子·天道》："尧曰：'胶胶扰扰乎！子，天之合也；我，人之合也。'"

3. 呼牛呼马

【释义】比喻是非本无一定的标准，毁誉随人而定，不加计较。也作"呼牛作马"。

【出自】《庄子·天道》："昔者子呼我牛也而谓牛；呼我马也而谓之马。苟有其实，人与之名而弗受，再受其殃。"

4. 得心应手

【释义】得：得到，想到。应：反应，配合。心里怎么想，手就能怎么做。比喻技艺纯熟或做事情非常顺利。

【出自】《庄子·天道》："不徐不疾，得之于手而应于心。"

当代意义

不作为并非"无为"，庄子的"无为"恰恰是源于《周易》乾卦、坤卦的刚健厚载，是自强不息的作为。这种"无为"是效法天地的生生不息的运动。

中国传统儒道两家在这个问题上有一个共识，就是人总是要往内开发自己的精神世界，而不能过度地放纵欲望，被外物牵引，从而丧失了本性。对这个问题，儒家发展到宋明理学时，提出了"存天理，灭人欲"。什么是天理？什么是人欲？有一个经典的解释："饮食，天理也；山珍海味，人欲也。"（朱熹《朱子语类》）天理和人欲之间的度就是生存的界限，而庄子认为这个界限就是"无为"和"有为"的区分。"无为"是天理，"有为"是人欲，"无为"并非不作为，不是不动，而是自动，是顺乎本性的活动。本性不是由任何外在的人或者权威确定的，而是通过人对天地的敬畏，对万物的尊重，从内在开发出自己的本性。这是儒道两家的思想中共通的部分，人不是天地的主宰，但是人可以效法天地成就同类，成就万物。

《天道》中庄子提到的古代社会的治理经验，依然对现代社会的治理有非常重要的启发意义，特别是对生命的尊重和洞见。在现代社会实现善治，充分地相信群众、依靠群众，从群众中来到群众中去，不正是庄子思想的现代演绎吗？

天运

导 读

《天运》《天地》《天道》均以道为统，以天为体，前后相连，无心自化，贯通为一。一为道也，在这里体现为天。天人相应，天人合一，道法自然，乃《天运》的本意。

《天运》继续讨论老子和庄子顺应自然、无为而治的思想，"天道运而无所积，故万物成；帝道运而无所积，故天下归；圣道运而无所积，故海内服"。若深入理解《天运》的内涵，除了学习和理解《天地》《天道》外，还需要学习和理解《周易》中"天行健，君子以自强不息；地势坤，君子以厚德载物"对"天"的描写，天乃自然界各种阳刚力量的总代表，云行雨施，刚健有力，无所不化，无始无终。要想更好地理解《天运》的思想内涵，就要理解圣人老子《道德经》中"人法地，地法天，天法道，道法自然""无为而无不为"（或称"无为而无以为"）的至理名言。天为道的某种化身和寄托，取法道，以道为魂，依道而运，自然而然。所谓天运，对其浅显的理解是，宇宙里各种自然现象无心运行而自运自动，道隐含在万物中，"寂兮廖兮，独立而不改，周行而不殆"，无为而自化。

《天运》第一部分为第1节，可谓谦卑地叩问苍天，重点探讨天人关系，先就日、月、云、雨等自然现象的变化而连续提出15个疑问，然后借助巫咸袑之口，回答各种疑问，这一切都由"六极五常"所致，乃大自然自身运动的结果，因而"顺之则治""逆之则凶"。"九洛之事，治成德备，监照下土，天下戴之，此谓上皇。"这是整篇内容的立意之基，也是上篇《天道》的自然延续。

第二部分始于"商大宰荡问仁于庄子"，至"是以道不渝"，可谓探问仁义，重点探讨仁、至仁的内涵。通过写大（太）宰荡向庄子请教仁，说明"至仁无亲"的道理。庄子在本部分提出了"以敬孝易，以爱孝难；以爱孝易，以忘亲难；忘亲易，使亲忘我难；使亲忘我易，兼忘天下难；兼忘天下易，使天下兼忘我难"的名句。至仁无亲，即道本无亲，与圣人老子"天地不仁""圣人不仁"的思想一脉相承。

第三部分始于"北门成问于黄帝曰"，至"愚故道，道可载而与之俱也"，可谓追问至乐，借助黄帝之口，表达庄子对音乐的独特见解，质朴之心才有内心之悦。"至乐"，虽"听之不闻其声"，却能"充满天地，苞裹六极"，因而给人以神秘之感，但正是这种无知无识的浑厚之心才能近于大道，保持着本真，"圣也者，达于情而遂于命也。天机不张而五官皆备，此之谓天乐，无言而心说"。

第四部分始于"孔子西游于卫"，至"而夫子其穷哉"，写虚幻人物（寓设人物）师金对孔子周游列国、推行礼制的评价，可谓审问礼法，指出古今变化巨大，今人对古法不可简单效法，必须应时而变，"故礼义法度者，应时而变者也"。本部分内容彰显了道派人士对儒家礼仪法度的批评，认为周礼不可不变也。

第五部分始于"孔子行年五十有一而不闻道"，至"天门弗开矣"，可谓求问大道，借老聃与孔子的谈话来谈论道，指出名声和仁义都是身外的器物与馆舍，可以停下来短住一宿而不可久处，真正需要的是虚静和无为。"古之至人，假道于仁，托宿于义，以游逍遥之虚，食于苟简之田，立于不贷之圃。"

第六部分始于"孔子见老聃而语仁义"，至"子贡蹴蹴然立不安"，可谓诘问圣治，写老聃对仁义和三皇五帝之治的批判，指出仁义对人的本性和真情扰乱毒害至深，以致使人昏愦糊涂，而三皇五帝之治天下，实则是"乱莫甚焉"，其毒害胜于蛇蝎之尾。"黑白之朴，不足以为辩；名誉之观，不足以为广。泉涸，鱼相与处于陆，相呴以湿，相濡以沫，不若相忘于江湖。"

第七部分始于"孔子谓老聃曰"，至"可。丘得之矣"，可谓自问道化，写孔子得道及感受，进一步批判先王之治，"性不可易，命不可变，时不可止，道不可壅。苟得于道，无自而不可；失焉者，无自而可"。指出唯有顺应自然变化，与道同化，方能教化他人。

综观《天运》全篇，天道的内涵在不断的提问与对话中逐渐清晰。庄子借皇帝、老聃、孔夫子等化身来提醒世人，变化乃常，道法自然，无为而无不为。仁义、名声、法度皆外在之物，得天道，开天门，"乘道德以浮游"，随天而运也。"天长地久。天地所以能长且久者，以其不自生，故能长生。"

人类乃大自然运化的产物，无论人类怎样发展进化，抑或退化，都不过是大自然变化的某种结果而已，而道隐藏在人类的千变万化中，被道所左右，孤立的人为之物并不存在。

第1节

一　原文

"天其运乎？地其处乎[①]？日月其争于所乎？孰主张是[②]？孰维纲是[③]？孰居无事而推行是？意者其有机缄而不得已邪[④]？意者其运转而不能自止邪？云者为雨乎？雨者为云乎？孰隆施是[⑤]？孰居无事淫乐而劝是[⑥]？风起北方，一西一东，在上彷徨[⑦]，孰嘘吸是[⑧]？孰居无事而披拂是[⑨]？敢问何故？"

巫咸祒曰[⑩]："来！吾语女。天有六极五常[⑪]，帝王顺之则治，逆之则凶。九洛之事[⑫]，治成德备，监照下土，天下戴之，此谓上皇[⑬]。"

二　出场

巫咸祒

三　注释

①处：指静处，宁静处下，"地势坤也"。

②主张：主宰而施张。

③维纲：维持纲纪。

④机：机关、机械也。缄：关闭也。有机缄而不得已：被某种神秘机关操纵而不由自主。

⑤隆：兴也。施：散布也。

⑥淫乐：过求欢乐。劝是：劝勉，助成。

⑦在：今本作"有"，系"在"字之误。彷徨：回转之貌；往来之貌。

⑧嘘吸：吐气吸气。

⑨披拂：吹动。

⑩巫咸袑：为虚设人物。（唐）成玄英疏，巫咸，神巫，袑，名也，当是正解。陈鼓应注，寓设人物。

⑪六极：六合，即东西南北上下。方勇注，阴阳、风雨、晦明，当取前者。五常：木火土金水，即五行也。

⑫九洛之事：九州之事。

⑬上皇：上古时的帝王。上，也可作尚，故上皇也可理解为至上的帝王。

四 译文

"天是在自然运行吧？地在无心静处吧？日月交替出没，是在争夺居所吧？谁在主宰张罗这些现象？谁在维持、统带这些现象？是谁在闲暇中推动运行而形成这些现象？揣测它们被什么机关主宰而出于不得已呢？还是它们自己一直运转而不能停下来？乌云是雨水蒸腾而成？还是雨水是乌云降落而成？是谁在行云布雨？是谁闲居无事、贪求欢乐而促成了这种现象？风起于北方，一会儿西一会儿东，在天空中来回游动，是谁吐气并吸气，造成了云彩的飘动？还是谁闲居无事煽动而造成这样的现象？我斗胆请教，以上问题是什么缘故？"

巫咸祒说："来！我告诉你吧。大自然本身就存在六合五行。帝王顺应自然，便能治理好国家，违背它，就会招来灾祸。顺应九州聚居之人的各种事物变化，天下就会大治而道德完备，仁爱之光照临人间，天下自然拥戴之，这人就叫作上皇。"

五 当代意义

本节对涉及天运的 15 个问题的连续追问，以自然现象的变化无穷来暗喻：君王和世人在大自然面前，要保留敬畏之心，顺应之意，不可妄为。大自然变化的根源是道，治国修身不可违背之。可谓"天道无亲，恒予善人"。老子的无为思想依然具有现实意义，"天下之至柔，驰骋天下之至坚。无有入于无间。吾是以知无为之有益。不言之教，无为之益，天下希及之"。在大自然面前，人类不要恣意妄为，以为自己无所不能。人定胜天，不是人要战胜天，而是人心安定，与天地相参相胜。

第 2 节

一　原文

商大宰荡问仁于庄子[①]。庄子曰："虎狼，仁也。"

曰："何谓也?"

庄子曰："父子相亲，何为不仁?"

曰："请问至仁[②]。"

庄子曰："至仁无亲。"

大宰曰："荡闻之，无亲则不爱，不爱则不孝。谓至仁不孝，可乎?"

庄子曰："不然。夫至仁尚矣，孝固不足以言之。此非过孝之言也，不及孝之言也。夫南行者至于郢[③]，北面而不见冥山[④]，是何也? 则去之远也。故曰：以敬孝易，以爱孝难[⑤]；以爱孝易，以忘亲难[⑥]；忘亲易，使亲忘我难；使亲忘我易，兼忘天下难；兼忘天下易，使天下兼忘我难。夫德遗尧舜而不为也，利泽施于万世，天下莫知也，岂直太息而言仁孝乎哉[⑦]! 夫孝悌仁义[⑧]，忠信贞廉，此皆自勉以役其德者也[⑨]，不足多也[⑩]。故曰，至贵[⑪]，国爵并焉[⑫]；至富[⑬]，国财并焉；至显[⑭]，名誉并焉。是以道不渝[⑮]。"

二　出场

商大宰荡　庄子

三 注释

① 商大宰荡：宋国的太宰荡。此处取陈鼓应注，大宰乃官号，字荡。（唐）成玄英疏，宋承殷后，故商乃宋国也，商大宰荡实为宋太宰荡。此乃正解。

② 至仁：最高境界的仁。

③ 郢：当时楚国的都邑。

④ 冥山：寓设之山名，当在北方。

⑤ 以敬孝易，以爱孝难：用敬来行孝容易，用爱来行孝难。

⑥ 以爱孝易，以忘亲难：以爱行孝容易，使父母安适而无虑难。此处参考陈鼓应翻译文句。

⑦ 岂直：难道。太息：据成玄英疏，嗟叹也。而言：自夸也。

⑧ 孝悌仁义：敬事双亲乃孝，兄友弟恭乃悌，爱人乃仁，正乃义也。

⑨ 役其德：据成玄英疏和陈鼓应解，劳役其本性。

⑩ 不足多也：有两种解释。陈鼓应注，不足尚也；方勇注，不值得赞美也。以上解释本质上一致。

⑪ 至贵：（晋）郭象注，贵之至也，乃正解。

⑫ 并（bǐng）：摒弃。

⑬ 至富：富之至也。

⑭ 至显：原作"至愿"。陈鼓应注，显乃荣。

⑮ 不渝：不改变也。

四 译文

宋国的太宰荡向庄子请教仁爱的问题。庄子说:"虎和狼也具有仁爱。"

太宰荡说:"这是说什么呢?"

庄子说:"虎狼也能父子相互亲爱,为什么不能叫作仁呢?"

太宰荡又问:"请教最高境界的仁。"

庄子说:"最高境界的仁就是没有亲。"

太宰荡说:"我听说,没有亲就不会有爱,没有爱就不会有孝,说最高境界的仁就是不孝,可以吗?"

庄子说:"不是这样。最高境界的仁实在值得推崇,孝本来就不足以说明它。这并不是要责备行孝的言论,而是不涉及行孝的言论。向南方走的人,到了楚国国都郢,面朝北方也看不见冥山,这是为什么呢? 因为距离冥山越发地远了。所以说,用恭敬的态度来行孝容易,以爱的本心来行孝困难;用爱的本心来行孝容易,用虚静淡泊的态度对待双亲困难;虚静淡泊地对待双亲容易,使双亲也能虚静淡泊地对待自己困难;使双亲虚静淡泊地对待自己容易,能虚静淡泊地对待天下人困难;虚静淡泊地对待天下人容易,使天下人能忘却自我很困难。盛德遗忘了尧舜,因而尧舜方才能任物自得,利益和恩泽施给万世,天下人却没有谁知道,难道偏偏需要深深慨叹而大谈仁孝吗? 孝、悌、仁、义、忠、信、贞、廉,这些都是用来劝勉自身而拘执真性的,不值得推崇。所以说,最为珍贵的,一国的爵位都可以随同忘却自我而弃除;最为富有的,一国的资财都可以随同知足的心态而弃置，最显荣的，任何名誉都可以弃之。所以，大道是永恒不变的。"

五 当代意义

商大宰荡和庄子在本部分重点探讨了仁、至仁、亲和孝的关系，阐述了至仁无亲的原因。特别是，庄子以辩证思维提出了"以敬孝易，以爱孝难；以爱孝易，以忘亲难；忘亲易，使亲忘我难；使亲忘我易，兼忘天下难；兼忘天下易，使天下兼忘我难"的层层递进、前后贯通的难易相对论，认为，无我的境界最难达到。古往今来，当人们面对名利、权力、金钱等诱惑时，有多少人能够不为之所动？老子、庄子以道论天下，孔子、孟子崇尚仁义礼，道儒墨法等思想共同促进了中华文明的进步与发展。"上德不德，是以有德"，凡事过于彰显仁义道德、礼仪法度，往往会成为外在作秀和精神枷锁。"使民免而无耻"易，使民"有耻且格"难。所以，只有德治与法治和谐共进，文明社会才能可持续发展。

第3节

一 原文

北门成问于黄帝曰①："帝张咸池之乐于洞庭之野，吾始闻之惧，复闻之怠②，卒闻之而惑；荡荡默默③，乃不自得④。"

帝曰："汝殆其然哉⑤！吾奏之以人⑥，徵之以天⑦，行之以礼义，建之以太清⑧。夫至乐者，先应之以人事，顺之以天理，行之以五德⑨，应之以自然，然后调理四时，太和万物。四时迭起，万物循生；一盛一衰，文武伦经⑩；一清一浊，阴阳调和，流光其声；蛰虫始作，吾惊之以雷霆。其卒无尾，其始无首；一死一生，一偾一起⑪；所常无穷⑫，而一不可待。汝故惧也。

"吾又奏之以阴阳之和，烛之以日月之明；其声能短能长，能柔能刚，变化齐一，不主故常；在谷满谷，在阬满阬；涂郤守神⑬，以物为量。其声挥绰⑭，其名高明。是故鬼神守其幽，日月星辰行其纪。吾止之于有穷⑮，流之于无止。子欲虑之而不能知也，望之而不能见也，逐之而不能及也；傥然立于四虚之道⑯，倚于槁梧而吟⑰。心穷乎所欲知，目穷乎所欲见，力屈乎所欲逐，吾既不及已夫！形充空虚，乃至委蛇⑱。汝委蛇，故怠。

"吾又奏之以无怠之声，调之以自然之命⑲。故若混逐丛生，林乐而无形；布挥而不曳，幽昏而无声。动于无方，居于窈冥；或谓之死，或谓之生，或谓之实，或谓之荣；行流散徙，不主常声⑳。世疑之，稽于圣人㉑。圣也者，达于情而遂于命也。天机不张而五官皆备，此之谓天乐，无言而心说。故有焱氏为之颂曰：'听之不闻其声，视之不见其形，充满天地，苞裹六极㉒。'汝欲听之而无接焉㉓，而故惑也。

"乐也者，始于惧，惧故祟㉔。吾又次之以怠，怠故遁㉕；卒之于惑，惑故愚㉖；愚故道，道可载而与之俱也。"

二 出场

北门成　黄帝

三 注释

①北门成：（唐）成玄英疏，姓北门，名成，黄帝臣也。陈鼓应注，北门成和黄帝的对话为寓设。

②怠：松懈，松弛下来。

③荡荡默默：摇摇晃晃，昏昏沉沉。

④不自得：不知所云或不知所措。

⑤殆：懈怠。

⑥人：人事也。

⑦徵：与"征"同，此处有奏乐之义。

⑧太清：大道，天道。

⑨五德：一说为仁义礼智信，一说为土木金火水。陈鼓应注，仁义，从之。

⑩文武伦经：乐曲表现了文治武功的柔和、刚烈等变化。

⑪偾（fèn）：仆倒，指乐声寂灭。一偾一起：可理解为乐曲一起一落，跌宕起伏。

⑫常：当借为"向"。

⑬涂：借为"杜"，堵塞。郤：同"隙"，孔窍。

⑭挥绰：悠扬有余韵。

⑮穷：尽也。

⑯傥然：无依倚的样子。　四虚之道：四方没有际限的大道。

⑰ 倚于槁梧而吟：依靠着几案而吟唱。

⑱ 委蛇（wēi yí）：同"逶迤"，随顺应变。

⑲ 调之以自然之命：以符合自然之道的音乐节奏进行调节。调，调节。

⑳ 不主常声：变化无穷，不限于老调。

㉑ 稽：稽考，求问。

㉒ 苞裹：包容，囊括。 六极：上、下及四方。苞裹六极：指整个宇宙。

㉓ 无接：无法用耳朵领受到。

㉔ 惧故祟：因内心惧怕而若有鬼祟，指紧张而不由自主。

㉕ 怠故遁：因懈怠而精神欲离散。

㉖ 愚：情识俱灭，愚痴状，质朴也。

四 译文

北门成向黄帝问道："你在广漠的原野上演奏咸池乐曲，我起初听起来感到惊惧，再听下去就逐步松缓下来，听到最后却又感到迷惑不解，神情恍惚，无知无识，进而不知所措。"

黄帝说："你恐怕会有那样的感觉吧！我因循人情来演奏乐曲，取法自然的规律，用礼义加以推进，用天道来确立。最美妙最高贵的乐曲，总是用人情来顺应，用天理来因循，用五德来推演，用自然来应合，然后才调理于四季的序列，跟天地万物和合。乐声犹如四季更迭而起，万物都遵循这一变化而栖息生长；忽而繁茂忽而衰败，春季的生机和秋季的肃杀都在有条不紊地更迭；忽而清新忽而浊重，阴阳相互调配交和，声光交流；蛰虫刚开始活动，雷霆使它们惊起。乐声的终结寻不到结尾，乐声的开始寻不到起头；一会儿消逝一会儿兴起，一会儿偃息一会儿亢进；变化的方式无穷无尽，不可以有所期待。因此你会感到惊恐不安。

"我又用阴阳的交和来演奏，用日月的光辉来照临整个乐曲。于是，乐声能短能长，能柔能刚，变化虽然遵循着一定的条理，却并不拘泥于故态和常规；流播于山谷，山谷满盈，流播于坑凹，坑凹充实；堵塞心灵的孔隙而使精神宁寂持守，一切用外物来度量。乐声悠扬广远，可以称作高亢明快。因此，连鬼神也能持守幽暗，日月星辰也能运行在各自的轨道上。我时而把乐声停留在一定的境界里，而乐声的寓意却流播在无穷无尽的天地中。我想思考却不能知晓，我观望却不能看见，我追赶它却总不能赶上；只得无心地伫立在通达四方、无涯际的衢道上，依着几案而吟咏。目光和智慧困窘于一心，想要见到的事物；力气竭尽于一心，想要追求的东西。我早已经赶不上了啊！形体充盈却又好像不复存在，方能够随应变化。你能随应变化，惊恐不安的情绪就会慢慢平息下来。

"我又演奏起忘情忘我的乐声，并且用自然的节奏来加以调协。因而乐声像是混同驰逐、相辅相生，犹如风吹丛林自然成乐却又没有形迹；传播和振动均无外力牵引，幽幽暗暗，又好像没有了一点儿声响。乐声启奏于不可探测的地方，滞留于深远幽暗的境界；有时候可以说它消逝，有时候又可以说它兴起；有时候可以说它实在，有时候又可说它虚华；演进流播，飘散游隙，绝不固守一调。世人往往迷惑不解，向圣人问询查考。所谓圣，就是通达事理而顺应自然。自然的枢机没有启张而五官俱全，这就可以称之为出自本然的乐声，犹如没有说话却心里喜悦。所以，有焱氏颂扬它说：'用耳听，听不到声音，用眼看，看不见形迹，充满于大地，包容了六极。'你想听却无法衔接连贯，所以你到最后终于迷惑不解。

"这样的乐章，从惶惶不安的境态开始，因为恐惧而认为它是祸患；我接着又演奏了使人心境松缓的乐曲，因为松缓而渐渐消除恐惧；乐声最后让人迷惑不解，因为迷惑不解而无知无识似的；无知无识的浑厚心态接近于大道。接近于大道，就可以借此而与大道融合相通了。"

五　当代意义

本节的精彩之处，在于黄帝介绍自己弹奏音乐的方式，"吾又奏之以无怠之声，调之以自然之命。故若混逐丛生，林乐而无形；布挥而不曳，幽昏而无声。动于无方，居于窈冥；或谓之死，或谓之生，或谓之实，或谓之荣；行流散徙，不主常声"。这种道法自然的演奏，属于天籁之音。一般的人无法用耳朵听懂，只有灵魂与天地对接的人才能有至乐之感。这就提出了至乐的前提是"万物与我并生，天地与我为一"。

世界上到处都有美，关键是要有发现美的眼睛。大自然无时无刻不在演奏着天籁之音，关键是人类要有天人合一、顺应自然的品质和胸怀，听懂大自然的美丽乐章。否则，就会惶惶不安，因恐惧而生疑。自然之音、天籁之乐章质朴无华，至乐之境淳朴淡雅，接近于大道。接近于大道，就可以与大道融合相通。这就提醒我们对大自然要有敬畏心，读懂大自然。而读懂大自然的前提依然是读懂人类自己的心，拥有质朴纯净的心灵。

第4节

一　原文

孔子西游于卫。颜渊问师金曰①："以夫子之行为奚如？"师金曰："惜乎，而夫子其穷哉②！"

颜渊曰："何也？"

师金曰："夫刍狗之未陈也③，盛以箧衍④，巾以文绣⑤，尸祝齐戒以将之⑥。及其已陈也，行者践其首脊，苏者取而爨之而已⑦；将复取而盛以箧衍，巾以文绣，游居寝卧其下，彼不得梦，必且数眯焉⑧。今而夫子，亦取先王已陈刍狗，聚弟子游居寝卧其下。故伐树于宋，削迹于卫，穷于商周，是非其梦邪？围于陈蔡之间，七日不火食⑨，死生相与邻，是非其眯邪？

"夫水行莫如用舟，而陆行莫如用车。以舟之可行于水也而求推之于陆，则没世不行寻常⑩。古今非水陆与？周鲁非舟车与？今薪行周于鲁⑪，是犹推舟于陆也，劳而无功，身必有殃。彼未知夫无方之传⑫，应物而不穷者也。

"且子独不见夫桔槔者乎？引之则俯，舍之则仰⑬。彼，人之所引，非引人也，故俯仰而不得罪于人。故夫三皇五帝之礼义法度⑭，不矜于同而矜于治⑮。故譬三皇五帝之礼义法度，其犹柤梨橘柚邪⑯！其味相反而皆可于口。

"故礼义法度者，应时而变者也。今取猨狙而衣以周公之服⑰，彼必齕啮挽裂⑱，尽去而后慊⑲。观古今之异，犹猨狙之异乎周公也。故西施病心而矉其里⑳，其里之丑人见之而美之，归亦捧心而矉其里。其里之富人见之，坚闭门而不出，贫人见之，挈妻子而去走㉑。彼知矉美而不知矉之所以美。惜乎，而夫子其穷哉！"

二　出场

孔子　颜渊　师金

三　注释

①师金：鲁国太师，名金。

②夫子：孔子。穷：穷困，困厄。

③刍狗：先见于老子《道德经》，指以茅草扎成的狗，用于祭祀，祭后则弃之。陈：陈列。

④箧：小箱子。衍：借为"箪"，即笥。

⑤巾：动词，覆盖，包裹。文绣：刺有花纹的巾帛。

⑥尸祝：巫师。齐：同"斋"。将：捧。之：指刍狗。

⑦苏者：割草的人。爨（cuàn）：烧火做饭。

⑧眯（mì）：寐时被妖魔压胸，梦魇。

⑨七日不火食：七天不吃饭，指忍饥挨饿了七天。

⑩寻常：古代的长度单位。八尺为寻，倍寻为常。

⑪ 蕲：通"祈"，求。

⑫ 无方之传：谓运转无常，不拘限于一个方向。

⑬ 舍之则仰：放下它的一端，另一端就会高高仰起。

⑭ 三皇：指燧人、伏羲、神农。五帝：历来有三种说法，即黄帝、颛顼、帝喾、唐尧、虞舜；太皞、炎帝、黄帝、少皞、颛顼；少昊、颛顼、高辛、唐尧、虞舜。

⑮ 矜：崇尚。

⑯ 柤（zhā），即山楂，味酸。柚（yòu），似橘，体大，味甜酸。

⑰ 猨狙：猴子。服：华丽的衣服。

⑱ 龁（hé）：啃。啮（niè）：咬。挽裂：拼命撕裂。

⑲ 慊（qiè）：满足，快意。

⑳ 矉（pín）：通"颦"，皱眉头。

㉑ 挈：携带，带领。走：逃离也。

四　译文

孔子向西边游历到卫国。颜渊问师金道："你认为夫子此次卫国之行怎么样？"

师金说："可惜呀，你的先生一定会遭遇困厄啊！"

颜渊说："为什么呢？"

师金说："用草扎成的狗还没有用于祭祀，一定会用竹制的箱笼来装着，用绣有图纹的饰物来披着，祭祀主持人斋戒后就恭候它。等到它已用于祭祀，行路人踩踏它的头颅和脊背，拾草的人捡回去用于烧火煮饭罢了；想要再次取来用于祭祀而拿竹筐装着它，拿绣有图纹的饰物披着它，游乐居处于主人的身旁，即使它不作恶梦，也会一次又一次地感受到梦魇似的压抑。如今你的先生，也是在取法先王已经用于祭祀的草扎之狗，并聚集众多弟子游乐居处于他的身边。所以在宋国大树下讲习礼法而大树被砍伐，在卫国游说而被铲掉了所有的足迹，在殷地、东周游历遭到困厄，这不就是那样的恶梦吗？在陈国和蔡国之间遭到围困，整整七天没有能生火就食，让死和生成了近邻，这不就是那个压得喘不过气来的梦魇吗？

"在水上划行没有什么比得上船，在陆地上行走没有什么比得上车，因为船可以在水中划行而奢求在陆地上推着船走，那么终生也不能行走多远。古今的不同不就像是水面和陆地的差异吗？周国、鲁国的差异不就像船和车的不同吗？如今一心想在鲁国推行周王室的治理办法，这就像是在陆地上推船而行，徒劳而无功，自身也难免遭受祸殃。他们全不懂得运动变化并无限定，只能顺应事物于无穷的道理。

"况且，你没有看见那吊杆汲水的情景吗？拉起它的一端而另一端便俯身临近水面，放下它的一端而另一端就高高仰起。那吊杆是因为人的牵引，并非它牵引了人，所以，或俯或仰，均不得罪人。因此说，远古三皇五帝时代的礼义法度，不在于相同而为人顾惜，而在于治理而为人看重。拿三皇五帝时代的礼义法度来打比方，恐怕就像柤、梨、橘、柚四种酸甜不一的果子，它们的味道彼此不同，然而却都很可口。

"所以，礼义法度，都是顺应时代而有所变化的东西。

如今捕捉到猿猴，给它穿上周公的衣服，它必定会咬碎或撕裂，直到全部剥光身上的衣服方才心满意足。观察古今的差异，就像猿猴不同于周公。从前，西施心口疼痛而皱着眉头在邻里间行走，邻里的一个丑女人看见了，认为皱着眉头很美，回去后也在邻里间捂着胸口，皱着眉头。邻里的有钱人看见了，紧闭家门而不出；贫穷的人看见了，带着妻子儿女远远地跑开了。那个丑女人只知道皱着眉头好看，却不知道皱着眉头好看的原因。可惜呀，你的先生一定会遭遇厄运啊！"

五　当代意义

鲁国大夫师金对颜渊的师父孔子固守、推行自己的礼仪法度又处处碰壁的窘境，给予了严厉的批评，认为三皇五帝、商周的礼义法度，都是特定时代的产物，应该顺应时代的发展而有所变化，与时俱进，而不能墨守成规。孔子的问题就是对周礼的一味维护、继承，从而陷入东施效颦的尴尬之境。

理解本节内容，要把握好继承与创新的关系，懂得如何扬弃。"苟日新，又日新，再日新"，"日生不滞"，要与时偕行。先王之法未必全对，也未必全错，关键是要在顺应时代变化的基础上，厘清哪些该抛弃，哪些该继承。中华文明生生不息五千多年，本身就是不断扬弃、自我超越的结果。现在，党和国家强调的"四个自信"中，文化自信是基础，是自信的源头活水。真正的文化自信，就是在继承中创新，继承是前提，创新是动力，而开放、包容和学习借鉴是必要条件。

第5节

一 原文

孔子行年五十有一而不闻道，乃南之沛见老聃^①。

老聃曰：子来乎？吾闻子，北方之贤者也，子亦得道乎？”

孔子曰："未得也。"

老子曰："子恶乎求之哉？"

曰："吾求之于度数^②，五年而未得也。"

老子曰："子又恶乎求之哉？"

曰："吾求之于阴阳，十有二年而未得。"

老子曰："然。使道而可献，则人莫不献之于其君；使道而可进，则人莫不进之于其亲；使道而可以告人，则人莫不告其兄弟；使道而可以与人，则人莫不与其子孙。然而不可者，无它也，中无主而不止^③，外无正而不行^④。由中出者，不受于外，圣人不出；由外入者，无主于中，圣人不隐。名，公器也，不可多取。仁义，先王之蘧庐也^⑤，止可以一宿而不可久处，觏而多责^⑥。

"古之至人，假道于仁，托宿于义，以游逍遥之虚^⑦，食于苟简之田^⑧，立于不贷之圃^⑨。逍遥，无为也；苟简，易养也；不贷，无出也^⑩。古者谓是采真之游^⑪。

"以富为是者，不能让禄；以显为是者，不能让名；亲权者^⑫，不能与人柄。操之则慄^⑬，舍之则悲，而一无所鉴，以窥其所不休者^⑭，是天之戮民也^⑮。怨恩取与谏教生杀，八者，正之器也，唯循大变无所湮者，为能用之。故曰，正者，正也^⑯。其心以为不然者，天门弗开矣^⑰。"

二　出场

孔子　老子

三　注释

①沛：在今江苏沛县。老聃：老子。

②度数：制度名数。

③中无主而不止：心无自得，而道不停留。意思是要将大道留存在心中。

④正：证。

⑤蘧庐：旅舍。

⑥觏（gòu）：见。

⑦以游逍遥之虚：畅游于虚极之境界也。

⑧苟简：简略。田：指饮食条件。

⑨贷：施与，给与。圃：园田，这里指立场。

⑩无出：不费力，无费于我。

⑪采真：探求内真。

⑫亲权：迷恋权势。

⑬操之则慄：掌握了利禄、名声和权势，便唯恐丧失而整日战栗不安。

⑭而一无所鉴，以窥其所不休者：而且心中全无一点鉴

识，眼睛只盯着自己所无休止追逐的东西。

⑮戮民：受刑戮的人。

⑯正者，正也：自正的，才能正人。

⑰天门：犹"灵府"，即天机之门。

四　译文

孔子活了五十一岁还没有领悟大道，于是往南去到沛地拜见老聃。

老聃说："你来了吗？我听说你是北方的贤者，你恐怕已经领悟了大道吧？"

孔子说："还未能得到。"

老子说："你是怎样寻求大道的呢？"

孔子说："我在规范、法度方面寻求大道，用了五年的功夫还未得到。"

老子说："你又怎样寻求大道呢？"孔子说："我又从阴阳的变化来寻求，十二年了还是未能得到。"

老子说："会是这样的。假使道可以用来进献，那么，没有谁不会向国君进献大道；假使道可以用来奉送，那么，没有谁不会向自己的双亲奉送大道；假使道可以传告他人，那么，没有谁不会告诉给他的兄弟；假使道可以给与人，那么，没有谁不会用来传给他的子孙。然而，不可以这样做的原因，没有别的，内心不能自持，因而大道不能停留，对外没有什么相对应，因而大道不能推行。从内心发出的东西，倘若不能为外者所接受，圣人也就不会有所传教；从外部进入内心的东西，倘若心中无所领悟而不能自持，圣人也就不会有所怜惜。名声，乃是人人都可使用的器物，不可过多获取。仁义，乃是前代帝王的馆舍，可以住上一宿而不可以久居，否则会生出许多责难。

"古代道德修养高的至人，对于仁来说只是借路，对于义来说只是暂住，而游乐于自由自在、无拘无束的境域，生活于简朴简单、无奢无华的田野，立身于从不施与的园圃。自由自在、无拘无束，便是无为；简朴简单、无奢无华，就易于生存；从不施与，就不会使自己受损也无裨益于他人。古代称这种情况为神采真实的遨游。

"把贪图财贿看作正确的人，不会让人利禄；把追求显赫看作正确的人，不会让人名声；迷恋权势的人，不会授人权柄。掌握了利禄、名声和权势便唯恐丧失而整日战栗不安，而放弃上述东西又会悲苦不堪，而且心中全无一点鉴识，眼睛只盯住自己所无休止追逐的东西，这样的人只能算是被大自然所刑戮的人。怨恨、恩惠、获取、施与、谏诤、教化、生存、杀戮，这八种做法全是用来端正他人的工具，只有遵循自然的变化而无所阻塞滞留的人才能够运用它。所以说：所谓正，就是使人端正。内心里认为不是这样，那么心灵的门户就永远不可能打开。"

五　当代意义

庄子及弟子继续演绎老子和孔子关于道德、仁义关系的对话，借助孔子问道、求道之事进一步解释名利、财富和权力等外在之物对人精神的束缚，以及对人性的扭曲。很多人获得了利禄、名声和权势，反而陷入唯恐丧失而整日颤栗不安的困境，整日担心被人夺走；如果放弃上述东西，自己又舍不得，会悲苦不堪，同时又无鉴别能力，眼睛只盯住自己所无休止追逐的东西，成为物欲的奴隶。这样的人看起来貌似强大，其实是被大自然所刑戮、惩罚的人。怨恨、恩惠、获取、施与、谏净、教化、生存、杀戮等八种做法似乎全是用来对付他人的工具，实际上伤害的往往是自己。本节的结论是，只有遵循自然的变化，不被外在之物所阻塞滞留的人，才能够得道而用道，此乃天运也。

中华优秀传统文化具有普遍价值，这就是，摆脱功利主义过载的束缚，回归质朴简单的生活，建设和谐自由的社会，达到天行健而自强不息，地势坤而厚德载物的境界。

第6节

一　原文

孔子见老聃而语仁义。老聃曰："夫播穅眯目①，则天地四方易位矣；蚊虻噆肤②，则通昔不寐矣③。夫仁义憯然乃愦吾心④，乱莫大焉。吾子使天下无失其朴，吾子亦放风而动⑤，总德而立矣⑥，又奚杰杰然揭仁义，若负建鼓而求亡子者邪⑦？夫鹄不日浴而白⑧，乌不日黔而黑⑨。黑白之朴，不足以为辩⑩；名誉之观⑪，不足以为广⑫。泉涸⑬，鱼相与处于陆，相呴以湿⑭，相濡以沫⑮，不若相忘于江湖！"

孔子见老聃归，三日不谈。弟子问曰："夫子见老聃，亦将何规哉⑯？"

孔子曰："吾乃今于是乎见龙！龙，合而成体，散而成章^⑰，乘云气而养乎阴阳。予口张而不能嗋^⑱，予又何规老聃哉！"

子贡曰："然则人固有尸居而龙见^⑲，雷声而渊默^⑳，发动如天地者乎？赐亦可得而观乎？"遂以孔子声见老聃^㉑。

老聃方将倨堂而应^㉒，微曰："予年运而往矣^㉓；子将何以戒我乎^㉔？"

子贡曰："夫三皇五帝之治天下不同^㉕，其系声名一也。而先生独以为非圣人，如何哉？"

老聃曰："小子少进^㉖！子何以谓不同？"

对曰："尧授舜，舜授禹，禹用力而汤用兵，文王顺纣而不敢逆，武王逆纣而不肯顺，故曰不同。"

老聃曰："小子少进！余语汝三皇五帝之治天下。黄帝之治天下，使民心一^㉗，民有其亲死不哭而民不非也^㉘。尧之治天下，使民心亲，民有为其亲杀其杀而民不非也^㉙。舜之治天，使民心竞，民孕妇十月生子，子生五月而能言，不至乎孩而始谁^㉚，则人始有夭矣^㉛。禹之治天下，使民心变，人有心而兵有顺^㉜，杀盗非杀人，自为种而天下耳，是以天下大骇，儒墨皆起。其作始有伦^㉝，而今乎归，女何言哉^㉞！余语汝，三皇五帝之治天下，名曰治之，而乱莫甚焉。三皇之知，上悖日月之明^㉟，下睽山川之精^㊱，中堕四时之施^㊲。其知憯于蛎虿之尾^㊳，鲜规之兽^㊴，莫得安其性命之情者，而犹自以为圣人，不可耻乎，其无耻也？"

子贡蹴蹴然立不安^㊵。

二 出场

孔子 老聃 子贡

三 注释

① 播：播扬。穅：同"糠"。眯（mí）目：细物入眼为害。

② 虻（méng）：牛虻。噆（cǎn）：咬，叮。

③ 通昔：通宵。昔：同"夕"。

④ 憯（cǎn）：通"惨"，狠毒。愦：今本作"愤"，形近而误。

⑤ 吾子：犹"您"。

⑥ 总德而立：秉持自然德性而自立。

⑦ 杰杰然：用力的样子。负：击。建鼓：大鼓。

⑧ 鹄：又作"鹤"。日浴：天天洗澡。

⑨ 黔：黑色。这里作动词，谓染黑。

⑩ 辩：通"辨"，分别。

⑪ 名誉之观：名誉的头衔。

⑫ 不足以为广：不值得夸耀。

⑬ 泉涸：泉水干涸。

⑭ 响：吐气。

⑮ 相濡以沫：靠唾沫来相互得到一点儿润湿。

⑯ 规：规劝。

⑰ 章：绚丽的花纹。

⑱ 噆（xié）：嘴合拢。

⑲ 然则人固有尸居而龙见：那么，人难道有像尸体一样

安稳不动，而又像龙一样神情飞扬地显现。

⑳雷声而渊默：像疾雷一样震响，而又像深渊那样沉寂。

㉑遂：于是。

㉒倨堂：傲踞于堂上。倨：通"踞"，伸腿而坐。

㉓年运而往：意谓"行年高迈"。运：行。往：迈。

㉔戒我：告诫我。

㉕皇：原作"王"。

㉖小子少进：小子，长辈对晚辈的称呼。少进：稍微向前走些。

㉗使民心一：使民心淳一。

㉘亲：父母。

㉙不非：不非议。

㉚始：早。谁：指别人。

㉛夭：小孩子夭折。

㉜人有心而兵有顺：人人存有机变之心，因而动刀动枪成了理所当然之事。

㉝其作始有伦：他们初始时也还有伦理。

㉞女：通"汝"。

㉟上悖日月之明：对上而言遮掩了日月的光明。

㊱下睽山川之精：对下而言违背了山川的精神。

㊲中堕四时之施：就中而言毁坏了四时的推移。

㊳蛎虿（lì chài）：一种尾端有剧毒的虫，长尾叫虿，短尾叫蝎。

㊴鲜规：兽名，其状不详。

⑩ 蹴蹴然：心神不安的样子。

四　译文

孔子拜见老聃后讨论仁义。老聃说："播扬的糠屑进入眼睛，也会颠倒天地四方，蚊虻之类的小虫叮咬皮肤，也会通宵不能入睡。仁义给人的毒害就更为惨痛乃至令人昏愦糊涂，对人的祸乱没有什么比仁义更为厉害的了。你要想让天下不至于丧失淳厚质朴，你就该像纵任风起风落那样自然而然地行动，一切顺于自然规律行事，又何必那么卖力地去宣扬仁义，好像是敲着鼓去追赶逃亡的人似的呢？白色的天鹅不需要天天沐浴而毛色自然洁白，黑色的乌鸦不需要每天染色而毛色自然乌黑，乌鸦的黑和天鹅的白都是出于本然，不足以分辨谁优谁劣；名声和荣誉那样的外在东西，更不足以播散张扬。泉水干涸了，鱼儿相互依偎在陆地上，大口出气来取得一点儿湿气，靠唾沫来相互得到一点儿润湿，倒不如将过去江湖里的生活彻底忘怀。"

孔子拜见老聃回来，整整三天不讲话。弟子问道："先生见到老聃，对他做了什么诲劝吗？"

孔子说："我直到如今才在老聃那儿见到了真正的龙！龙，合在一起便成为一个整体，分散开来又成为华美的文采，乘驾云气而养息于阴阳之间。我大张着口久久不能合拢，我又哪能对老聃做出诲劝呢！"

子贡说："这样说，那么人难道有像尸体一样安稳不动而又像龙一样神情飞扬地显现，像疾雷一样震响而又像深渊那样沉寂，发生和运动犹如天地运动变化的情况吗？我也能见到他并亲自加以体察吗?"于是借助孔子的名义前去拜见老聃。

老聃伸腿坐在明堂之上,轻声应答说:"我年岁老迈,你将用什么来告诫我呢?"

子贡说:"远古时代三皇五帝治理天下各不相同,然而都有好的名声,唯独先生您不认为他们是圣人,这是为什么呢?"

老聃说:"年轻人,你稍稍近前些!你凭什么说他们各自有所不同?"

子贡回答:"尧让位给舜,舜让位给禹,禹用力治水而汤用力征伐,文王顺从商纣不敢有所背逆,武王背逆商纣而不顺服,所以说各不相同。"

老聃说:"年轻人,你再稍微靠前些!我对你说说三皇五帝治理天下的事。黄帝治理天下,使人民心地淳厚保持本真,百姓有谁死了双亲并不哭泣,人们也不会加以非议。唐尧治理天下,使百姓敬重双亲,百姓为了敬重双亲依照等差而做到亲疏有别,人们同样也不会非议。虞舜治理天下,使百姓心存竞争,怀孕的妇女十个月生下孩子,孩子生下五个月就张口学话,不等长到两三岁就开始识人问事,于是开始出现夭折短命的现象。夏禹治理天下,使百姓的心变诈,人人存有机变之心,因而动刀动枪成了理所当然之事,杀死盗贼不算杀人,人们各自结成团伙而肆意于天下,所以天下大受惊扰,儒家、墨家都纷纷而起。他们初始时也还有伦有理,可是,时至今日变成这个模样,你有什么话呢!我告诉你。三皇五帝治理天下,名义上叫作治理,而扰乱人性和真情没有什么比他们更严重的了。三皇的心智就只是，对上而言遮掩了日月的光明，对下而言违背了山川的精粹，就中而言毁坏了四时的推移。他们的心智比蛇蝎之尾还惨毒，就连小小的兽类，也不可能使本性和真情获得安宁，可是还自以为是圣人。是不认为可耻呢，还是不知道可耻呢？"

子贡听了惊惶不定，心神不安地站着。

五 当代意义

老子对三皇五帝治理天下的圣治给予了批评，认为这种治理严重扰乱了人性和真情。三皇的治理遮掩了日月的光明，违背了山川的精粹，毁坏了四时的推移。他们的心智比蛇蝎之尾还毒，无物可以幸免。老子的上述批评可谓严厉而犀利，这令子贡惊恐不已。其现代意义在于，善于反思、自省，安守本分，自我超越，才是大智慧。在现代生活中，我们对自己的言行认知和评价要遵循自然之道，遵道而重德，"莫之爵，而恒自然也"。

第7节

一 原文

孔子谓老聃曰："丘治《诗》《书》《礼》《乐》《易》《春秋》六经，自以为久矣，孰知其故矣①：以奸者七十二君②，论先王之道而明周召之迹③，一君无所钩用④。甚矣夫！人之难说也！道之难明邪？"

老子曰："幸矣，子之不遇治世之君也！夫六经，先王之陈迹也，岂其所以迹哉⑤！今子之所言，犹迹也。夫迹，履之所出⑥，而迹岂履哉？夫白鹢之相视⑦，眸子不运而风化⑧；虫，雄鸣于上风，雌应于下风而风化；类自为雌雄⑨，故风化。性不可易，命不可变，时不可止，道不可壅。苟得于道，无自而不可；失焉者⑩，无自而可。"

孔子不出三月，复见曰："丘得之矣。乌鹊孺⑪，鱼傅沫⑫，细要者化⑬，有弟而兄啼。久矣，夫丘不与化为人⑭！不与化为人，安能化人！"

老子曰："可。丘得之矣！"

二 出场

老子 孔子

三 注释

①孰：同"熟"。故：典故。

②奸（gān）：通"干"，求取。七十二君：泛指孔子拜谒国君之多。

③周召：指周公、召公，都是武王的弟弟。

④钩用：取用，采纳。

⑤所以迹：大道难以彰明。

⑥履之所出：足迹是脚踩出来的。

⑦鹢（yì）：通"鹢"，水鸟，形状似鹭鹚。

⑧眸子：眼珠子。风化：谓雌雄相诱相感而成孕。

⑨类：传说中的一种一身两性之兽。

⑩失焉者：失道者。

⑪乌：乌鸦。鹊：喜鹊。孺：谓孵化而生。

⑫傅沫：以沫相育，以口沫相濡而受孕。

⑬细要：即细腰，蜂名。

⑭化：指运行变化的造物者。为人：为偶，为友。不与化为人：不与大自然为友，不能道法自然。

四 译文

孔子对老聃说："我自认为研修《诗》《书》《礼》《乐》《易》《春秋》六部经书很久了，熟悉了旧时的各种典章制度；拿来朝见了七十二个君王，论述先王（治世）的方略和彰明周公、召公的政绩。可是，连一个国君也没有取用我的主张。实在难啊！是人难以规劝，还是大道难以彰明呢？"

老子说："幸运啊，你不曾遇到过治世的国君！六经是先王留下的陈旧遗迹，哪里是先王遗迹的本原！如今你所谈论的东西，就好像是足迹；足迹是脚踩出来的，然而足迹难道就是脚吗！白鹢相互而视，眼珠子一动也不动，便相诱而孕；虫，雄的在上方鸣叫，雌的在下方相应而诱发生子；类这种兽自身具备雌雄两性，不待交合而生子。本性不可改变，天命不可变更，时光不会停留，大道不会壅塞。假如真正得道，无论去到哪里，都不会受到阻遏；失道的人，无论去到哪里，都是此路不通。"

孔子三月闭门不出，再次见到老聃后，说："我终于得道了。乌鸦喜鹊在巢里交尾孵化，鱼儿借助水里的泡沫生育，蜜蜂自化而生，妈妈生下弟弟后，哥哥就常常啼哭。很长时间了，我没有能跟万物的自然变化相识为友！不能跟自然的变化相识为友，又怎么能教化他人！"

老子听了以后，说："好。孔丘得道了！"

五　当代意义

本节是《天运》篇的高潮，老子用生动形象的比喻继续布道：万物本性不可改变，大命不可变更，时光不会停留，大道不会壅塞。一个人如真正得道，无论去到哪里，都不会受到阻遏；失道的人，无论去到哪里，都是此路不通。万物遵循天运之道，无心自化，自然而然。孔子在问道、求道后，终于悟道、得道，认识到万物自化自生，各有天命。因为自己没能跟万物的自然变化相识为友，又怎么能自化而教化他人？孔子以反身自问的方式得道而升华。

其现代意义在于，教育如何依托传统文化，特别是老庄哲学来启迪教育者的智慧。自化而化人，是家长和老师们的育人使命。家庭教育、学校教育都要向正确的价值观回归，关注孩子的好习惯、好品格和心理健康，家校社协同，画好育人同心圆，帮助孩子赢在自强不息、厚德载物的人生起跑线上。

经典成语

1. 播糠眯目

【释义】撒播糠秕眯住别人的眼睛。比喻外物虽小，但造成的危害却很大。

【出自】《庄子·天运》："夫播糠眯目，则天地四方易位矣。"

2. 不主故常

【释义】故常：旧的常规、习惯。不拘于老的一套。

【出自】《庄子·天运》："其声能短能长，能柔能刚，变化齐一，不主故常。"

3. 东施效颦

【释义】效：仿效。颦：皱眉头。比喻胡乱模仿，效果极坏。

【出自】《庄子·天运》："故西施病心而矉其里，其里之丑人见之而美之，归亦捧心而矉其里。其里之富人见之，坚闭门而不出；贫人见之，挈妻子而去走。"

4. 徒劳无功

【释义】白白付出劳动而没有成效。

【出自】《庄子·天运》："推舟于陆也，劳而无功。"

刻 意

导　读

　　《庄子·刻意》批判了一切刻意有为之人，崇尚"不刻意而高，无仁义而修，无功名而治，无江海而闲，不导引而寿"的自然而然的人生状态。故而得出"无不忘也，无不有也"的"天地之道"和"澹然无极而众美从之"的"圣人之德"，从而确立全新的遵循"天地之道"的人生法则。庄子思想之精髓尽在此也。王雱《南华真经新传·卷八》有言："夫虚静寂寞之道废，则矫削僻异之行兴，此世俗之忘于无为而灭天也，庄子因而作《刻意篇》。"可见，庄子的目的在于矫正时弊，批判当世的偏执一隅的各家方士。

第 1 节

一　原文

　　刻意尚行[①]，离世异俗[②]，高论怨诽[③]，为亢而已矣[④]；此山谷之士[⑤]，非世之人[⑥]，枯槁赴渊者之所好也[⑦]。语仁义忠信，恭俭推让为修而已矣；此平世之士[⑧]，教诲之人，游居学者之所好也。语大功，立大名，礼君臣，正上下，为治而已矣；此朝廷之士，尊主强国之人，致功并兼者之所好也⑨。就薮泽⑩，处闲旷，钓鱼闲处，无为而已矣⑪；此江海之士，避世之人，闲暇者之所好也。吹呴呼吸，吐故纳新⑫，熊经鸟申⑬，为寿而已矣；此导引之士⑭，养形之人，彭祖寿考者之所好也⑮。

若夫不刻意而高，无仁义而修，无功名而治，无江海而闲，不导引而寿，无不忘也，无不有也，澹然无极而众美从之⑯。此天地之道，圣人之德也。

二 注释

①刻意：古时为克制意志、潜心致志、用尽心思、雕砺心志。成玄英《南华真经疏》："刻，削也；意，志也。偏滞之人，未能理会，刻砺身心，高尚其行。"

②离世异俗：特立独行，与众不同。思想和行为与世俗相反常。

③高论：谈吐不凡，高谈阔论，类似今天所说的唱高调。怨：抱怨怀才不遇。诽：讥评世事无道。钟泰《庄子发微》："高论怨诽，谓持论高峻，怨愤刺讥。"

④亢：高。意指孤高自傲，标新立异。

⑤山谷之士：隐居山谷的人。

⑥非世之人：指愤世嫉俗、非毁时世之人。非：动词，以……为非。非世：以世事为非，出言责之世事之非。

⑦枯槁赴渊者：指因不满世事，刻苦自砺、牺牲自我的人。枯槁：身体瘦弱不堪，憔悴状。赴渊：相传殷末人申

徒狄不忍见纣乱，抱石投河而死，后"赴渊"遂用为典，以"赴渊"谓嫉浊避世。故而把"赴渊"解释为因坚持己见而不惧生死，似乎更符合原文之本意。胡文英《庄子独见》："枯槁，志甘淡泊也。赴渊，洁身也。"

⑧ 平世之士：以"平和"天下的人，就是意欲以平和态度处理天下是非的人。钟泰《庄子发微》："平世，守分安常，与世并处。"

⑨ 致功：建立功业。并兼：兼并他国。

⑩ 就：靠近，走向。薮泽：与"山泽"同义。

⑪ 无为：无所为，悠闲自在之意。

⑫ 吹呴呼吸，吐故纳新：道家所谓呼吸吐纳之术。成玄英《南华真经疏》："吹，冷呼而吐故；呴，暖吸而纳新……斯皆导引神气，以养形魂，延年之道，驻形之术。""吹呴"与"呼吸"同。"吐故"指吐出浊气，"纳新"指吸进新鲜空气。

⑬ 熊经鸟申：古代的一种养生方法。"熊经"指像熊一样悬挂于枝，相当于"静"，"鸟申"指像鸟儿一样飞翔，相当于"动"。这实为一种动静结合的养生之术。刘凤苞《南华雪心编》："熊经，悬挂于枝，使筋骨坚凝也；鸟申，伸颈舒翼，使气脉流畅也。"

⑭ 导引：指导通气血的一种修仙术。

⑮ 考：老。"寿考"指年高，长寿。

⑯ 澹然：淡然。无极：无穷，这里指思想和行为不执迷一方之偏见。成玄英《南华真经疏》："心不滞于一方，迹冥符于五行，是以淡然虚旷，而其道无穷，万德之美，皆从于

己也。"

三 译文

刻砺身心，崇尚修养，特立独行，与众不同，表现出超脱世俗的高谈阔论，怨愤刺讥，实则他们就是为了炫耀自己的高人一等罢了。这就是避居山谷的人，愤世嫉俗的人，宁愿身心憔悴甚至甘愿赴死的人所喜好的。整天大谈"仁义忠信，恭俭推让"的道理，实则他们就是为了修德进业以修身罢了。这就是平世之人，教化之人，无论是外出游说抑或是居家讲学的人所喜好的。宣扬大功，树立大名，用礼仪来划分君臣的等级秩序，并以此端正和维护上下尊卑的地位，实则他们就是为了治理天下罢了。这就是为官之人，尊君强国之人，醉心于建立功业、开拓疆土的人所喜好的。远离尘嚣，走向山林湖泽，处身闲暇，无世事烦忧，闲来垂钓于江湖，实则他们就是无为罢了。这就是闲居江湖的人，躲避世事烦忧的人，一心闲暇的人所喜好的。一呼一吸，吐去胸中的浊气，吸纳新鲜的空气，学习熊和鸟儿的各自优长习性以养生，动静结合，实则他们就是为了延年益寿罢了。这就是导通气血的人，善于养身的人，想要追求彭祖那样长命百岁的人所喜好的。

至于那些不特意就自然高尚，不奢谈仁义而自然修身，不求功名而天下自然得到治理，不处江海而依然悠闲自得，不刻意养生而自然高寿。就像天地一样，忘掉了一切，才能拥有一切。对什么都不刻意，淡然处世，从而才能够发现世上美好事物的存在，这就是"天无私覆，地无私载，日月无私照"的天地精神，圣人之德就该像天地精神一样，不刻意，无私欲。

第2节

一　原文

故曰，夫恬惔寂漠虚无无为，此天地之本而道德之质也①。故圣人休焉，休则平易矣②。平易则恬淡矣。平易恬淡，则忧患不能入，邪气不能袭，故其德全而神不亏。

故曰，圣人之生也天行③，其死也物化④；静而与阴同德⑤，动而与阳同波；不为福先，不为祸始；感而后应，迫而后动。不得已而后起。去知与故⑥，循天之理。故曰无天灾，无物累，无人非，无鬼责⑦。不思虑，不豫谋⑧。光矣而不耀⑨，信矣而不期⑩。其寝不梦，其觉无忧⑪。其生若浮，其死若休⑫。其神纯粹，其魂不罢⑬。虚无恬谈，乃合天德。

故曰，悲乐者，德之邪；喜怒者，道之过；好恶者，心之失⑭。故心不忧乐，德之至也；一而不变，静之至也；无所于忤⑮，虚之至也；不与物交，惔之至也；无所于逆，粹之至也。

二　注释

①夫恬惔寂漠虚无无为，此天地之本而道德之质也：语出《庄子·天道》："夫虚静恬淡寂寞无为者，天地之本，而

道德之至。"关于"天地之本"抑或是"天地之平"历来有所争论，陈鼓应《庄子今注今译》认为"平"为"本"之误，有其道理。惔：通"淡"，心境宁寂。

②故圣人休焉，休则平易矣：今本作"故曰圣人休休焉则平易矣"。

③天行：顺应天地运行的法则。郭象《庄子注》："天行，任自然而运动。"

④物化：顺应天地万物的变化。

⑤同德：共同的性质和规律。

⑥故：有意的，作"巧"之意。

⑦无天灾，无物累，无人非，无鬼责：语出《天道》："无天怨，无人非，无物累，无鬼责。"

⑧豫：通"预"。

⑨燿：同"耀"，指过分光亮。光矣而不燿：引自《老子》五十八章："光而不耀。"

⑩期：期待，期许。

⑪其寝不梦，其觉无忧：语见《大宗师》。

⑫其生若浮，其死若休：胡文英说"浮生"二字，本之于此。

⑬其魂不罢：《天道》作"其魂不疲"。林希逸《庄子口义》："罢"与"疲"同。

⑭心之失：今本误作"德之失"。

⑮忤：乖违，违背。

三　译文

　　所以说恬淡寂寞、虚无无为乃是天地的准则，又是道德之所以尊奉天地准则的本质。所以圣人总是息心绝智于恬淡寂寞、虚无无为，故而就有了平易，有了平易就有了恬淡的生活，无忧无虑，忧患不能进入，邪气无法侵袭，于是德性得到完善，精神不再因为是非争辩而亏损。

　　所以说圣人活着就顺应天地的运行，死亡就顺应自然的变化，静止时和阴气同隐寂，运动时和阳气一同波动。不要为了幸福而事先谋划，也不要为了躲避祸患而率先开始行动。遇到什么就面对什么，到了什么时候遇到问题就解决什么时候的问题。不得不做，就心安理得去做。摒弃智巧和有意为之，顺循天地自然的常理。所以，没有外在的灾害，没有外物的牵累，没有人的非议，没有鬼神的责罚。活着就像漂浮在天地之间，死了就像劳累之后去休息。不思虑劳神，不预谋使智。发出光亮而不耀眼刺目，讲求信实而期许回报。这样，睡着了就不做梦，醒来了就不忧愁。心神纯一而不杂，精力凝一而不疲。虚无恬淡，方才合乎天地自然的德性。

　　所以说，有悲有乐都是对天德的偏离，有喜有怒都是对天道的偏离，有好有恶都是对天心的偏离。内心无忧无乐，乃是德的最高境界。内心专一不变，乃是静的最高境界。内心无所乖违，乃是虚的最高境界。内心不贪恋外物，乃是淡的最高境界。内心无所忤逆，乃是粹的最高境界。

第 3 节

一　原文

故曰，形劳而不休则弊①，精用而不已则竭。水之性，不杂则清，莫动则平；郁闭而不流②，亦不能清；天德之象也③。故曰，纯粹而不杂，静一而不变，惔而无为，动而天行④，此养神之道也。夫有干越之剑者⑤，柙而藏之⑥，不敢轻用也，宝之至也。精神四达并流，无所不极⑦，上际于天⑧，下蟠于地⑨，化育万物，不可为象，其名为同帝⑩。

纯素之道，唯神是守；守而勿失，与神为一；一之精通，合于天伦⑪。野语有之曰："众人重利，廉士重名，贤人尚志，圣人贵精⑫。"故素也者，谓其无所与杂也。纯也者，谓其不亏其神也。能体纯素，谓之真人。

二　注释

①弊：疲惫，困顿，疲困。

②郁闭：闭塞。

③天德之象：自然的现象。成玄英《南华真经疏》："不动不闭，则清而且平，洞照无私，为物准的者，天德之象也。以况圣人心灵皎洁，鉴照无私，法象自然，与玄天合德，故《老经》云，上善若水也。"

④动而天行：按照天地自然规律运动。

⑤干越：干，指吴国干溪，越，指越国越山，此二地都以铸剑闻名。

⑥柙（xiá）：通"匣"，名词用作动词，意思是装在匣子里。

⑦极：至，达到，这里用作动词。

⑧际：到达，接近。

⑨蟠：遍及。

⑩同帝：大意是同于天帝。功用同于天地。

⑪天伦：天地自然之理。

⑫贵精：以素朴的精神为重，即看重素朴的精神。

三　译文

所以说，身体劳累而不休息就会疲困，精力过度使用而不停歇就会枯竭。水的本性，不混杂就清澈，不搅动就平静，堵塞就不能流通，也不能澄清，这是自然的现象。所以说，纯粹而不混杂，虚静专一而不变，恬淡而无为，行动而遵循顺应天地自然之理，这就是养神的道理。就像吴越的宝剑装在匣子里，不敢轻易使用，就是因为它是最珍贵的东西。精神通达流溢，没有什么地方不能到达，上可以抵达苍天，下可以遍及大地，化育万物，却不见它的踪迹，其功用如同天地。

纯粹素朴的大道，就是要靠精神坚守，坚守精神与大道为一，坚定道神一体，就符合了天地的规律和精神。俗话说："普通之人看重利益，廉洁之人看重名声，贤达之人崇尚志节，圣人看重精神。"所以，素朴就是不含任何杂质，纯粹就是不损害自己的精神。能够做到素朴与纯粹的人，就是真人。

经典成语

1. 吐故纳新

【释义】原指人呼吸时，吐出浊气，吸进新鲜空气。现多用来比喻舍弃旧的，吸收新的，不断更新。

【出自】《庄子·刻意》："吹呴呼吸，吐故纳新，熊经鸟申，为寿而已矣。"

2. 熊经鸟申

【释义】古代一种导引养生之法。状如熊之攀枝，鸟之伸脚飞翔，是流传于春秋战国时期的一种保健体操。

【出自】《庄子·刻意》："吹呴呼吸，吐故纳新，熊经鸟申，为寿而已矣。"

3. 刻意为之

【释义】用尽心思做某件事。

【出自】《庄子·刻意》："刻意尚行，离世异俗，高论怨诽，为亢而已矣。"

当代意义

　　《庄子·刻意》最大的现实意义，就在于让我们思考在林林总总的诱惑面前如何不刻意而为，依然保持一颗"纯素"之心，遵循"天行"，合于"天德"，从而成为"能体纯素的真人"。恰如陶渊明《归去来兮辞》里所言的："云无心以出岫，鸟倦飞而知还"的自然而然，周希陶《增广贤文》里所说的："有意栽花花不开，无心插柳柳成荫"的不刻意而为。唯其"无不忘也"，故而才能够"无不有也"。

　　有真人，就有假人。刻意而为者就是庄子批判的假人。刻意往往都是把自己打扮成想要的样子，但都不是本来的样子，往往也会"画虎不成反类犬"。

　　从《庄子·刻意》中，我们不难发现，庄子极力反对的就是强能以为能的刻意，而心向往之的是"澹然无极而众美从之"的"圣人之德"，这对于今天的我们，仍不乏其深刻的教育意义。

缮性

导　读

　　庄子集中阐明了如何培养人的问题。庄子反对一切不遵循天性的人为改造。庄子坚持"以恬养知"与"以知养恬"互为表里，"知与恬交相养，而和理出其性"。所以，一些不明就里的人一直认为庄子是"反智"的，这显然是错误的。庄子认为不能够离开恬淡去培养智慧，也不能够离开智慧而使人恬淡。恬淡生智慧，智慧生恬淡，这才是庄子原本的理念。

　　全篇大体分为三个部分。

　　第一部分（即第1节），庄子明确表达了"俗学"与"俗思"对于人的蒙蔽，认为遵从世俗必定不能"复其初"。庄子进而分析了"以恬养知"与"以知养恬"的互为表里的区别，"恬"即"知"，就是恬淡的心境能够使人拥有智慧；"知"即"恬"，就是拥有智慧能够使人保持恬淡的心境。"知与恬交相养，而和理出其性。"只有恬淡与智慧相互浇灌，才能够真正培育出具有天德精神的人。恰如成玄英《南华真经疏》所言："夫不能恬静，则何以生彼真知？不有真知，何能致兹恬静？是故恬由于知，所以能静；知资于静，所以获真知。故知之与恬，交相养也。斯则中和之道，存乎寸心，自然之理，出乎天性，在我而已，岂关他哉。"庄子最后得出结论："彼正而蒙己德，德则不冒，冒则物必失其性也"。庄子一直在倡导一种合于自然的人性，反对人为的介入，破坏原本最初的本心。正如老子《道德经》所言："上德不德，是以有德；下德不失德，是以无德，上德无为而无以为；下德无为而有以为。"这种人为的对于人的改变，不但不能够彻底改变其本心，反而会使之狡伪。就好像强制地使其接受某一思想，但是其他的思想就会被阻隔在其外。所以郭象在《庄子注》里认为："以一体之所履，一志之所乐，行之天下，则一方得而万方失也。"

第二部分（即第 2 节），庄子分析了古代处于混沌茫昧之中的人们，缅怀了远古混沌鸿蒙、淳风未散的时代。"万物不伤，群生不夭，人虽有知，无所用之"，这个时代，还是一个无人为打扰的时代，故而能够"莫之为而常自然"。庄子进而指出随着时代的推移德行逐渐衰退，以致不能返归本真。特别是道德介入人类社会，主观意识介入到社会管理，就越来越远离了人的天性。庄子列举了道德介入之后，人类天性的一次次的下滑。燧人氏、伏羲氏的时代，只能顺随民心却不能与天道合一。神农氏、黄帝的时代，只能安定天下却不能顺从民心。唐尧、虞舜的时代，开始兴教化，扰乱淳朴之心。这样一来，舍弃了天性而听从了机心。然后"文灭质，博溺心"，最终导致"民始惑乱，无以反其性情而复其初"。庄子痛心总结为："道无以兴乎世，世无以兴乎道，虽圣人不在山林之中，其德隐矣。"在这种情况下，人的天性受到了严重的干扰和破坏，无以复其初。对于眼前通过人为改造的世界，已经无人能够认识，人的天性已经丧失，更无法回到原本的自然。故而庄子告诫大家："当时命而大行乎天下，则反一无迹；不当时命而大穷乎天下，则深根宁极而待；此存身之道也。"正如与庄子同一时代的孟子对于世人的倡导一样"达则兼济天下，穷则独善其身"的存身之道（《孟子·尽心上》）。庄子希望能够做到"深根宁极而待"，就是深耕自我，存我以待时。恰如《红楼梦》中的贾雨村所言："玉在匣中求善价，钗于奁内待时飞。"实则就是应运而生，待时而行。

第三部分（即第3节），庄子借古今"存身"与"得志"之对比，得出"丧己于物，失性于俗"的"倒置之民"，痛批了以"轩冕"得志之人。彻底阐明了所谓借指高官厚禄的"轩冕"只不过就是身外之物，"其来不可圉，其去不可止"，大可不必"为轩冕肆志""为穷约趋俗"。所谓"轩冕在身，非性命也，物之傥来，寄者也"。这些眼前的功名利禄、荣华富贵都是暂寄之物，过眼云烟罢了。正如成玄英《南华真经疏》所言："夫寄去寄来，且忧且喜，以己徇物，非丧如何。轩冕穷约，事归尘俗，若习俗之常，失于本性，违真背道，定此之由，其所安置，足为颠倒也。"庄子意在阐明勿失其本性，学会正己而乐，乐全之谓得志，就是保持自己天然之本心的快乐才是真正的志得意满。

第1节

一 原文

缮性于俗学^①，以求复其初；滑欲于俗思^②，以求致其明^③，谓之蔽蒙之民^④。

古之治道者，以恬养知^⑤。知生而无以知为也^⑥，谓之以知养恬。知与恬交相养，而和理出其性。夫德，和也；道，理也。德无不容，仁也；道无不理，义也；义明而物亲^⑦，忠也；中纯实而反乎情^⑧，乐也。信行容体而顺乎文，礼也。礼乐徧行^⑨，则天下乱矣。彼正而蒙己德，德则不冒^⑩，冒则物必失其性也。

二 注释

①缮性：修治本性。俗学：指当时流行的儒学、法家等。成玄英《南华真经疏》："缮，治也。性，生也。俗，习也。初，本也。言人察性自然，各守生分，率而行之，自合于理。今乃智于伪法，治于真性，矜而矫之，已困弊矣。方更行七义礼智儒俗之学，以求归复本初之性，故俗弥得而性弥失，学逾近而道逾远也。"

②滑（gǔ）：通"汩"，弃乱，扰乱。欲：情欲，情性。俗思：追求名利等世俗观念。焦竑《庄子翼》："'缮性于俗学''滑欲于俗思'为句。旧解失之。性非学不复，而俗学不可以复性；明非思不致，而俗思不可以求明。"

③致：获得，得到。明：明彻，明达。

④蔽蒙：即"蒙蔽"。

⑤恬：恬静，静定。知：通"智"。以恬养知：以恬静涵养心知。

⑥知生而无以知为也：上"知"字（《庄子阙误》无此"知"字），作知晓讲；下"知"字，同"智"。"无以知为"，不用智巧去为，即以恬静朴质自守。

⑦物亲：谓万物皆来依附。

⑧中：心中。纯实：纯朴信实。

⑨徧：当为"偏"字之误。

⑩彼：他人。蒙：敛藏。冒：覆盖。郭庆藩《庄子集解》："彼自正而蒙被我之德，是德与德相感，不以己之德强人而冒覆之也。若强天下而冒覆之，是以我正彼，则物之失其性者必多也。"

三 译文

用世俗之学问修治本性，以求实现复归本性；用世俗的观念来修治情欲，以求明达事理，这真是蒙昧之人。

古时修道的人，是用恬淡涵养智慧；智慧生成却不外用，这就叫以智慧涵养恬静。智慧与恬静相互调治，就可形成中和顺理之性。德就是天地精神相和顺，道就是万事万物的运行规律。德无不兼容并包，就是仁。道无不各得其宜，就是义。义理显明万物都来亲附，就是忠。心中朴实而回归到本性，就是乐。行为真实而合乎自然的节奏，就是礼。如果，礼乐偏离了天理，就会天下大乱。他人德性本来纯正，而我却要把自己的德性强加给他人。德性是

不能够强加于人的，若是强加了，那么就必然使之失去了
自然本性。

第2节

一　原文

古之人，在混芒之中^①，与一世而得澹漠焉^②。当是时
也，阴阳和静，鬼神不扰^③，四时得节^④，万物不伤，群生
不夭^⑤，人虽有知，无所用之，此之谓至一^⑥。当是时也，
莫之为而常自然^⑦。

逮德下衰^⑧，及燧人伏羲始为天下^⑨，是故顺而不一。
德又下衰，及神农黄帝始为天下，是故安而不顺。德又下
衰，及唐虞始为天下^⑩，兴治化之流^⑪，㴻淳散朴^⑫，离道
以善，险德以行^⑬，然后去性而从于心^⑭。心与心识，知而
不足以定天下，然后附之以文^⑮，益之以博^⑯。文灭质^⑰，
博溺心，然后民始惑乱，无以反其性情而复其初。

由是观之，世丧道矣，道丧世矣。世与道交相丧也，道
之人何由兴乎世^⑱，世亦何由兴乎道哉！道无以兴乎世，世
无以兴乎道，虽圣人不在山林之中，其德隐矣。

隐，故不自隐。古之所谓隐士者，非伏其身而弗见也^⑲，
非闭其言而不出也，非藏其知而不发也，时命大谬也。当时
命而大行乎天下，则反一无迹^⑳；不当时命而大穷乎天下，
则深根宁极而待^㉑；此存身之道也。

二　注释

①混芒：混沌茫昧。指天地未分时的混沌状态。

②澹漠：淡漠，指恬淡无为，互不交往，上下不相求之意。成玄英《南华真经疏》："冥然无迹，君臣上下不相往来，俱得恬澹寂漠无为之道也。"

③扰：作祟。

④得：亦作"应"。得节：气候变化与节令相适应。

⑤夭：夭折，谓死于非命，引申指未成年而死去。

⑥至一：最完美纯全的境界。郭象《庄子注》："物皆自然，故至一也。"

⑦莫之为：无为。常自然：以自然为常。

⑧逮：及，到。

⑨燧人：燧人氏，相传为远古部落领袖，发明钻木取火。伏羲：伏羲氏，传说中是晚于燧人氏的部落领袖，画八卦，织鱼网，驯野兽。

⑩唐、虞：即唐尧、虞舜。

⑪兴：开始。治化：治理，教化。

⑫㵤淳散朴：谓浇薄淳厚、离散朴质。㵤（jiāo）：本亦作"浇"，浇薄。

⑬险：阻难，摧残。

⑭从于心：顺从充满机巧的人心。

⑮文：上言俗学。

⑯博：广博。郭象《庄子注》："文博者，心质之饰也。"成玄英《南华真经疏》："前既使心运知，不足以定天下，故后依附文书以匡时，代增博学而济世，不知质是文之本，文

华则隐灭于素质；博是心之末，博学则没溺于心灵。唯当绝学而去文，方会无为之美也。"

⑰ 质：质朴的本性。

⑱ 道之人：明道之人。

⑲ 见：通"现"。

⑳ 反一无迹：就是反于至一而不见有为之迹。林希逸《南华真经口义》："反一无迹者，言成功而不有也，道虽可行而付物于无心，在我者一而已矣，故曰反一。"

㉑ 深根宁极：深藏缄默。深根，谓深隐，以求宁静。林希逸《南华真经口义》："深根犹曰退藏于密也。宁极犹曰安汝止也，存我以待时，故曰深根宁极而待，存身即存我也。"

三 译文

古代的人，处于混沌茫昧之中，与世相处而能淡漠无为。那个时代，阴阳调和宁静，更无鬼神不搅扰，气候变化与季节相应，万物之间不相互伤害。群生没有夭折的，人虽然有智慧，却无处可用，这就是纯一的境地。那时，人无所作为，万物顺应自然习以为常。

等到德性衰落，到了燧人氏、伏羲氏开始治理天下的时候，只能顺随民心却不能与天道合一了。等到德性再次衰落，到了神农氏、黄帝开始治理天下的时候，只能安定天下却不能顺从民心了。等到德性又衰落，到了唐尧、虞舜开始治理天下的时候，开始兴起教化之风，扰乱破坏了淳朴之心，用善取代了天道，背离天德而行事，这样一来，舍弃了天性而听从机心。从此，机心识别机心，互相识察，绞尽脑汗用尽智慧也不能再使天下安定了，接下来就是增添了各种各样的虚假文饰，蜂拥扩展到广博的各个领域。虚假的掩饰破坏天性自然的本质，广博的各个领域都使用智慧又淹没了纯净的心灵，然后民众开始迷乱，也就无法再返回恬淡的性情和回归到自然的本初了。

由此看来，世上亡失了大道，大道也亡失了人世，二者彼此失去。明道之人还凭什么复兴大道于人世，人世又如何才能够使大道复兴呢？大道无法振兴人世，人世无法振兴大道，即使圣人不在山林之中隐居，天德也只能隐没，无法行乎于世。

这种隐没，本不是刻意为之。古时所谓的隐士，不是藏起来不见人，也不是闭口不发声，更不是隐其智慧而不展示，而是时运与天道大相背离呀。逢着时运大道行于天下，就返回"至一"的境界而不显形迹。如果不能逢着时运且天道也不能够行于天下，就深藏自我，安心修行，静神以待，这才是全身远害保全自身的方法。

第3节

一 原文

古之存身者①，不以辩饰知，不以知穷天下，不以知穷德②，危然处其所而反其性已③，又何为哉！道固不小行④，德固不小识⑤。小识伤德，小行伤道。故曰：正己而已矣⑥。乐全之谓得志⑦。

古之所谓得志者，非轩冕之谓也^⑧，谓其无以益其乐而已矣。今之所谓得志者，轩冕之谓也。轩冕在身，非性命也，物之傥来^⑨，寄者也。寄之，其来不可圉^⑩，其去不可止。故不为轩冕肆志，不为穷约趋俗^⑪，其乐彼与此同^⑫，故无忧而已矣。今寄去则不乐，由是观之，虽乐，未尝不荒也^⑬。故曰：丧己于物，失性于俗者，谓之倒置之民^⑭。

二　注释

① 存身：保全自然性命。林希逸《南华真经口义》："存，不用之时也，行，用之时也。"

② 穷德：谓使自己的内心受到困累。

③ 危然：独立貌。

④ 小行：指仁义礼乐的行为。林希逸《南华真经口义》："无为者，道之大也，有为则为小行，小行则害道矣。不识不知者，德之大也。有所识知则为小识，小识则丧德矣。"

⑤ 小识：小知（成玄英《南华真经疏》），指是非的分别智（福永光司解）。

⑥ 正己：端正自己。

⑦ 得志：即适志，自得。

⑧ 轩：车。冕：冠。轩冕：古时卿大大的车子和服饰。也指官位爵禄以及显贵的人。

⑨ 傥来：意外忽来者。

⑩ 圉：又作"御"，阻挡。

⑪ 穷约：困穷潦倒。趋俗：屈己以附世俗。

⑫彼：指轩冕。此：指穷约。

⑬荒：亡失。成玄英《南华真经疏》："今世之人，识见浮浅，是以物之寄也，欣然而喜，及去也，忆然不乐。岂知彼此事出倏来，而寄去寄来，常忧常喜，故知虽乐而心未始不荒乱也。"

⑭倒置：本末颠倒。以外易内，可谓倒置。成玄英《南华真经疏》："夫寄去寄来，且忧且喜，以己徇物，非丧如何。轩冕穷约，事归尘俗，若习俗之常，失于本性，违真背道，定此之由，其所安置，足为颠倒也。"

三 译文

古时善于保全自身的人，不用辩说来修饰彰显智慧，不用智巧使天下人困累，更不用心智来扰乱德性，只是独立不倚自处，返回自然本性罢了，除此之外也没有再去做什么。大道固有不屑于小行，大德固有不屑于小识。小识损伤了大德，小行损伤了大道。所以说，端正自身就可以了。保全内在纯朴的心性就是最快意的事情。

古时所谓的得志的人，并不是指荣华高位，而是无以复加的欣悦而已。现在所谓的得志的人，就是得到高官厚禄荣华高位。富贵荣华并不是生命的本真，只是偶然得到的外物，暂时寄托的。寄托的东西，来时不能抵御，去时不可挽留。因此不要为得到荣华高位就放纵心志，不要因穷困潦倒就趋炎附势。达官显贵与穷苦之人，其间的快乐是相同的，所以大可不必忧虑。现在寄托的东西失去了便不快乐，这样看来，即使得到时快乐了，但是得到的东西没有不丧失的，可见内心慌乱就是必然的了。所以说，痴迷于外物的追求而丧失自我，屈从于世俗的诱惑而丧失本性，就叫作本末倒置的人。

经典成语

1. 溺心灭质

【释义】指淹没天然的心性，掩盖纯朴的本质。溺心：沉溺心灵、潜沉心志。

【出自】《庄子·缮性》："文灭质，博溺心。"

2. 深根宁极

【释义】指深藏静处，也指根柢牢固。

【出自】《庄子·缮性》："不当时命而大穷乎天下，则深根宁极而待，此存身之道也。"

当代意义

《庄子·缮性》有很强烈的现实意义，虽然此文离我们时代很久远，但是越细读之，其言其思就越发切近我们的现实，似乎庄子又从未走远。

所谓"缮性"，即是修缮本性，保持天性。文中庄子批判的"蔽蒙之民""彼正而蒙己德""倒置之民"，时至今日，依然不乏其人。

我们来看看跟着"俗学"和"俗思"跑的"蔽蒙之民"。社会上常会出现"一窝蜂"的现象，即盲从或盲迷，迷失于世俗的盲目追热和攀附之中，没有自我人生。

闻一多先生说得好："读《庄子》的人，定知道那是多层的愉快"。庄子对于人性的认识是深刻的，更是深远的。他把人性的河床打开了给人看，所以才有了穿越历史的力量，时至今日，但听庄子所言，犹未过其时也。

秋水

导 读

　　《庄子·秋水》非常精彩,值得反复品味,奇文共欣赏,疑义相与析。让我们共同走入秋水的世界吧。

　　"秋水"即秋天雨水,取篇首二字作为篇名。讨论的中心是人应怎样去认识外物,认识事物的相对性,提醒人们应该清楚自身的渺小和认识的局限性,世界是多样的、多变的,一切皆有可能,天道是唯一的,万物只能唯道是从。

　　《秋水》可分为两部分。第一部分是从第 1 节到第 6 节,主要写北海海神跟黄河河神的谈话,一问一答,一气呵成。第二部分是从第 7 节至第 12 节。这部分是六则寓言故事。"夔怜蚿"一则,阐发道生万物,各有其理,存在就是合理的,没必要对他物羡慕嫉妒;"孔子游于匡"一则,体现了孔子的修行高度,每临大事有静气,不论在什么境况下,都能安时处顺,哀乐不能入也。"公孙龙问于魏牟"一则,讲述了一个没有觉醒的形象——公孙龙至死也理解不了庄子思想的故事。而"庄子钓于濮水"与"惠子相梁"二则,写的是庄子和惠子两种人生道路的选择,惠子是理解不了庄子的。"庄子与惠子游"一则，历来观点不同，从逻辑推理角度去审视，似乎惠子有理，但观察世界并不是只有一个角度，人的体悟有时候比推理更接近真理。不是凡事都可以推理出来的，对于文学、艺术、绘画、雕塑等，我们是无法用科学推理得出唯一正确结论的。

庄子的思想是无边无垠的，我们首先要学河伯，不耻下问，这样才能打开我们的思想窗户，让我们与天地交流，知道我们从哪里来，我们是谁，我们到哪里去等问题。《秋水》会让我们清醒，并会帮助我们平安地到达成功的彼岸。

第1节

一 原文

秋水时至①，百川灌河。泾流之大②，两涘渚崖之间③，不辩牛马④。于是焉河伯欣然自喜⑤，以天下之美为尽在己。顺流而东行，至于北海，东面而视，不见水端。于是焉河伯始旋其面目⑥，望洋向若而叹曰⑦："野语有之曰⑧：'闻道百，以为莫己若者。'我之谓也⑨。且夫我尝闻少仲尼之闻而轻伯夷之义者⑩，始吾弗信。今我睹子之难穷也，吾非至于子之门则殆矣，吾长见笑于大方之家⑪。"

北海若曰："井蛙不可以语于海者，拘于虚也⑫；夏虫不可以语于冰者，笃于时也⑬；曲士不可以语于道者⑭，束于教也⑮。今尔出于崖涘，观于大海，乃知尔丑⑯，尔将可与语大理矣⑰。天下之水，莫大于海，万川归之，不知何时止而不盈，尾闾泄之^⑱，不知何时已而不虚；春秋不变，水旱不知。此其过江河之流，不可为量数。而吾未尝以此自多者，自以比形于天地^⑲，而受气于阴阳^⑳，吾在于天地之间，犹小石小木之在大山也^㉑，方存乎见小，又奚以自多！计四海之在天地之间也，不似礨空之在大泽乎^㉒？计中国之在海内，不似稊米之在大仓乎^㉓？号物之数谓之万^㉔，人处一焉^㉕；人卒九州^㉖，谷食之所生，舟车之所通，人处一焉；此其比万物也，不似豪末之在于马体乎^㉗？五帝之所运^㉘，三王之所争，仁人之所忧，任士之所劳^㉙，尽此矣！伯夷辞之以为名，仲尼语之以为博，此其自多也，不似尔向之自多于水乎？"

二 出场

河伯　海神若

三 注释

① 时至：依照季节而降。

② 泾流：直涌的水流。

③ 两涘（sì）：两岸。涘，水边。渚崖：小洲的边沿。渚，水中的小块陆地。

④ 不辩牛马：形容河面阔大，两岸景物模糊不清。 辩，通"辨"。

⑤ 焉：犹"乎"，句中语助词。河伯：黄河之神。

⑥ 旋：转。面目：脸面，指态度。

⑦ 望洋：远视的样子。若：海神名，取其若有若无

之义。

⑧野语：俗语。

⑨闻道百：听了很多道理。莫己若：即"莫若己"，总觉得都不如自己高明。我之谓也：说的就是我这种人啊。

⑩尝闻：曾听说。少：以……为少，贬低。轻：轻视。伯夷：孤竹君之子，不受君位，不食周粟，饿死于首阳山。义：义气，气节。

⑪长：长久地。大方之家：得大道的人。

⑫拘：局限。虚：同"墟"，指所居之处。

⑬笃：专守，浅陋不通，局限。

⑭曲士：乡曲之士，见闻浅陋的人。

⑮束于教：不合大道，束缚于世俗之学。

⑯尔：你。丑：指思想境界的浅陋。

⑰大理：大道理，指大道。

⑱尾闾：指排泄海水的地方。

⑲比：借为"庇"，寄托。

⑳气：元气。阴阳：指天地、自然。

㉑大山：即泰山。

㉒罍（lěi）空：石块的小穴。

㉓稊（tí）米：一种类似稗子的草，草籽粒很小，像小米。大仓：储粮的大谷仓。大通"太"。

㉔号物：物类的名称。

㉕人处一焉：这里是以人类对万物所说的。

㉖人卒：指人众。

㉗豪末：毫毛的末梢，形容其微不足道。

㉘ 五帝：指黄帝、颛顼、帝喾、尧、舜。运：今本作"连"。

㉙ 任士：指以救世为己任的贤能之士。

四　译文

秋雨按季节降下来，河水不断上涨，无数条大小溪水河流都灌入了黄河。水流变得非常宽广，两岸及河中水洲之间，连牛马都分辨不清。于是河伯洋洋自得，以为天下的盛美都集在自己身上了。它顺着水流向东前进，到达了北海，朝东面望去，看不见水的边际。于是河伯这才改变自得的表情，望着海洋对海神感叹说：俗话说：'听了许多道理，总觉得都不如自己高明。'说的就是我这种人啊。而且我还曾经听说有人小看孔子的见闻和轻视伯夷的义行，起初我还不信。现在我亲眼目睹了你这样的博大而难以穷尽，我要是不到你这里来，那就危险了，我一定会永远会被懂得大道的人讥笑了。"

北海若说："对于井中之蛙不能和它谈论大海，这是由于它的生活局限在井中很小的地方；对于夏生秋死的昆虫不能和它谈论结冰的事情，这是由于它的生命局限在很短的时间里；对于浅陋偏执的人士不能和他谈论大道，这是由于他被世俗之学所束缚。现在你从河里来到大海，知道自己的孤陋寡闻了，这就可以同你谈论大道了。天下的水域，没有比海更广大了，千万条江河之水归入这里，不知何时休止，但大海从来未见满溢；海水从尾闾泄漏出去，不知道什么时候才停止，可是大海并不会减少；不论季节的更替变化如何，大海都不会有所变化；不论水灾旱灾什么时候降临，大海全然不受影响。它的蓄水之多远远超过江河的水流，根本无法计量。但我却从来没有感到自满，自认为寄托形体于天地，禀受元气于阴阳，我存在于天地之间，就犹如一块小石头、一根小树枝放在泰山上一样。只想到自己太渺小了，哪里还会感到自大自满呢！计量四海在天地之间所占的分量，不就像在大泽中的一个蚁窝吗？计量中国在四海之内所占的分量，不就像在大粮仓中的一粒小米吗？物类名称的数目有万种之多，而人类只是其中一种。人类聚居于九州，凡是粮食所生长的地方，舟车所通行的地方，都有人类，而个人只是人类中的一分子。这样说来，一个人与万物相比，不就像毫毛之末长在马身上那样微不足道吗？诸如五帝的相继禅位，三王的互相争位，仁人为天下安危而忧虑，实干家为治理天下而操劳，不就如同毫末一样微不足道吗？伯夷辞让王位以此取得声名，孔子到处游说以此显示渊博，他们的自满，不就像刚才你对于河水暴涨时的自满一样吗？"

第2节

一　原文

河伯曰："然则吾大天地而小毫末，可乎？"

北海若曰："否。夫物，量无穷①，时无止②，分无常③，终始无故④。是故大知观于远近⑤，故小而不寡，大而不多，知量无穷；证曏今故⑥，故遥而不闷⑦，掇而不跂⑧，知时无止；察乎盈虚，故得而不喜，失而不忧，知分之无常也；明乎坦涂[9]，故生而不说[10]，死而不祸，知终始之不可故也。计人之所知，不若其所不知；其生之时，不若未生之时；以其至小，求穷其至大之域，是故迷乱而不能自得也。由此观之，又何以知毫末之足以定至细之倪[11]！又何以知天地之足以穷至大之域！”

二　注释

①量无穷：物体的量数不可穷尽。

②时无止：时间是没有止境的。

③分：得与失。无常：无定。分无常：一切都是变化不定的。

④故：通“固”，固定的意思。

⑤大知：指得道的人。知，同“智”。观于远近：远近都能看到。

⑥曏（xiàng）：明，明察。今故：犹古今。故，读为“古”。

⑦闷：烦闷。

⑧掇（duō）：拾取。跂：向往，企求。

⑨涂：同“途”。

⑩说：同“悦”，欣悦，欣喜。

⑪倪：引申为事物的初始。

三　译文

河伯说：“那么我以天地为大而以毫末为小，这样可以吗?"

北海若说:"不可以。万物的量是没有穷尽的,时间是没有止境的,得失没有一定的,终始没有不变的。所以有大智慧的人能够观察到事物的远近,因而小的不以为小,大的不以为大,这是因为知道物量无穷的道理。明白了(验证和察明)古今变化无穷的道理,所以对于流逝的过去并不感到惋惜郁闷,对于俯首可拾的来日并不心存向往,这是因为懂得时间的流逝永远不会停止的道理。明察自然万物盈亏的变化,所以得到什么并不欣然自喜,失掉什么并不忧愁烦恼,这是因为知道得与失是没有定准的道理。明白了生死之间犹如一条平坦大路,所以生存时不特别欣喜,死亡时不以为是祸患,这是因为懂得终始没有固定不变的道理。算起来,一个人所知道的事情,远不如人所不知道的事情多;人的生存时间,远比不上他没有生命时的时间长;想用极少的知识和极短的生命去追寻无限发展变化的世界,只能导致心思迷乱而茫然若失。由此看来,又怎么能知道用毫末就足以判定最小的尺度,怎么能知道用天地就足以穷尽最大的领域呢!"

第3节

一 原文

河伯曰:"世之议者皆曰:'至精无形^①,至大不可围^②。'是信情乎^③?"

北海若曰:"夫自细视大者不尽,自大视细者不明。夫精，小之微也；垺④，大之殷也⑤。故异便⑥，此势之有也。夫精粗者，期于有形者也⑦；无形者，数之所不能分也；不可围者，数之所不能穷也⑧。可以言论者，物之粗也；可以意致者⑨，物之精也；言之所不能论，意之所不能察致者，不期精粗焉⑩。"

是故大人之行⑪，不出乎害人，不多仁恩⑫；动不为利⑬，不贱门隶⑭；货财弗争，不多辞让；事焉不借人，不多食乎力，不贱贪污；行殊乎俗，不多辟异⑮；为在从众，不贱佞谄；世之爵禄不足以为劝⑯，戮耻不足以为辱⑰；知是非之不可为分，细大之不可为倪。闻曰：'道人不闻，至德不得，大人无己⑱。'约分之至也⑲。"

二　注释

① 精：细小。

② 围：范围

③ 信情：实情，信实。

④ 垺：大，宏大。

⑤ 殷：大。

⑥ 异便：谓物虽相异却各有所宜。

⑦ 期：限，限于。

⑧ 数：度数。穷：穷尽。

⑨ 意致：意识到的，意会。

⑩ 不期精粗：指不能用精细和粗大来限定的事物。

⑪ 大人：指得道的至人、圣人。行：行为。

⑫ 多：称赞、赞美。

⑬动不为利：做事并非为了私利。

⑭门隶：家奴。

⑮辟异：怪僻奇异的行为。异：乖异，怪异。

⑯劝：劝勉，勉励。

⑰戮耻：刑戮和罢官的耻辱。辱：羞辱。

⑱"道人"三句：道人、至德、大人，均指体道之人。成玄英《南华真经疏》说："体道圣人，和光韬晦，推功于物，无功名之可闻"；"造极之人，均得于丧，既无所丧，亦无所得"；"大圣之人，有感斯应，方圆任物，故无己也"。

⑲约分：依守本分。

三 译文

河伯说："世俗中的议论者都说：'最细小的东西是没有形状的，最大的东西是无法限定范围的。'这是真实情况吗？"

北海若说："从小的方面去看大的东西，是看不到全貌的；从大的方面去看小的东西，是看不分明的。精细之物，这是小物中的小物；埓是大物中的大物。所以各物大小不相同却有着自己的相宜之处，这是事态发展不同的必然现象。所谓精细与粗大，都是局限于有形的东西；对于小到无形的东西，是无法用度数进行测量区分的；对于大到不可限定范围的东西，是无法用度数测量穷尽的。可以用言语谈论的事物，那是事物中比较粗大的；可以意识到却无法用言语表达的事物，那是事物中比较精微的；用言语无法谈论而用意识又不能沟通的，那是无法用精细和粗大来称谓的事物。

因此，体道之人的行为，不做危害他人的事，但也不赞许对他人施恩行惠；行动做事不为获取利益，不轻贱家奴；不与他人争夺财物，也不赞许把财物完全辞让给他人；遇事不完全借助他人之力，也不赞许完全只靠自身之力，也没有轻贱贪污之人的念头；一举一动与世俗大为不同，却也不赞许乖僻邪僻的行径；凡有所为，不过随着众人而已，也不卑贱奉承谄媚；世间的高官厚禄不足以为劝勉，杀戮蒙耻也不足以为羞辱；知道是非的界限不可以确定，知道大小的标准无法限定。我听说：'得道的人不扬名，至德的人不索取，体道的人不存己。'依守本分到了极致罢了。"

第4节

一　原文

河伯曰："若物之外，若物之内，恶至而倪贵贱①？恶至而倪小大？"

北海若曰："以道观之，物无贵贱；以物观之，自贵而相贱；以俗观之，贵贱不在己。以差观之②，因其所大而大之，则万物莫不大；因其所小而小之，则万物莫不小；知天地之为稊米也，知毫末之为丘山也，则差数睹矣③。以功观之，因其所有而有之，则万物莫不有；因其所无而无之，则万物莫不无；知东西之相反而不可以相无，则功分定矣。以趣观之④，因其所然而然之，则万物莫不然；因其所非而非之，则万物莫不非；知尧桀之自然而相非⑤，则趣操

195

睹矣⑥。

昔者尧舜让而帝，之哙让而绝⑦；汤武争而王⑧，白公争而灭⑨。由此观之，争让之礼，尧桀之行，贵贱有时，未可以为常也。梁丽可以冲城，而不可以窒穴⑩，言殊器也；骐骥骅骝⑪，一日而驰千里，捕鼠不如狸狌⑫，言殊技也；鸱鸺夜撮蚤⑬，察毫末，昼出瞋目而不见丘山，言殊性也。故曰，盖师是而无非⑭，师治而无乱乎？是未明天地之理，万物之情者也。是犹师天而无地，师阴而无阳，其不可行明矣！然且语而不舍，非愚则诬也！帝王殊禅，三代殊继。差其时⑮，逆其俗者，谓之篡夫；当其时，顺其俗者，谓之义徒。默默乎河伯！女恶知贵贱之门，小大之家！"

二 注释

① 恶至：如何，怎样。倪：端倪，有区别之义。

② 差：指万物的大小差别。

③ 差数：指同一物体大小的等差。

④ 趣：趋向，取向。

⑤ 尧、桀：唐尧和夏桀。尧为圣人，桀为暴君。自然：自是，自以为是。相非：互相指责对方不正确。

⑥ 趣操：志趣和情操。

⑦ 之哙让而绝：指燕王将王位禅让给子之，子之即位，国人不服。齐宣王兴师伐燕，杀死哙与子之，燕国几乎灭绝。让，禅让。

⑧ 汤武争而王：指商汤伐桀，周武王伐纣，都因争战获胜而称王。

⑨白公争而灭：指白公胜因郑人杀其父，请兵报仇不许，遂自起封邑之兵反楚。楚王派叶公子高伐而灭之。白公，名胜，楚王平之孙，太子建之子。

⑩窒穴：堵塞小洞。

⑪骐骥骅骝：四种良马，一般"骐骥"连称，"骅骝"连称。

⑫狸狌：野猫和黄鼠狼。

⑬鸱鸺：猫头鹰。一说"鸺"字为衍文。撮：抓取。蚤：跳蚤。

⑭盖：通"盍"，何不。师：效法。无：通"毋"，不要，抛弃。

⑮差其时：不合时宜。

三 译文

河伯说："那么在万物的外面，万物的内里，怎么区分贵贱？区别大小呢？"

北海若说："从道来看，万物原本没有贵贱之分；从万物自身的角度来看，都是自以为贵而彼此相贱；用世俗之人的眼光来看，贵贱的判定并非自己能够确定的。按照事物差别来看，顺着大的一面认为是大的，那么没有一物不是大的；顺着小的一面而认为是小的，那么没有一物不是小的。明白了天地就像一粒小米一样小，明白了毫末就像一座大山一样大，那么万物之间的数量差别也就看清了。从事物的功能来看，顺着万物有用的一面而认为它是有用的，那么万物就都有用。顺着万物无用的一面而认为它是没用的，那么万物就都没用。懂得了东与西两个方向相互对立，而又彼此不能相缺，那么事物的功用与分量就可以确定了。从人们对事物的取向来看，依着它可肯定的地方去肯定它，那么万物之中没有不可肯定的；依着它可否定的地方去否定它，那么万物之中没有不可否定的。知道了尧和桀各自为是而相互否定，那么人们的取向和情操便可以看清了。从前尧和舜因禅让而称帝，而燕王哙与燕相子之因禅让而灭绝；商汤和周武王因争战而称王，白公胜却因为争讨而灭亡。由此看来，争斗和禅让的礼制，唐尧和夏桀的行为，他们的高贵与卑贱是因时而异的，并没有一定的常规。梁栋之大可以用来冲撞城墙，但不能用来堵塞鼠穴，这是说明器用的不同；骐骥骅骝一类的良马一日奔驰千里，但让它捕鼠远不如野猫和黄鼠狼，说明各自的技能不同；猫头鹰夜间能够抓取跳蚤，明察秋毫，但白天出来，瞪着眼睛却看不见大山，这是说物性的不同。人们总是说：为什么不取法正确的而丢掉错误的，取法治理好的而抛弃混乱的呢？这是不明白天地间事物变化的道理和万物发展的实际情况。这好比说只取法天而抛弃地，只取法阴而抛弃阳。这种说法显然是行不通的！然而有的人还在不停地游说，这种人不是愚昧就是在故意欺骗人了！古代帝王的禅让情况各不相同，夏商周三代相继承的情况也各自相异。凡是不合时代、违背民众意愿的，就被称为篡夺之人；凡是合乎时代、顺从民众意愿的，就被称为高义之人。沉默住口吧，河伯！你哪里知道贵贱、大小的区别啊！"

第 5 节

一 原文

河伯曰："然则我何为乎？何不为乎？吾辞受趣舍^①，吾终奈何？"

北海若曰："以道观之，何贵何贱，是谓反衍^②；无拘而志，与道大蹇^③。何少何多，是谓谢施^④；无一而行^⑤，与道参差^⑥。严严乎若国之有君^⑦，其无私德；繇繇乎若祭之有社^⑧，其无私福；泛泛乎其若四方之无穷^⑨，其无所畛域^⑩。兼怀万物，其孰承翼^⑪？是谓无方^⑫。万物一齐，孰短孰长？道无终始，物有死生，不恃其成。一虚一满，不位乎其形^⑬。年不可举，时不可止。消息盈虚^⑭，终则有始。是所以语大义之方^⑮，论万物之理也。物之生也，若骤若驰，无动而不变，无时而不移。何为乎，何不为乎？夫固将自化。"

二 注释

① 辞受趣舍：辞让、接受、趋就、舍弃。

② 反衍：向相反的方向发展，转化。

③ 蹇（jiǎn）：跛足，引申为不顺利。

④ 谢施：谓相互转化。施：移，转。

⑤ 无：通"毋"，不要。一：执一，固守。

⑥ 参差：长短不齐的样子，引申为不合。

⑦ 严：庄重威严。有：语气助词，无义。下句"有"字同。

⑧ 繇繇（yóu）：即"悠悠"，悠然自得的样子。社：社神，即土地神。

⑨ 泛泛：广阔、周遍的样子。

⑩ 畛（zhěn）：界限。

⑪ 孰：谁。承翼：得到庇护。承，受。翼，羽翼，庇护。

⑫ 无方：无所偏向。

⑬ 不位乎其形：形无定位，没有固定不变的形态。

⑭ 消息盈虚：消亡、生息、充盈、亏虚。

⑮ 大义：指大道。方：指精义、奥旨。

三 译文

河伯说："那么我应该做什么，应该不做什么？我对辞让、接受、进取和舍弃，到底应该怎样办呢？"

北海若说："从道的观点来看，什么是贵什么是贱，贵与贱是相互转化的；不要固执你的心志，而与大道相背离。什么是少什么是多，可以说多少是相互转化的；行事不要固执偏见，致使与大道不合。像国君一样庄重威严，对谁都没有偏爱；像被祭祀的土地神一样悠然自得，对谁都没有偏私的福佑；要像四方无限伸展的大地那样广阔无垠，没有什么东西可以为界限。包容万物，谁也没有受到单独庇护，可以说是无所偏向的。万物都是一样的，哪还有谁是短的谁是长的呢？大道是没有开始与终止的，而万物却有死生的变化，即便一时有所成就，也是不足依赖的。大道在一虚一盈中变化着，没有固定不变的形态。往昔的岁月不可回转，逝去的时间无法挽留。万物在消亡、生息、充盈、亏虚之中，周而复始地变化着。明白了以上的道理，方能谈论大道的奥义，讨论万物变化的道理。万物的生长，犹如快马拉车奔腾驰骤一般，没有一个动作不在变化，没有一个时间不在移动。什么事可以去做，什么事不可以去做呢？万物原本就在自行变化着，无须强为什么，它自然自化，我们顺势而为就可以了。

第6节

一 原文

河伯曰："然则何贵于道邪？"

北海若曰："知道者必达于理，达于理者必明于权①，明于权者不以物害己。至德者，火弗能热，水弗能溺，寒暑弗能害，禽兽弗能贼。非谓其薄之也②，言察乎安危，宁于祸福③，谨于去就，莫之能害也。故曰，天在内，人在外④，德在乎天。知天人之行⑤，本乎天⑥，位乎得⑦；蹢躅而屈伸⑧，反要而语极⑨。"

河伯曰："何谓天？何谓人？"

北海若曰："牛马四足，是谓天；落马首⑩，穿牛鼻，是谓人。故曰，无以人灭天，无以故灭命⑪，无以得殉名⑫，谨守而勿失，是谓反其真。"

二 注释

①权：权变，应变。

②薄：迫近，逼近。

③宁：安。祸福：指穷困和通达。

④天在内：内在自然本性。人在外：人事、人为在外。

⑤天人：自然与人。行：指活动规律。

⑥本乎天：以自然为根本。

⑦位乎得：处于自得的境地。

⑧蹢躅（zhí zhú）：同"踯躅"，进退不定的样子。

⑨反要：返回道的枢要。语极：谈论万物的至理。

⑩落：通"络"，指套上马笼头。

⑪故：有心而为。命：自然天性。

⑫殉名：为追求虚名而丧生。

三　译文

河伯说："那么为什么还要尊重大道呢？"

北海若说："明白大道的人必定通达万物之理，通达万物之理的人，必然知道如何应变，知道如何应变的人就不会让外物伤害自己了。有最高修养的人，火不能让他感到灼热，水不能让他淹溺，寒冷和酷暑不能伤害他，禽兽也不能偷袭他。这些并非说他迫近它们而不会受到损害，而是说他能明察安危，安于祸福，能够谨慎对待进退，没有什么东西能够伤害他。所以说：'天性蕴藏在内心，人事显露在身外，道德以自然天性为根本。'懂得自然与人类活动的规律，方能以自然为根本，处于自得的境界，进退适宜而屈伸得当，返归道的枢要而谈论万物的至理。"

河伯说："什么叫作天然？什么叫作人为？"

北海若说:"牛马长着四只脚,这就叫天然;给马套上笼头,给牛鼻穿上缰绳,这就是人为。所以说,不要用人为的东西来损害天性,不要人为做事而毁灭天然,不要为追求名利而丧失本性,谨慎守住这些而不失误,这就叫作返归纯真的本性了。"

第7节

一　原文

夔怜蚿①,蚿怜蛇,蛇怜风,风怜目,目怜心。

夔谓蚿曰:"吾以一足趻踔而行②,予无如矣。今子之使万足,独奈何?"

蚿曰:"不然。子不见夫唾者乎?喷则大者如珠,小者如雾,杂而下者不可胜数也。今予动吾天机③,而不知其所以然。"

蚿谓蛇曰:"吾以众足行,而不及子之无足,何也?"

蛇曰:"夫天机之所动,何可易邪?吾安用足哉!"

蛇谓风曰:"予动吾脊胁而行,则有似也④。今子蓬蓬然起于北海,蓬蓬然入于南海⑤,而似无有,何也?"

风曰:"然,予蓬蓬然起于北海而入于南海也,然而指我则胜我,鳝我亦胜我⑥。虽然,夫折大木,蜚大屋者⑦,唯我能也。故以众小不胜为大胜也⑧。为大胜者,唯圣人能之。"

二 出场

夔 蚿 蛇 风 目 心

三 注释

①夔（kuí）：独角兽，古代传说中一种形状像龙而只有一足的动物。怜：爱慕。蚿（xián）：蛞，即"百足虫"。

②趻踔（chěn chuō）：跳着行走。

③天机：灵性，自然的本能。

④有似：似有，谓有行迹可见。

⑤蓬蓬然：象声词，风吹的声音。

⑥鰌（qiū）：引申为蹴踏、箝制。

⑦蜚：通"飞"，谓吹房拔梁。

⑧以众小不胜：谓不与众小争胜。

四 译文

独角的夔美慕多足的蚿，蚿美慕无足而行的蛇，蛇又美慕无形的风，风又美慕眼睛，眼睛更美慕心。

夔对蚿说："我只能用一只脚跳着行走，我不如你啊。现在你使用那么多的脚行走，究竟是怎样的走法呢？"

蚿说："不像你想象的这样。你没见到过那嘴里喷出来唾沫吗？大的如珠子，小的如水雾，夹杂着散落下来，不可胜数。现在我也像唾沫一样，并不要刻意的，而依靠天然的本能而已，并不知道为什么这样。"

蚿对蛇说："我用众多的脚行走，却不及你没有脚走得快，这是为什么呢？"

蛇说："我依靠天然的机能而行走，自然而然，哪有必要改变它呢？行走这样便利，我哪里还需要用脚呢！"

蛇对风说："我扭动着脊背和胁下而行走，还像是用脚行走的样子。现在你'呼'地一声从北海兴起，又'呼'地吹入南海，而看起来好像什么也没有，这是为什么呢？"

风说："是的，我是'呼'地一声从北海兴起，而又'呼'地一声进入南海，然而有人用手指我，用脚踢我，随便就能战胜我。尽管这样，像吹折大树、席卷大屋这样的事情，只有我最能干了。所以说，只有任听自然天机，不与众小争胜，才能成就大胜。能够成就大胜的，只有圣人才能做到。"

五　当代意义

《吕氏春秋·先识览》："登山者，处已高矣。左右视，尚巍巍焉山在其上。"这山望着那山高，那山长满了红樱桃，没得到的就想得到，别人的就是最好的，这种心态是人常常有的。

攀比心是人的普遍心理，从积极的角度看，在理性意识驱使下的正当竞争，往往能够引发个体积极的竞争欲望，产生克服困难的动力。消极的攀比则走向反面，会使个体陷入思维的扭曲，产生巨大的精神压力和极端的自我肯定或者否定怪圈，缺乏对自己和周围环境的理性分析，一味沉溺于攀比中而无法自拔。

从有形到无形，夔、蚿、蛇、风、目、心都是大自然的造化，个体之间是有差别的，自有其存在的理由，它们或许

是大自然的精妙设计，各美其美，美美与共，天下大同，和
谐共生。以道观之，则物无贵贱，自然天成。致中和，天地
位焉，万物育焉，天人合一。

第8节

一 原文

孔子游于匡①，卫人围之数匝②，而弦歌不惙③。子路
入见，曰："何夫子之娱也？"

孔子曰："来，吾语女④。我讳穷久矣⑤，而不免，命
也！求通久矣，而不得，时也。当尧舜而天下无穷人，非知
得也⑥；当桀纣而天下无通人，非知失也⑦；时势适然。夫
水行不避蛟龙者，渔父之勇也；陆行不避兕虎者⑧，猎夫之
勇也；白刃交于前，视死若生者，烈士之勇也；知穷之有
命，知通之有时，临大难而不惧者，圣人之勇也。由处矣⑨，
吾命有所制矣⑩！"

无几何，将甲者进⑪，辞曰⑫："以为阳虎也，故围之。
今非也，请辞而退。"

二 出场

孔子 子路 将甲者 阳虎

三 注释

①匡：卫国邑名。

②卫：原作"宋"。卫人围之：鲁国阳虎曾经暴虐匡人，孔子游宦到此地，因长相颇像阳虎，所以匡人误会把孔子包围起来。匝：周，圈。

③惙：通"辍"，止，停。

④语女：告诉你。女，通"汝"，你。

⑤讳：忌讳，躲避。穷人：指不得志的人。

⑥知得：指智慧高超。知，同"智"，智慧。

⑦知失：智慧丧失，智慧低下。

⑧兕（sì）：犀牛一类的野兽。

⑨由：即子路，名仲由。

⑩制：制约，控制，管制。

⑪将：率领士兵的人。甲：指身著盔甲的士兵。

⑫辞：转告，解说，含有道歉之义。

四 译文

孔子周游到了卫国匡地，卫国人把他层层围了起来，没吃没喝，但孔子照常抚琴歌吟，并不停止。子路不理解，进见孔子问："先生为什么这样快乐呢？"

孔子说："过来，我告诉你。我力求避免穷厄的局面已经很久了，但还是不可摆脱，这是命运不好啊！我追求通达的好日子已经很久了，却一直没有实现，这是时运不好啊！当时在尧、舜的时代，天下没有困窘失志的人，并非他们的智慧超群；在桀、纣的时代，天下没有通达得志的人，并非他们的智慧低下，这都是时代形势和环境造成的。在水中行走而不躲避蛟龙，这是渔夫的勇敢；在陆地上行走而不躲避犀牛、老虎，这是猎人的勇敢；刀剑逼近眼前而无所畏惧，视死如归，这是壮士的勇敢；明白困窘是命运的安排，知道通达是由时运所决定的，面临大灾大难而无所畏惧，这是圣人的勇敢。仲由，你安心待着吧！我的命运早就有所安排了！"

没过多久，一个带兵的人进来，他们对孔子说："我们还以为你是阳虎呢，所以就围了起来。现在知道弄错了，请让我向你表示歉意，随后我们就退去了。"

第9节

一　原文

公孙龙问于魏牟曰①："龙少学先王之道，长而明仁义之行，合同异，离坚白；然不然，可不可②；困百家之知，穷众口之辩；吾自以为至达已。今吾闻庄子之言，汒焉异之③，不知论之不及与④？知之弗若与？今吾无所开吾喙⑤，敢问其方。"

公子牟隐机大息⑥，仰天而笑曰："子独不闻夫埳井之蛙乎⑦？谓东海之鳖曰：'吾乐与！出跳梁乎井干之上⑧，入休乎缺甃之崖⑨。赴水则接腋持颐，蹶泥则没足灭跗⑩。还视虷蟹与科斗⑪，莫吾能若也。且夫擅一壑之水，而跨跱坎井之乐⑫，此亦至矣。夫子奚不时来入观乎！'东海之鳖左足未入，而右膝已絷矣⑬。于是逡巡而却⑭，告之海曰：'夫千里之远，不足以举其大；千仞之高，不足以极其深。禹之时，十年九潦，而水弗为加益；汤之时，八年七旱，而崖不为加损。夫不为顷久推移，不以多少进退者，此亦东海之大乐也。'于是坎井之蛙闻之，适适然惊^⑮，规规然自失也^⑯。

"且夫知不知是非之竟^⑰，而犹欲观于庄子之言，是犹使蚊虻负山，商蚷驰河也^⑱，必不胜任矣。且夫知不知论极妙之言而自适一时之利者，是非坎井之蛙与？且彼方跐黄泉而登大皇^⑲，无南无北，奭然四解^⑳，沦于不测；无东无西，始于玄冥^㉑，反于大通^㉒。子乃规规然而求之以察，索之以辩，是直用管窥天，用锥指地也，不亦小乎！子往矣！且子独不闻夫寿陵余子之学行于邯郸与^㉓？未得国能，又失其故行矣，直匍匐而归耳^㉔。今子不去，将忘子之故^㉕，失子之业。"

公孙龙口呿而不合^㉖，舌举而不下^㉗，乃逸而走^㉘。

二　出场

公孙龙　魏牟

三　注释

①公孙龙：姓公孙，名龙，字子秉，战国时期赵国人。魏牟：魏国公子，名牟，故称"公子牟"。按，此借他人之名，编自家故事，不可用信史看待。

②"合同异"四句：这是公孙龙的著名论题。合同异，把事物的同与异合而为一。离坚白，把一物的坚硬与白色分出来。然不然，可不可，把不是说成是，把不可说成可；或把是说成不是，把可说成不可。

③汒焉：自失的样子。汒，通"茫"。

④论：指辩论的水平。

⑤喙（huì）：鸟嘴，代指人嘴。

⑥隐机：倚靠在几案上。机，通"几"，几案。古人用以倚靠身体的矮小桌子。大息：叹息。

⑦坎（kǎn）井：废井。

⑧跳梁：即"跳踉"，腾跃跳动。井干：井栏。

⑨缺甃（zhòu）：破砖的井壁。甃：用砖砌成的井壁。

⑩蹶（jué）：踏。灭跗（fū）：盖没脚背。跗，脚背。

⑪还视：回顾，"视"字原缺。虷（hán）：蚊子的幼虫。科斗：即"蝌蚪"，蛙的幼虫。

⑫跨跱（zhì）：盘踞。

⑬絷：卡住，绊住。

⑭逡巡：小心退却的样子。却：退却。

⑮适适然：惊惧的样子。

⑯规规然：自失的样子。

⑰知不知：智慧不足以知道。竟：通"境"。

⑱商蚷：马蚿，俗称"百足虫"。

⑲跐（zǐ）：蹈，踏。大皇：皇天，苍天。

⑳奭（shì）然：阻碍物消散的样子。四解：四面畅通。

㉑玄冥：即无极，指宇宙的混沌昏昧状态。

㉒大通：无所不通的大道。

㉓寿陵：战国时燕国地名。余子：少年人。邯郸：赵国国都，在今河北邯郸。

㉔直：只不过，只能。匍匐：以手据地而行，爬行。

㉕忘子之故：与下句"失子之业"互文见义，"忘"与
"失"同义，"故"与"业"同义。

㉖呿（qū）：口张开的样子。

㉗举：高抬。

㉘逸：遁逃。

四 译文

公孙龙向魏牟问道："我少年时学习先王之道，长大后通晓仁义道德之理，提出了'合同异，离坚白'、'然不然，可不可'的命题，使各家各派的智士感到困惑，让众多的能言善辩之人理屈词穷，我自认为已经达到了最通达的境界了。可现在我听了庄子的言论，感到非常茫然怪异，无所适从，不知道是我辩论的才能不及他呢？还是我的智慧赶不上他呢？总之，现在我是无法开口了，敢问这其中的道理是什么呢。"

公子牟听了，靠在几案上长长叹了一口气，仰头大笑道："你就没有听说过浅井中青蛙的故事吗？它对东海的大鳖说：'我好快乐呀！想出来玩耍，就在井栏上面跳来跳去，想休息就回到破损的井壁边享受。跳入水中，水便托住我的腋窝，撑起我的下巴；踏进泥浆里，烂泥就会淹没我的脚背。回头看看那些赤虫、小蟹和蝌蚪，却不能像我这样神气生活。而且我独占一坑之水，盘踞在浅井中，谁能有我这样的快乐与幸福呢。先生你为什么不常过来看看，也享受一下呢？东海的大鳖左脚还没有伸进井里，而右膝已经被井口绊住了。于是小心地退到原处，向浅井之蛙讲述大海的情况，

它说:'那大海辽阔深邃啊,千里之远,不足以形容大海之大;千仞之高,不足以量尽大海之深。大禹时代,十年就有九年闹水灾,可是海水并不曾增多;商汤时代,八年就有七年闹旱灾,可是海水并不曾减少。海水的水量不因为时间的长短而有所变化,不因为雨量的多少而有所增减,这也是东海的最大快乐了。'浅井之蛙听了,大惊失色,有这样的事吗?茫然不知如何是好。

"你的智慧不足以了解是非的究竟,还想观察庄子的至理之言,这就好像让蚊子背大山,让马蚿渡河一样,肯定是不能胜任的。而且你的知识根本就不配谈论精妙的理论,自己却满足于一时口舌上的胜利,这不也像浅井之蛙一样吗?庄子的学说,上登苍天下蹈黄泉,不分南北,四通八达,进入到深不可测的玄妙境地;不分东西,起源于天地未分的混沌状态,返归于无所不通的大道之上。而你竟然拘泥地用小聪明想去探讨它,用所谓的雄辩口气去谈论它,这简直是用竹管窥视苍天,用锥尖测量大地,不是太渺小、太不自量力了吗?你赶快走吧!你没有听说过寿陵少年到邯郸学步的故事吗?他不但没有学会赵国走路的步法,而且连原来的步法也忘掉了,结果只好爬着回去了。现在你还不快点走开,不然将会忘掉你原来的技能,丢掉你本来的行当了。"

公孙龙呆呆地张着嘴,翘起的舌头放不下来,心神恍惚,只好悄悄地溜走了。

五 当代意义

公孙龙是"名家"离坚白派的代表人物，"诡辩学"的祖师。冯友兰在他的《中国哲学史》中将名家分为"合同异"与"离坚白"两派，前者的代表人物为惠施，后者的代表人物为公孙龙。公孙龙能言善辩，曾经做过平原君的门客，但听了庄子的言论，感到茫然怪异，无所适从，只好向魏牟问道，结果被公子牟狠狠地奚落训斥一番，弄得灰头土脸，呆呆地张着嘴，翘起的舌头放不下来，心神恍惚，悄悄地溜走了。

公孙龙与庄子，好比轻量级拳手与重量级拳手对阵，前者当然不是对手。就像今天的一些所谓的专家，自以为自己发现了真理，天下谁都不服，其实只是盲人摸象而已。

这则寓言再次提醒我们，不要过于自信，别总滔滔不绝地信口开河，多言数穷，不如守中，做事要谦虚谨慎。

第 10 节

一 原文

庄子钓于濮水 ①。楚王使大夫二人往先焉 ②，曰："愿以境内累矣！"

庄子持竿不顾，曰："吾闻楚有神龟，死已三千岁矣。王以巾笥而藏之庙堂之上 ③。此龟者，宁其死为留骨而贵乎 ④？宁其生而曳尾于涂中 ⑤？"

二大夫曰："宁生而曳尾涂中。"

庄子曰:"往矣!吾将曳尾于涂中。"

二 出场

庄子　楚王　大夫

三 注释

①濮水:在今山东濮县。

②楚王:楚威王。往先:往见之,先述其意。有试探的意思。

③巾笥(sì):巾、笥皆用作动词。巾,即用巾包装。笥,装入竹箱里。

④宁:宁肯。

⑤涂:泥。

四 译文

庄子在濮水边上钓鱼。楚威王派遣了两位大夫前去表达他的心意,说:"楚威王希望将国事委托给先生。"

庄子持着鱼竿头也不回,说:"我听说楚国有一只神龟,已经死了三千年了。国王把它用丝巾包起来,放在竹箱里,珍藏在庙堂之上。请问这只龟,宁可被杀死留下一把骨头让人尊贵呢?还是愿意活着拖着尾巴在泥巴里爬呢?"

两位大夫说:"当然宁愿活着拖着尾巴在泥巴里爬了"。

庄子说:"你们走吧!我将愿意拖着尾巴在泥巴里爬行。"

第 11 节

一　原文

惠子相梁 [①]，庄子往见之。或谓惠子曰："庄子来，欲代子相。"于是惠子恐，搜于国中三日三夜。

庄子往见之，曰："南方有鸟，其名为鹓鶵 [②]，子知之乎？夫鹓鶵发于南海而飞于北海，非梧桐不止，非练实不食 [③]，非醴泉不饮。于是鸱得腐鼠 [④]，鹓鶵过之，仰而视之曰：'嚇 [⑤]！'今子欲以子之梁国而吓我邪？"

二　出场人物

惠子　庄子

三　注释

①惠子：惠施。梁：魏国都城大梁，故址在今河南开封。这里代指魏国。

②鹓鶵（yuān chú）：属于凤凰一类的鸟。

③练实：竹子的果实

④鸱：猫头鹰。腐鼠：腐臭死鼠。

⑤嚇（hè）：怒叱声。

四　译文

惠子做了梁惠王的宰相，庄子去看望他。有人向惠子说："庄子这次来，是想要取代你做宰相的。"于是惠子十分恐惧，在国都中连续搜捕了三天三夜。

庄子主动去见惠子，给惠子讲了一个故事："南方有一种鸟，名叫鹓鶵，你知道吗？这鹓鶵从南海出发，一直飞到北海，不是梧桐树它不栖息，不是竹子的果实它不食用，不是甜美的泉水它不喝。这时，有一只猫头鹰拾到了一只腐烂的老鼠，刚好鹓鶵从上空飞过。猫头鹰仰起头，唯恐失掉腐鼠，看着鹓鶵发出大声怒斥：'嚇！'，现在你想用你的梁国来吓我吗？"

五　当代意义

惠子宠辱若惊，贵大患若身；庄子"乘天地之正，而御六气之辩，以游无穷者"。二人完全不同。此则寓言给我们的启示：不要以己之见，度君子之腹。面对境界高的人，要虚心学习，勤而行之。否则，会被贻笑大方。

第12节

一　原文

庄子与惠子游于濠梁之上^①。庄子曰："儵鱼出游从容^②，是鱼之乐也。"

惠子曰："子非鱼，安知鱼之乐？"

庄子曰："子非我，安知我不知鱼之乐？"

惠子曰："我非子，固不知子矣；子固非鱼也，子之不知鱼之乐，全矣^③！"

庄子曰："请循其本 ④。子曰'汝安知鱼乐'云者，既已知吾知之而问我 ⑤。我知之濠上也。"

二 出场人物

庄子 惠子

三 注释

①濠梁：濠水上的桥梁。濠水：在今安徽凤阳境内。

②鲦（tiáo）鱼：白条鱼。

③全矣：完全如此。

④循：顺，追溯。本：始，指原来的问话。

⑤既已知吾知之而问我：说明你已经知道我知道鱼的快乐才来问我的。

四 译文

庄子与惠子同游于濠水桥上。庄子说："白条鱼从容自在地游来游去，这是鱼的快乐。"

惠子说："你不是鱼，怎么会知道鱼的快乐呢？"

庄子说："你不是我，怎么会知道我不知道鱼的快乐呢？"

惠子说："我不是你，固然不知道你的想法；你原本也不是鱼，你也不知道鱼的快乐，这就完整准确了！"

庄子说："请追溯你原来问话的本意，你说'你怎么会知道鱼的快乐'这句话，说明你已经知道我知道鱼的快乐才来问我的。现在我来告诉你吧，我是在濠水桥上知道的。"

五　当代意义

"知鱼乐"也曾引起物理学家的重视，日本的汤川秀树指出："直觉能力在古代的希腊天才和中国天才那里都是天赋极高的。"直觉是指在以往经验知识积累的基础上突发地把握事物本质的能力以及基于这种能力而产生的思想。直觉思维方法的基本特征之一，是其非逻辑性。

汤川秀树的科研助手——著名物理学家坂田昌一也进一步揭示了庄子直觉思维方法的现实意义，他认为，"知鱼乐"的精神贯穿着现代物理学的精神。老庄哲学中的直觉思维，经过科学改造后也能适合现代物理学的需要。

因此逻辑思维不是唯一的，庄子论道也不可能只靠逻辑思维，直觉思维，心里体悟是必不可少的。我们也不能企图哲学给出具体答案，但哲学可以启发我们找到答案，答案从来不是一个，也不会必须按已有的发现直行，在思想的世界里，一切皆有可能。

经典成语

1. 不分畛域

【释义】不划分界限。形容感情融洽，同心协力。也比喻不分彼此。畛域：范围，界限。

【出自】《庄子·秋水》："泛泛乎其若四方之无穷，其无所畛域。"

2. 大方之家

【释义】原指懂得大道理的人。后泛指见识广博或学有专长的人。大方：大道理。

【出自】《庄子·秋水》："吾非至于子之门，则殆矣，吾长见笑于大方之家。"

3. 邯郸学步

【释义】相传战国时期，燕国有个人到赵国的都城邯郸，看到赵国人走路姿态很美，就跟着学。结果不但没有学好，连自己原来的走法也忘掉了，只好爬着回去。后用来比喻仿效他人，未能成就，反而失却自己本来的面目。邯郸：战国时赵国的都城。学步：学习走路。

【出自】《庄子·秋水》："且子独不闻夫寿陵余子之学行

于邯郸与？未得国能，又失其故行矣，直匍匐而归耳。”

4. 井底之蛙

【释义】井底的蛙只能看到井口那么大的一块天。比喻见识狭窄的人。

【出自】《庄子·秋水》：“井蛙不可以语于海者，拘于虚也。”

5. 太仓一粟

【释义】太仓中的一粒粟米。比喻极大的数量中一个非常小的数目。

【出自】《庄子·秋水》：“计中国之在海内，不似稊米之在大仓乎？”

6. 望洋兴叹

【释义】本指看到海洋之大而仰视发出惊叹，感叹自己的渺小。现多比喻做事时因力不胜任或没有条件而感到无可奈何。望洋：仰视的样子。

【出自】《庄子·秋水》：“于是焉河伯始旋其面目，望洋向若而叹曰……”

7. 曳尾涂中

【释义】拖着尾巴在泥路中爬行。原意是与其位列卿相，受爵禄、刑罚的管束，不如隐居而安于贫贱。后也比喻在污浊的环境里苟且偷生。

【出自】《庄子·秋水》：“宁其生而曳尾于涂中乎？”

8. 一日千里

【释义】一日能行千里之远。形容良马跑得很快。

【出自】《庄子·秋水》：“骐骥骅骝，一日而驰千里。”

9. 贻笑大方

【释义】指让内行人笑话。贻笑：让人笑话。大方：原指懂得大道的人，后泛指见识广博或有专长的人。

【出自】《庄子·秋水》："吾长见笑于大方之家。"

10. 以管窥天

【释义】透过竹管看天，仅见天的一小部分。比喻见识片面而狭窄。管：竹管。窥：从竹管子小孔看天。

【出自】《庄子·秋水》："是直用管窥天，用锥指地也，不亦小乎！"

11. 以锥刺地

【释义】用锥子刺地来测量地的深浅。比喻见识浅陋，所知甚少。

【出自】《庄子·秋水》："是直用管窥天，用锥指地也，不亦小乎！"

12. 视死若生

【释义】把死去看作活着一样。形容不怕死。

【出自】《庄子·秋水》："白刃交于前，视死若生者，烈士之勇也。"

当代意义

1963年1月，李讷给父亲毛泽东写了一封信，信中回顾了自己在学校的生活，自己的一些缺点，以及读了《庄子·秋水》篇后的感想。毛泽东看了李讷的这封信后，深为女儿的进步感到高兴，并给李讷回了一封信。信中谈到干部子弟的问题，毛泽东教育女儿不要骄傲。信中写道：你痛苦、忧伤，是极好事，从此你就有希望了。痛苦、忧伤，表示你认真想事，争上游、鼓干劲，一定可以转到翘尾巴、自以为是、孤僻、看不起人的反面去，主动权就到了你的手里了。没人管你了，靠你自己管自己，这就好了，这是大学比中学的好处。中学也有两种人，有社会经验的孩子；有娇生惯养的所谓干部子弟，你就吃了这个亏。现在好了，干部子弟（翘尾巴的）吃不开了，尾巴翘不成了，痛苦来了，改变态度也就来了，这就好了。读了秋水篇，好，你不会再做河伯了。

这封家书，大概是《庄子》解读史上绝无仅有的事情。这是领袖与女儿笔谈阅读《秋水》篇的感悟和心得，伟大领袖运用国学经典循循善诱的家教，给我们树立了典范。对于我们今天的家长与年轻人来说，是具有非常重要的教育意义的。

不论是做什么工作的，都应当好好读读庄子《秋水》，不要犯河伯的错误。关于这方面，老子有过深刻的阐述：企者不立，跨者不行，自见者不明，自是者不彰，自伐者无功，自矜者不长。不自见，故明；不自是，故彰；不自伐，故有功；不自矜，故长。夫唯不争，故天下莫能与之争。在身外之物、名利之间，保持心态平和，淡然无极，才是真正的成功之道。

至 乐

导 读

　　《庄子·至乐》旨在讲人生观、生死观。至乐，即最大的快乐。至乐的最高境界是无乐，关键是要看破生死，保持平常心。人有喜怒哀乐、生老病死，这是自然现象，应该从容看待悲欢得失，安于所化，从而达到至乐的境界。

　　第一部分是从"天下有至乐无有哉"到"人也孰能得无为哉"（即第1节）。庄子认为，人生有两种快乐，一个是世俗之乐，一个是无为之乐。心怀"世俗"，追求的"所尊""所乐""所下""所苦"，"若不得者，则大忧以惧"。所以庄子说，世俗之人谁又能达到无为的境界呢？

　　第二部分是从"庄子妻死"到"故止也"（即第2节）。庄子认为，人之生死，"察其始而本无生""杂乎芒芴之间""变而有气"，继而"有形""有生"，"今又变而之死，是相与为春秋冬夏四时行也"。在庄子看来，人的生死犹如四时运行，没有必要为死者痛苦哀伤。

　　第三部分是从"支离叔与滑介叔观于冥伯之丘"到"我又何恶焉"（即第3节）。庄子借支离叔和滑介叔的对话，说明人吃五谷杂粮，有病有灾也是自然的，没必要大惊小怪。

第四部分是从"庄子之楚"到"吾安能弃南面王乐而复为人间之劳乎"（即第 4 节）。庄子借与髑髅的对话，表面上是讲生不如死，"虽南面王乐，不能过也"，实则讲现实生活的残酷，死后是人生困境的解脱，一种对现实之苦之累的超脱。

第五部分是从"颜渊东之齐"到"是之谓条达而福持"（即第 5 节）。庄子借孔子之口说，"命有所成而形有所适"。万物的形成皆有命理，各有所宜。"褚小者不可以怀大，绠短者不可以汲深。"

第六部分是从"列子行"到"予果欢乎"（即第 6 节）。庄子借髑髅之慨，表达了对生死的看法，在时间的长河里，生死荣辱苦乐为一，消失在自然的生命里。

第七部分是从"种有几"到"万物皆出于机，皆入于机"（即第 7 节）。庄子借种子、鼊、蛙蟆、陵舃、乌足、蛴螬、胡蝶，乃至马、人之变化，说明万物是一个无穷生化的过程。一种形态的形成，意味着原有形态的消亡，由于环境条件不同，催生万物千差万别，尽管形态各异，但同出一源。最高是化成人，人又复归于物种之几（"机"同"几"）。"万物皆出于机，皆入于机。"

第 1 节

一 原文

天下有至乐无有哉？有可以活身者无有哉[①]？今奚为奚

据^②？奚避奚处？奚就奚去？奚乐奚恶？

夫天下之所尊者，富贵寿善也；所乐者，身安厚味美服好色音声也；所下者，贫贱夭恶也；所苦者，身不得安逸，口不得厚味，形不得美服，目不得好色，耳不得音声。若不得者，则大忧以惧，其为形也，亦愚哉！

夫富者，苦身疾作^③，多积财而不得尽用，其为形也亦外矣！夫贵者，夜以继日，思虑善否^④，其为形也亦疏矣！人之生也，与忧俱生。寿者惛惛^⑤，久忧不死，何苦也！其为形也亦远矣！烈士为天下见善矣^⑥，未足以活身^⑦。吾未知善之诚善邪？诚不善邪？若以为善矣，不足活身；以为不善矣，足以活人。故曰："忠谏不听，蹲循勿争^⑧。"故夫子胥争之，以残其形；不争，名亦不成。诚有善无有哉？

今俗之所为与其所乐，吾又未知乐之果乐邪？果不乐邪？吾观夫俗之所乐，举群趣者^⑨，誙誙然如将不得已^⑩，而皆曰乐者，吾未之乐也，亦未之不乐也。果有乐无有哉？吾以无为诚乐矣，又俗之所大苦也。故曰："至乐无乐，至誉无誉。"

天下是非果未可定也。虽然，无为可以定是非。至乐活身，唯无为几存^⑪。请尝试言之：天无为以之清^⑫，地无为以之宁。故两无为相合，万物皆化生。芒乎芴乎^⑬，而无从出乎！芴乎芒乎，而无有象乎^⑭！万物职职^⑮，皆从无为殖。故曰："天地无为也而无不为也。"人也孰能得无为哉！

二　注释

①活身：养活身体，养身。

②奚：何。为：作为。据：依据。

③苦身：使身体劳苦。疾作：勤勉劳动。疾，快。

④善否（pǐ）：指官场上的亨通与困厄。否：恶，与善为对。

⑤惛惛（hūn）：糊涂，神志不清。

⑥烈士：指殉名而死者，如儒家所谓杀身成仁、舍生取义之辈。

⑦活身：使生命保持长久。

⑧蹲循：逡巡，退却的样子。

⑨举群趣者：所有人都奔往所乐之处。举群，成群。趣：趋，指竞相追逐。

⑩誙（kēng）誙然：奔逐而无知的样子。已：止。

⑪唯无为几存：只有无为近似于至乐活身之道。几，近似，差不多。

⑫清：清虚。

⑬芒、芴：恍惚，指渺茫暗昧、无形无象、似有若无的一种状态。

⑭象：迹象。

⑮职职：繁多的样子。

三　译文

世界上有没有最大的快乐呢？有没有可以养活性命的方法？现在应该做些什么？又有什么依据呢？该回避什么？又

安心什么呢？该靠近什么？又舍弃什么呢？该喜欢什么？又应当厌恶什么呢？

世界上的人们所尊崇的，是富有、高贵、长寿和美名；所喜欢的，是居处安逸舒适、食物丰盛、漂亮的服饰、绚丽的色彩和动听的音乐；所鄙视的，是贫穷、卑微、夭折和恶名；所痛苦的，是身体不能获得舒适安逸，吃不到美味佳肴，穿不到漂亮的服饰，看不到绚丽的色彩，听不到悦耳的音乐。如果得不到这些东西，就非常忧愁和担心，以上种种想法实在是太愚昧了啊！

富人们，辛勤劳作使身体劳苦，积攒了许多财富却不能全部享用，这样来对待身体，结果反而害身。贵人们，夜以继日地苦苦思索怎样才会保全权位，那样也就忽略了身体。人们生活于世间，便与忧愁同生，长寿的人整日里糊涂，长久地伴随着忧愁而活着，多么痛苦啊！那样对待身体也就太疏远了。刚烈之士为了天下而忘身殉国，却保养不住自己的身体。我不知道这样的行为是真正的好呢，还是实在不能算是好呢？如果认为是好行为，却不能保住自己的性命；如果认为不是好行为，却又足以保住他人的性命。所以说："忠言不被接纳，那就退让一旁不再去争谏。"伍子胥因为忠心劝谏而遭残害，如果他不努力去争谏，也就不会成名。那么到底有没有真正的完善呢？

现如今世俗所追求的与所喜欢的，我并不知道那快乐果真是快乐呢，还是果真不快乐呢？我观察到世俗之人所喜欢的东西，大家都会全力追逐，拼死竞逐的样子真像是不达目的决不罢休。人人都说这就是最为快乐的事，而我不知道有什么快乐，也不知道有什么不快乐。那么，世上到底有快乐还是没有呢？我认为无为才是真正的快乐，但又是世俗的人所感到最痛苦的。所以说："最大的快乐就是忘掉快乐，最大的荣誉就是没有荣誉。"

世上的是非果真是无法确定的。虽然如此，无为的态度还是可以忘却是非。快乐可以养活性命，而只有无为可以让快乐存留。请让我尝试说说这一点：苍天因无为而清虚明澈，大地因无为而浊重宁寂，天与地两个无为相互结合，万物就全都能变化生长。恍恍惚惚，不知道从什么地方产生出来！恍恍惚惚，没有一点儿痕迹！万物繁多，全从无为中繁衍生殖。所以说："天和地自清自宁无心去做什么却又无所不生无所不做。"而世俗之人谁又能够做到无为呢！

四　当代意义

追求"无为"，放下世俗，超然物外，"至乐活身""无为诚乐"，自然自在，"万物皆化"。对我们现代人来说，大格局、平常心，无忧无虑、宠辱不惊，这才是"至乐无乐，至誉无誉"的最高境界。

第 2 节

一　原文

庄子妻死，惠子吊之，庄子则方箕踞鼓盆而歌①。

惠子曰："与人居，长子、老、身死②，不哭，亦足矣，又鼓盆而歌，不亦甚乎！"

庄子曰："不然。是其始死也③，我独何能无概然④！察其始而本无生，非徒无生也而本无形，非徒无形也而本无气。杂乎芒芴之间⑤，变而有气，气变而有形，形变而有生，今又变而之死，是相与为春秋冬夏四时行也。人且偃然寝于巨室⑥，而我噭噭然随而哭之⑦，自以为不通乎命，故止也。"

二　出场

庄子　惠子

三　注释

①方：正在。箕踞：坐时随意伸开两腿，其形如簸箕，故得名。鼓盆：敲击瓦盆作歌唱之拍节。

②长子：长养子孙。老：身体老迈。

③是：此，指庄子之妻。

④概：借为"慨"，慨叹、哀伤之意。

⑤芒芴（huǎng hù）：恍恍惚惚，形容不可辩认。

⑥且：假如。偃然：安息的样子。巨室：比喻天地之间。

⑦噭（jiào）噭然：哀哭声。

四　译文

庄子的妻子死了，惠子去吊唁，庄子伸开两腿而坐，一边敲击瓦缶，一边唱歌。

惠子见状，说："你与妻子共同生活，她为你生子育女，与你白头偕老，现在她过世了，你不哭也就够了，还敲着瓦缶唱歌，这岂不是太过分了吗？"

面对出于义愤而责怪自己的惠子，庄子解释说："不是这样的，在她刚死的时候，我内心里哪能不悲伤呢？但是细加推究起来，她原本就不曾出生，不仅不曾出生，而且本来就不曾具有形体；不仅不曾具有形体，而且原本就没有构成身体的元素。混杂于恍恍惚惚的境域之中，之后变化而有元气，元气变化而有形体，形体进一步变化而有了生命，如今又变化回到死亡，这就如同春夏秋冬四季的自然运行一样。死去的人已经安稳地寝卧在天地之间，而我还围着她嚎啕痛哭，我认为这样做不能通达天命，所以也就停止了哭泣。"

五　当代意义

作为现代人，应客观面对生死，看透生死，"重养薄葬"，归于自然。推而广之，全社会要提倡生命至上，把人的生命健康放在首位，做好整个服务体系建设，同时，以人为本，做好临终关怀。

第3节

一　原文

支离叔与滑介叔观于冥伯之丘①，昆仑之虚②，黄帝之所休。俄而柳生其左肘，其意蹶蹶然恶之③。

支离叔曰："子恶之乎？"

滑介叔曰："亡④，予何恶！生者，假借也；假之而生生者，尘垢也。死生为昼夜。且吾与子观化而化及我⑤，我又何恶焉！"

二 出场

支离叔 滑介叔

三 注释

① 支离叔、滑介叔：皆虚构的人名。"支离"表忘形，"滑介"表忘智。

② 昆仑之虚：遥远渺茫的神秘之地，凡人难以到达。虚：通"墟"，土丘。

③ 蹶（guì）蹶然：惊动的样子。

④ 亡：通"无"，表否定。

⑤ 观化：观察造化之运行。

四 译文

支离叔和滑介叔一同在冥伯的山丘和昆仑的旷野里游览观赏，那里曾是黄帝休息过的地方。忽然间，滑介叔的左肘长出一个瘤子，他感到惊恐不安，并且厌恶这东西。

支离叔就问："你厌恶这东西吗？"

滑介叔淡定地说："没有，我怎么会厌恶呢！生命的出现，不过是一时的寄托罢了；假借生命来化生又一个生命的东西，就像是灰土尘垢一时间的聚集。人的生死就好像白天与黑夜的交替运行一样。况且我和你出来观览大自然的变化，而现在变化来到我的身上，我又怎么会厌恶呢！"

五　当代意义

庄子告诫人们，要坦然面对疾病的发生，科学地预防与治疗，要活得有质量，有尊严。

第4节

一　原文

庄子之楚，见空髑髅①，髐然有形②，撽以马捶③，因而问之，曰："夫子贪生失理而为此乎？将子有亡国之事，斧钺之诛而为此乎？将子有不善之行，愧遗父母妻子之丑而为此乎④？将子有冻馁之患而为此乎？将子之春秋故及此乎⑤？"

于是语卒，援髑髅，枕而卧。夜半，髑髅见梦曰："子之谈者似辩士。视子所言，皆生人之累也，死则无此矣。子欲闻死之说乎？"

庄子曰："然。"

髑髅曰："死，无君于上，无臣于下；亦无四时之事，从然以天地为春秋⑥，虽南面王乐，不能过也。"

庄子不信，曰："吾使司命复生子形⑦，为子骨肉肌肤，反子父母妻子闾里知识，子欲之乎？"

髑髅深矉蹙頞曰⑧："吾安能弃南面王乐而复为人间之

劳乎!"

二　出场

庄子　髑髅

三　注释

①髑（dú）髅：骷髅，死人的头骨。

②髐（xiāo）然：尸骨干枯的样子。

③撽（qiào）：敲打旁击。马捶：马鞭。捶，通"棰"，鞭子。

④遗：遗留。

⑤春秋：年纪。春秋故：年事已高。

⑥从（zòng）然：放纵自如的样子。以天地为春秋：与天地同寿。

⑦司命：主管人生死之神。

⑧矉（pín）：通"颦"，皱眉头。 蹙頞（è）：愁苦的样子。蹙，皱。頞，鼻梁。

四　译文

　　庄子到楚国去，途中见到一个髑髅，干枯的头颅呈现出原形，庄子用马鞭连连敲打着，问道："先生是贪求生命，丧失天理，因而成了这样呢？抑或是遇上了亡国的大事，遭受刀斧的砍杀，因而成了这样呢？抑或是你行不轨之事，怕给父母、妻儿留下耻辱而羞愧死掉，因而成了这样呢？抑或是你被困在寒冷饥饿的祸患里，因而成了这样呢？抑或是你享尽天年而死去成了这样呢?"

庄子说罢,拉过髑髅,枕在头下睡去。到了半夜,髑髅给庄子显梦说:"你先前谈论的样子真像一个善于辩论的人。看你所说的那些话,无非都是活人的拘累,死了就没有这些拖累了。你愿意听我说人死后的快乐吗?"

庄子说:"好。"

髑髅说:"人一旦死了,上面没有君主统治,下面没有官吏管辖;也没有四季的操劳,放纵身心,从容自得地与天地一样长寿,即使南面称王的快乐,也不可能超过。"

庄子不相信,说:"我让掌管人生命的神恢复你的形体,为你重新造出骨肉肌肤,归还你的父母、妻儿、宗族邻里、朋友,你愿意吗?"

髑髅紧皱眉头,深感忧虑地说:"我怎么能抛弃南面称王的快乐而再来经受人间的劳苦呢!"

五　当代意义

这对我们来说,就是要正确看待生死,学会思考和沉淀,努力创造美好生活,探寻生命的意义。

第5节

一　原文

颜渊东之齐,孔子有忧色。子贡下席而问曰①:"小子敢问②,回东之齐,夫子有忧色,何邪?"

孔子曰:"善哉汝问! 昔者管子有言, 丘甚善之, 曰: '褚小者不可以怀大, 绠短者不可以汲深 ③。' 夫若是者, 以为命有所成而形有所适也 ④, 夫不可损益。吾恐回与齐侯言尧舜黄帝之道, 而重以燧人神农之言。彼将内求于己而不得 ⑤, 不得则惑, 人惑则死 ⑥。

"且女独不闻邪? 昔者海鸟止于鲁郊, 鲁侯御而觞之于庙 ⑦, 奏《九韶》以为乐 ⑧, 具太牢以为膳 ⑨。鸟乃眩视忧悲 ⑩, 不敢食一脔 ⑪, 不敢饮一杯, 三日而死。此以己养养鸟也, 非以鸟养养鸟也。夫以鸟养养鸟者, 宜栖之深林, 游之坛陆 ⑫, 浮之江湖, 食之鳅鲦 ⑬, 随行列而止, 委蛇而处 ⑭。彼唯人言之恶闻 ⑮, 奚以夫譊譊为乎 ⑯?《咸池》《九韶》之乐 ⑰, 张之洞庭之野 ⑱, 鸟闻之而飞, 兽闻之而走, 鱼闻之而下入, 人卒闻之, 相与还而观之 ⑲。鱼处水而生, 人处水而死。彼必相与异, 其好恶故异也。故先圣不一其能, 不同其事。名止于实, 义设于适, 是之谓条达而福持 ⑳。"

二　出场

颜渊　孔子　子贡

三　注释

① 下席: 古人席地而坐, 问话时, 为表敬意, 离座站立, 称"下席"。

② 小子: 弟子晚辈对师长父兄, 自称"小子"。

③ 绠(gěng): 吊水用的绳子。汲深: 从深井中汲水。

④ 命有所成: 命运各有所定, 不可改变。形有所适: 形

体各有适宜之处。

⑤彼：指齐侯。内求于己：指用三皇五帝的言论主张来要求自己。

⑥人惑则死：疑惑不解则忧愁苦闷，甚至死亡。

⑦御：迎。觞：酒杯，用作动词，谓以酒招待。

⑧《九韶》：舜时乐曲名，共有九章。往往在庆典国宴中演奏。

⑨太牢：古代帝王祭祀时，牛、羊、猪三牲都具备的称为太牢。

⑩眩视：指眼花缭乱。

⑪脔（luán）：切成小块的肉。

⑫坛陆：广阔的大地。

⑬鳅（qiū）：同"鰌"，泥鳅之类。鲦（tiáo）：同"鲦"，白条鱼。

⑭委蛇：从容自得的样子。

⑮彼：指海鸟。人言：人说话的声音。

⑯譊（náo）譊：嘈杂喧闹。

⑰《咸池》：黄帝时的乐曲。

⑱张：铺张，陈设，指演奏。洞庭之野：即广漠之野。

⑲还：通"环"，环绕，围绕。

⑳条达：条理通达。福持：保持福德。

四 译文

颜渊向东到齐国去，孔子脸上露出十分忧愁的样子。子贡离开座位上前问道："学生大胆地请问，颜渊往东去齐国，先生面呈忧色，这是为什么呢？"

孔子说："你的提问实在是好啊！从前管仲说过一句话，我认为他说得很好：'小布袋不可能装下大东西，水桶上的绳索短了不可能汲取深井里的水。'如此说来，就应当看作是禀受天命而形成形体，形体虽异却各有适宜的用处，都是不可以随意改变的。我担心颜渊跟齐侯谈论尧、舜、黄帝治理国家的主张，又进一步地推崇燧人氏、神农氏的言论。而齐侯必将会用三皇五帝的做法要求自己，却仍不能理解，不理解必定就会产生怀疑，一旦产生怀疑便会迁怒对方而杀害他。

"况且你就不曾听说过这个故事吗？从前，一只海鸟飞到鲁国都城郊外栖息，鲁侯为了欢迎它，让人把海鸟接到宗庙里供养献酒，奏《九韶》之乐使它高兴，准备了古代帝王祭祀时才使用的牛、羊、猪作为宴会的食品。海鸟竟眼花缭乱，忧心伤悲，不敢吃一块肉，不敢饮一杯酒，三天就死了。这是按自己的生活习性来养鸟，不是用养鸟的方法去养鸟。按鸟的习性来养鸟，就应当让鸟栖息于深山老林，游戏于沙洲之上，浮游于江河湖泽，吃的是泥鳅和小鱼，随着鸟群的队列而止息，从容自得、自由自在地生活。它们最害怕听到人的声音，又为什么还要弄得那么喧闹嘈杂的音乐呢？像《咸池》《九韶》之类的帝王乐曲，演奏于广漠的原野，鸟儿听见了便腾飞，野兽听见了便惊惶逃遁，鱼儿听见了便潜下水底，一般的人听见了，便一起围过来欣赏。鱼儿在水里才能生存，人呆在水里就会死去，人和鱼彼此间必定有不同之处，他们的喜好和厌恶因而也一定不一样。所以先代的圣王不强求他们具有划一的能力，也不求他们都做相同的事情。名义的留存要符合实际，合宜的设置要适应自然，这就叫条理通达，福分持久。"

五 当代意义

本节给我们的启示是，无论干什么事，都要依据实情，把握好对象的秉性，顺其天性，讲求名义与实际相符，义理与客观实际相适应。

第 6 节

一 原文

列子行，食于道从 ①，见百岁髑髅，攓蓬而指之曰 ②："唯予与汝知而未尝死 ③，未尝生也。若果养乎 ④？予果欢乎？"

二 出场

列子　髑髅

三 注释

① 道从：道旁。

② 攓（qiān）：取。蓬：蒿草。

③ 予：列子自称。汝：指髑髅。

④ 养：俞樾认为读为"恙"，作忧解。

四 译文

列子在外出行，停歇时在道旁进食，不经意看见一个似乎已历经百年的髑髅卧在草丛里，就走上去拔掉挡住视线的蓬草，手指髑髅说："只有我和你知道你是不曾死，也不曾生的道理。你果真忧愁吗？我又果真快乐吗？"

五 当代意义

生死与快乐无关，因此人生有限，在生存姿态的选择上要积极乐观，得失随意，豁达人生。

第7节

一 原文

种有几①，得水则为䐃②，得水土之际则为蛙蠙之衣③，生于陵屯则为陵舄④，陵舄得郁栖则为乌足⑤。乌足之根为蛴螬⑥，其叶为胡蝶。胡蝶胥也化而为虫⑦，生于灶下，其状若脱⑧，其名为鸲掇⑨。鸲掇千日为鸟，其名为乾余骨⑩。乾余骨之沫为斯弥⑪。斯弥为食醯⑫；颐辂生乎食醯⑬，黄軦生乎九猷⑭；瞀芮生乎腐蠸⑮，羊奚比乎不筍⑯。久竹生青宁；青宁生程⑰，程生马，马生人，人又反入于机。万物皆出于机，皆入于机⑱。

二 注释

①种有几：指物种包含的精微本质，潜存着运动变化的

因由。

②蟿（jì）：同"继"，水中断续如丝的低极生物。

③蛙蠙（pín）之衣：长在水边，覆盖在水面上的水藻、浮萍之类。

④陵屯：高爽之地。

⑤郁栖：栖息于粪土之中。乌足：草名，车前、泽泻之类。

⑥蛴螬（qí cáo）：俗称"地蚕""土蚕"，是金龟子的幼虫。

⑦胥：须臾，不久。

⑧脱：同"蜕"，蜕皮。

⑨鸲（qú）掇：乾余骨的幼虫。

⑩乾余骨：鸟名。

⑪斯弥：虫名。

⑫食醯（xī）：指酒瓮中的蠛蠓。

⑬颐辂：醋放久后孳生出的一种小飞虫。

⑭黄軦（kuàng）：虫名。九猷：虫名。

⑮瞀芮：蠓虫之类。蠸（quán）：瓜类害虫。

⑯箰（sǔn）：指竹类的嫩茎、芽。

⑰程：豹。

⑱机：同"几"，即"种有几"之"几"。

三 译文

物种包含的精微本质，潜存着运动变化的因素"几"，这种因素有了水的滋养便会逐步相继而生，处于陆地和水面的交接处就形成青苔，生长在山陵高地就成了车前草，车前草获得粪土的滋养长成乌足，乌足的根变化成土蚕，乌足的叶子变化成蝴蝶。蝴蝶很快又变化成为虫，生活在灶下，那样子就像是蜕皮，它的名字叫作灶马。灶马一千天以后变化成为鸟，它的名字叫做乾余骨。乾余骨的唾沫长出虫子斯弥，斯弥又生出蠛蠓。颐辂从蠛蠓中形成，黄軦从九猷中长出；蠓虫则产生于萤火虫。羊奚草跟不长笋的老竹相结合，老竹又生出青宁虫；青宁虫生出豹子，豹子生出马，马生出人，而人又返归造化之初的混沌中。万物的生命都产生于自然，死后又回归于自然。

四　当代意义

这启示我们，要理解大自然的生态是一体的，生态链也是相互依存、相互转化的，要处理好人与自然的关系，保护好生态环境就是保护好人类与自然的关系，保护好生态环境就是保护好人类自身。

经典成语

1. 夜以继日

【释义】形容日夜不停。多指加紧工作或学习等。

2. 褚小怀大

【释义】褚：口袋。用小口袋装大东西。比喻能力不能胜任。

3. 绠短汲深

【释义】绳短井深，打不上水来。多用比喻指能力薄弱，担当不了重任。汲：从下往上提水。

达 生

导 读

《庄子·达生》主旨在说养神，强调人的精神作用。达生，畅达生命。取篇首二字为篇名。

第一部分是从"达生之情者"到"反以相天"。庄子开篇就指出了养形与养神的关系。养生必须有物质保障；保持身心的健康，必须形神兼备，做到"形精不亏，是谓能移；精而又精，反以相天"。

第二部分是从"子列子问关尹曰"到"民几乎以其真"。庄子借列子和关尹对话，阐述了养生的最高境界是"潜行不窒，蹈火不热，行乎万物之上而不栗"。养生重在"壹其性，养其气，合其德"。忘却世俗之事，保持本性，遵循天道自然。

第三部分是从"仲尼适楚"到"其痀偻丈人之谓乎"。庄子借"痀偻承蜩"故事，说明做任何事情都要专心致志，心无旁骛，"用志不分，乃凝于神"。

第四部分是从"颜渊问仲尼曰"到"凡外重者内拙"。庄子借"操舟"和"赌注"的故事，说明"外重者内拙"的道理。

第五部分是从"田开之见周威公"到"所异彘者何也"。庄子借单豹、张毅亡命丧生的教训，告诫人们养生必须"性命双修""内外兼修"，时刻警视自己，"视其后者而鞭之"。

第六部分是从"桓公田于泽"到"不终日而不知病之去也"。庄子借桓公遇鬼受惊生病的故事，说明同样的梦境，不同的解读对人的精神和健康的影响是不同的，精神状态对人的影响是重要的。好的精神能鼓舞斗志，差的精神状态会让人一蹶不振。

第七部分是从"纪渻子为王养斗鸡"到"见者反走矣"。庄子借纪渻子为王养斗鸡的故事，说明精神、修行、气质的培养需要一个过程。从"虚憍之气""犹应向景""疾视而盛气""望之似木鸡"，经过四个阶段修炼，达到"德全"，"异鸡无敢应，见者反走矣"。

第八部分是从"孔子观于吕梁"到"不知吾所以然而然，命也"。庄子借吕梁男戏水弄潮故事，说明真正会游泳的高人，"从水之道而不为私焉"，是顺着水性、流向及遵循自身的条件。

第九部分是从"梓庆削木为鐻"到"其由是与"。庄子借梓庆削木为鐻的故事，说明做事要达到炉火纯青的境界，要怀有执着虔诚之心及对事业的敬畏态度，不能有丝毫的懈怠，从"未尝敢以耗气也""不敢怀庆赏爵禄""不敢怀非誉巧拙""辄然忘吾有四枝形体"，"鐻成，见者惊犹鬼神"。

第十部分是从"东野稷以御见庄公"到"忘适之适也"。庄子讲了东野稷御马的故事。东野稷好胜逞强，不顾马的死活，"钩百而反"，使马力竭而败。

第十一部分是从"有孙休者"到"彼又恶能无惊乎哉"。庄子借孙休问惑的故事,说明层次低的人永远不理解至人的境界。修行好的人"茫然彷徨乎尘垢之外,逍遥乎无事之业",而没有修行孙休之流却"饰知以惊愚""修身以明污",管窥之见,以高人能人自居,耀武扬威;对待孙休之流就像"载鼷以车马,乐鴳以钟鼓"。

第1节

一 原文

达生之情者①,不务生之所无以为②;达命之情者,不务命之所无奈何③。养形必先之以物④,物有余而形不养者有之矣;有生必先无离形,形不离而生亡者有之矣。生之来不能却⑤,其去不能止⑥。悲夫!世之人以为养形足以存生;而养形果不足以存生,则世奚足为哉!虽不足为而不可不为者,其为不免矣。

夫欲免为形者⑦,莫如弃世⑧。弃世则无累,无累则正平⑨,正平则与彼更生⑩,更生则几矣⑪!事奚足弃而生奚足遗⑫?弃事则形不劳,遗生则精不亏。夫形全精复⑬,与天为一。天地者,万物之父母也;合则成体,散则成始⑭。形精不亏,是谓能移⑮。精而又精,反以相天⑯。

二 注释

①达:通晓,明白。情:实情。

② 务：追求。所无以为：没有意义的（东西）。

③ 所无奈何：无能为力的（事情）。

④ 形：形体。物：物质条件。

⑤ 却：推辞，拒绝。

⑥ 去：离开。止：留止，挽留。

⑦ 免为形：免去保养形体的操劳。

⑧ 弃世：抛弃世间繁杂之事而超然物外。

⑨ 正平：心正气平。

⑩ 彼：指大自然，造化。更生：更新，新生。

⑪ 几：接近。

⑫ 遗：遗忘，忘怀。

⑬ 精复：精神恢复。

⑭ 体：物体。始：开始。

⑮ 能移：能随着自然的变化而变化。

⑯ 相天：有助于自然的和谐发展。相，帮助。天，自然。

三 译文

通晓生命真实情形的人，不会去追求对于生命来说没有意义的东西；通晓命运真实情形的人，不会去追求对命运无能为力的事情。保养身体必定先有充足的物质条件，可是物资充裕而身体却不能很好保养的人是有的；保住生命必定得先使生命不脱离形体，但是形体未死生命却死去的情况也是存在的。生命的到来不能拒绝，生命的离去也无法挽留。悲哀啊！世俗的人认为保养形体便足以保存生命；然而保养形体果真不足以保存生命，那么，世上还有什么事情是值得去做的呢！虽然不值得去做却不得不去做，其中的操劳也就不可避免了。

要想避免保养形体的辛劳，便不如抛弃世间繁杂之事。抛弃世俗之事就没有拖累，没有拖累就会心正气平，心正气平就能与大自然一同变化发展、生生不息，生生不息就接近免去为形的辛劳了！为什么世事值得抛弃，而生命值得遗忘呢？因为抛弃世事就能让形体不操劳，遗忘生命就能让精神不致亏损。形体得到健全，精神得到恢复，就能与自然合为一体。天地，是万物的父母；天地阴阳相合就形成物体，天地阴阳之气离散就又回归于物的本始。形体与精神都不亏损，这叫作能够随着自然变化而更新。精神修养到了极高处，反过来可以辅助大自然的和谐发展。

四　当代意义

对我们现代人来说，要权衡好欲望与能力，调节好生活工作节奏，顺势而为，寻求自身和谐发展。

第2节

一　原文

子列子问关尹曰："至人潜行不窒①，蹈火不热，行乎万物之上而不栗②。请问何以至于此？"

关尹曰："是纯气之守也③，非知巧果敢之列④。居，予语女⑤。凡有貌象声色者，皆物也，物与物何以相远⑥！夫奚足以至乎先⑦！是色而已⑧。则物之造乎不形⑨，而止乎无所化⑩。夫得是而穷之者⑪，物焉得而止焉！彼将处乎不淫之度⑫，而藏乎无端之纪⑬，游乎万物之所终始⑭。壹其性⑮，养其气，合其德，以通乎物之所造⑯。夫若是者，其天守全⑰，其神无郤⑱，物奚自入焉！

夫醉者之坠车，虽疾不死。骨节与人同而犯害与人异，其神全也。乘亦不知也，坠亦不知也，死生惊惧不入乎其胸中，是故遻物而不慴⑲。彼得全于酒而犹若是，而况得全于天乎？圣人藏于天，故莫之能伤也。

复仇者不折镆干⑳；虽有忮心者㉑不怨飘瓦㉒，是以天下平均。故无攻战之乱，无杀戮之刑者，由此道也。不开人之天㉓，而开天之天。开天者德生，开人者贼生㉔。不厌其天，不忽于人㉕，民几乎以其真㉖！"

二 出场

子列子　关尹

三 注释

①潜行：入水而行。窒：窒息。

②栗：恐惧。

③纯气：纯和之气。

④知：通"智"，智慧。列：类。

⑤居：坐。女：通"汝"，你。

⑥相远：相差很大。

⑦ 先：优先。

⑧ 色：色彩。

⑨ 不形：没有形体。

⑩ 止：中止。无所化：无所变化的境界。

⑪ 穷：穷尽，指透彻理解。

⑫ 处：守。不淫之度：不过分而有节制的限度。淫，过分。度，限度。

⑬ 无端：没有头尾两端，即无始无终，循环往复。纪：准则。

⑭ 万物之所终始：无终无始的变化境界中。

⑮ 壹其性：使性情专一。

⑯ 物之所造：指自然。

⑰ 天：指固有的天性。

⑱ 郤：通"隙"，缝隙。

⑲ 迕（wù）：遇到。慴：慑的异体字，惧怕。

⑳ 镆干：指镆铘和干将两把宝剑。

㉑ 忮（zhì）：忌恨。

㉒ 飘瓦：飘落之瓦，比喻无心的伤害。

㉓ 人之天：人的智巧。

㉔ 贼：祸害。

㉕ 厌：满足。忽：忽略，忽视。

㉖ 几：接近。真：纯真的本性。

四　译文

列子向关尹问道："道德修养极高的人在水中潜行却不会

窒息，跳入火中却不会感到灼热，行走在万物高处也不会感到恐惧。请问他是怎么做到这样的境界呢？"

关尹回答说："这是因为他能守住纯和之气，并不是智巧、果敢这样的缘故。坐下，我告诉给你。凡是具有状貌、形象、声音、颜色的东西，都是物体。那么物与物之间又为什么差异很大呢？什么东西能够处于优先的地位？只不过是有形状和颜色罢了。所以万物是由无形的道所造就的，又复归于无所变化的境界。懂得这个道理而且理解透彻的人，又怎么为世俗之物所限阻呢！那样的人处在不过分而有节制的限度内，藏身于无始无终、循环往复的准则中，游乐于万物或灭或生的变化环境里，心性专一，保养元气，德行相融相合，从而使自身与自然相通。像这样的人，他的自然本性保持完全而无亏缺，他的精神没有间隙，外物又怎么能够侵入呢！

醉酒之人从车上坠下，虽然受伤但不会死去。他的骨骼关节跟旁人一样，而所受伤害的程度却跟别人不同，因为他的神思是凝聚完全的，乘坐在车子上自己没有感觉，坠落地上自己也不知道，死、生、惊、惧全都不能进入到他的思想中，所以遭遇外物的伤害却不觉得惧怕。那个人从醉酒中获得保全完整的心态尚且能够如此忘却外物，更何况从自然之道中忘却外物而保全完整的心态呢？圣人与自然相合，所以没有什么能够伤害他。

复仇的人并不会去折断曾经伤害自己的宝剑，即使有嫉妒之心的人也不会怨恨那偶然飘来伤害到他的瓦片，这样天下就能太平安宁。没有相互攻战的祸乱，没有杀戮的刑罚，都是因为遵循了这个自然之道的缘故。不要开启人的心智，而要开启自然之道。开启了自然之道就能培养好的道德；开启人为的智巧，就会产生贼害之心。不满足于自然的禀赋，也不忽略人为的才智，这样的人也就接近纯真了！"

五　当代意义

面对时代的变化，我们应调整心态，提高素养，强大内心，既要发挥自身禀赋优势，也要培养自身心智，提升应对能力，适应不断变化的世界。

第3节

一　原文

仲尼适楚^①，出于林中，见痀偻者承蜩^②，犹掇之也^③。

仲尼曰："子巧乎，有道邪？"

曰："我有道也。五六月累丸二而不坠，则失者锱铢^④；累三而不坠，则失者十一；累五而不坠，犹掇之也。吾处身也^⑤，若厥株枸^⑥；吾执臂也，若槁木之枝。虽天地之大，万物之多，而唯蜩翼之知^⑦。吾不反不侧^⑧，不以万物易蜩之翼^⑨，何为而不得！"

孔子顾谓弟子曰^⑩："用志不分，乃凝于神。其痀偻丈人之谓乎！"

二 出场

仲尼　痀偻者　孔子弟子

三 注释

①适：到……去。

②痀偻（gōu lóu）：驼背。承：通"拯"，用竿子粘取。蜩：蝉。

③掇：拾取。

④锱铢：古代极细微的重量计量单位，这里是很少的意思。

⑤处身：立定身体。

⑥若蹶株枸：像木桩一样静止不动，形容身心的凝定。

⑦唯蜩翼之知：即唯知蜩翼。

⑧不反不侧：不思前想后，不左顾右盼，形容专心无杂念。

⑨易：改变。

⑩顾：回过头。

四 译文

孔子到楚国去，从树林中走出，看见一个驼背的老人正用竿子在捕蝉，就好像用手拾取那样容易。

孔子说："先生的手真是灵巧啊！这里边有什么窍门吗？"

驼背老人说："是的，我有我的办法。五六月份的时候，我在竹竿顶上累放两个弹丸而不掉下来，那么粘蝉失误的几率就很小了；如果练习到累放三个弹丸不掉，那么粘蝉失误的概率就只有十分之一了；如果再继续练习到累放五个弹丸也掉不下来，那么粘蝉就如随手拾取那样容易了。当我粘蝉时，我立定身体，就像一个木桩一样一动不动；我控制住手臂，手臂就像树木的枯枝。虽然天地很大，万物品类很多，我心里却只有蝉的翅膀。我不思前想后，不左顾右盼，绝不因万物而改变对蝉翼的注意，怎么能捕不到蝉呢！"

孔子转身对弟子们说："运用心志不分散，高度凝聚精神，大概说的就是驼背老人这样的人吧！"

五　当代意义

面对花花世界和形形色色的诱惑，我们要保持内心的定力，选择正确的方向，认准目标，矢志不移，"任尔东西南北风"，"咬定青山不放松"。

第4节

一　原文

颜渊问仲尼曰："吾尝济乎觞深之渊①，津人操舟若神②。吾问焉，曰：'操舟可学邪？'曰：'可。善游者数能③。若乃夫没人④，则未尝见舟而便操之也⑤。'吾问焉而不吾告⑥，敢问何谓也？"

仲尼曰："善游者数能，忘水也。若乃夫没人之未尝见舟而便操之也，彼视渊若陵，视舟之覆⑦，犹其车却也⑧。

覆却万方陈乎前而不得入其舍⑨，恶往而不暇⑩！以瓦注者巧⑪，以钩注者惮⑫，以黄金注者殙⑬。其巧一也，而有所矜⑭，则重外也。凡外重者内拙⑮。"

二 出场

颜渊 仲尼

三 注释

① 济：渡过。觞深：渊名。

② 津人：摆渡的人。

③ 数：数次。

④ 没人：潜水的人。

⑤ 便：轻便，轻巧。

⑥ 不吾告：不告诉我。

⑦ 舟之覆：翻船。

⑧ 却：倒退。

⑨ 万方：各种各样的情况。陈乎前：在眼前出现。舍：内心。

⑩ 恶往：到哪里。暇：闲暇，指从容不迫。

⑪ 瓦注：以瓦作赌注。巧：轻快。

⑫ 钩注：用金属带钩作为赌注。惮：害怕。

⑬ 殙（hūn）：昏昧。

⑭ 矜：顾惜。

⑮ 内拙：内心笨拙。

四 译文

颜渊问孔子说:"我曾经渡过觞深之河,船夫驾船的技巧实在神气。我问他:'驾船可以学会吗?'船夫说:'可以的。善于游泳的人练习几次很快就能学会。假如是善于潜水的人,那他即使没有见过船也会熟练地驾驶。'我再问他怎样学习驾船,他却不再告诉我。请问这是为什么呢?"

孔子回答说:"善于游泳的人很快就能学会驾船,这是因为他们处于水中却忘记了水的存在。至于善于潜水的人不曾见到过船也能熟练地驾驶,是因为他们眼里的深渊就像陆地上的丘陵,看待翻船犹如车的倒退一样。船的覆没和车的倒退,这各种景象展现在他们眼前,都不能扰乱他们的内心,这样,他们到哪里不从容自然呢!用瓦片作为赌注的人心里轻松,用金属带钩作为赌注的人心存疑惧,用黄金作为赌注的人则心绪紊乱。赌博的技巧都是一样的,而表现拘谨,这是重视身外之物的缘故。但凡对外物看得过重的人,内心世界自然笨拙。"

五 当代意义

欲成大事者,不仅要有过硬的心理素质,也要有过硬的真本领。"艺高人胆大",而具备这些条件,需要一个不断锤炼、不断积累的过程。不断涵养"无我"的境界,保持平常心,放下包袱,轻装上阵,便能从容驾驭。

第5节

一 原文

田开之见周威公，威公曰："吾闻祝肾学生 ①，吾子与祝肾游，亦何闻焉？"

田开之曰："开之操拔篲以侍门庭 ②，亦何闻于夫子！"

威公曰："田子无让 ③，寡人愿闻之。"

开之曰："闻之夫子曰：'善养生者，若牧羊然，视其后者而鞭之。'"

威公曰："何谓也？"

田开之曰："鲁有单豹者，岩居而水饮，不与民共利 ④，行年七十而犹有婴儿之色，不幸遇饿虎，饿虎杀而食之。有张毅者，高门县薄 ⑤，无不走也，行年四十而有内热之病以死。豹养其内而虎食其外 ⑥，毅养其外而病攻其内。此二子者，皆不鞭其后者也 ⑦。"

仲尼曰："无入而藏 ⑧，无出而阳 ⑨，柴立其中央 ⑩。三者若得，其名必极。夫畏涂者 ⑪，十杀一人，则父子兄弟相戒也，必盛卒徒而后敢出焉 ⑫，不亦知乎 ⑬！人之所取畏者 ⑭，衽席之上 ⑮，饮食之间，而不知为之戒者，过也！"

祝宗人玄端以临牢筴 ⑯，说彘曰 ⑰："汝奚恶死 ⑱！吾将三月犉汝 ⑲，十日戒，三日齐 ⑳，藉白茅 ㉑，加汝肩尻乎雕俎之上 ㉒，则汝为之乎？"为彘谋曰：不如食以糠糟而错之牢筴之中 ㉓。自为谋，则苟生有轩冕之尊 ㉔，死得于豚楯之上 ㉕、聚偻之中则为之 ㉖。为彘谋则去之，自为谋则取之，所异彘者何也?

二　出场

田开之　周威公　祝肾　单豹　张毅　仲尼　祝宗
人　彘

三　注释

①学生：学习养生。

②操：持。篲（huì）：同"彗"，扫帚。

③让：谦让，推辞。

④共利：指争利。

⑤高门：指富贵人家。县薄：小户贫寒之家。县，通
"悬"。薄，帘。

⑥养其内：修心养性。

⑦不鞭其后：指不能弥补自己的不足。

⑧无入而藏：不要太深入地隐藏，如单豹。

⑨无出而阳：不要太爱表现而张扬，如张毅。阳，
显露。

⑩柴立：如木头般站立。柴，枯木。

⑪涂：道路。

⑫盛卒徒：聚集众人。

⑬知：通"智"，智慧。

⑭取畏：自取危险的事。

⑮衽席之上：指色欲之事。衽席：卧席。

⑯祝宗人：祭祀官。玄端：祭祀官所穿之衣服。牢笑：

猪栏。筴，同"策"。

⑰彘（zhì）：猪。

⑱恶：厌恶。

⑲豢（huàn）：同"豢"，喂养。

⑳齐：通"斋"，斋戒。

㉑藉白茅：用白茅作垫子。藉：垫。

㉒尻：臀部。雕俎：雕有图案之俎。俎：祭祀时盛肉的器具。

㉓错：放置。

㉔轩冕：古代大夫以上所乘的车和所戴的帽子，此处指地位高贵。

㉕豚楯（zhuàn chūn）：画有纹饰的灵车。

㉖聚偻：棺材上的众多装饰物。

四　译文

田开之拜见周威公。周威公说："我听说祝肾在学习养生之道，先生跟祝肾交往，应该从他那儿听到过些什么吧？"

田开之说："我在那里只不过是拿扫帚打扫门庭，又能从先生那里听到什么呢？"

周威公说："田先生不必推辞，我希望听一听。"

田开之说："听先生说：'善于养生的人，就像牧羊一样，看到落后的羊就用鞭打它。'"

周威公问："这话是什么意思呢？"

田开之说："鲁国有个叫单豹的人，在山上岩穴里居住，饮用山泉之水，不跟别人争利，活到七十岁时，脸色还像婴儿一样；不幸遇上了饿虎，饿虎扑杀了他并把他吃了。还有一个叫张毅的人，无论大户小家，他没有不交往走动的，到了四十岁时，他便患内热病死去了。单豹注重内心世界的修养却被老虎吞食了他的身体，张毅注重身体的调养可是疾病侵害了他的内心世界。这两个人，都是不能够鞭策落后而取长补短的人。"

孔子说："不要太过深入而隐藏，也不要太过张扬而处处显露，要像枯木一样立在两者中间。如果以上三种情况都能做到，他的名声必定极大。在艰险的道路上行走，十个行人中有一个人被杀害，于是父子兄弟相互提醒戒备，必定聚集众人才敢外出，这不是很聪明吗！人所应当畏惧的，是枕席上的姿意，还有在饮食间的失度；却不知道为此而警戒，这实在是过错。"

主持宗庙祭祀的官吏穿着祭服来到猪圈，对猪说："你为什么厌恶死呢？我将要花三个月的时间精心饲养你，十天一戒，三天一斋，铺上白茅草，然后把你的肩膀和臀部放在雕有花纹的祭器上，你愿意这样吗？"如果真是为猪谋算，就不如把它放置在猪圈里，让它以槽糠为食。而为了自己谋划，就希望活着有显贵的地位，死后则能有装饰精美的枢车和棺椁，就这样去做。为猪打算就舍弃这些东西，为自己打算却想求取这些东西，这样的人与猪有什么不同呢？

五　当代意义

庄子借"祝宗人玄端牢荚"的故事，告诫我们，养生要追求生命的实质，不要为华丽的外表迷住双眼，否则，虚有其表。

第6节

一　原文

桓公田于泽①，管仲御②，见鬼焉。公抚管仲之手曰："仲父何见③？"对曰："臣无所见。"

公反④，诶诒为病⑤，数日不出。齐士有皇子告敖者曰："公则自伤，鬼恶能伤公！夫忿滀之气⑥，散而不反，则为不足；上而不下，则使人善怒；下而不上，则使人善忘；不上不下，中身当心⑦，则为病。"

桓公曰："然则有鬼乎？"

曰："有。沈有履⑧，灶有髻⑨。户内之烦壤⑩，雷霆处之⑪；东北方之下者，倍阿鲑蠪跃之⑫；西北方之下者，则泆阳处之⑬。水有罔象⑭，丘有峷⑮，山有夔⑯，野有彷徨⑰，泽有委蛇⑱。"

公曰："请问委蛇之状何如？"

皇子曰："委蛇，其大如毂⑲，其长如辕⑳，紫衣而朱冠。其为物也，恶闻雷车之声则捧其首而立㉑。见之者殆乎霸㉒。"

桓公辴然而笑曰㉓："此寡人之所见者也。"于是正衣冠与之坐，不终日而不知病之去也。

二 出场

桓公 管仲 皇子

三 注释

① 田：打猎。泽：沼泽。

② 御：驾车。

③ 仲父：齐桓公对管仲的尊称。

④ 反：通"返"，返回。

⑤ 诶诒：失魂呓语的样子。

⑥ 滀（chù）：引申为郁结。

⑦ 中身当心：指郁结在心中。

⑧ 沈：同"沉"，污水聚积之处。履：鬼名。

⑨ 髻：灶神名。

⑩ 烦壤：灰尘垃圾。

⑪ 雷霆：鬼名。

⑫ 倍阿：鬼名。鲑蠪：鬼名。

⑬ 泆（yì）阳：鬼名，豹头马尾。

⑭ 罔象：水神名，状如小儿，着赤衣，大耳、长臂。

⑮ 峷（shēn）：山鬼名，状如狗，有角，纹五彩身。

⑯ 夔：山神名，大如牛，状如鼓，一足行。

⑰ 彷徨：野中神名，状如蛇，两头，五彩纹。

⑱ 委蛇：怪兽名。

⑲ 毂：车轮的中心部分，此代指车轮。

⑳ 辕：车辕。

㉑ 恶：讨厌、厌恶。雷车：田猎之车奔跑轰鸣，响声如

267

雷，故名雷车。

㉒殆：近。霸：霸主。

㉓辴（chǎn）然：畅怀大笑的样子。

四 译文

齐桓公在沼泽地里打猎，管仲为他驾车，桓公见到了鬼。桓公拉着管仲的手说："仲父，你有没有看见什么？"管仲回答："我什么都没看见。"

桓公回去后，因失魂呓语而生病，一连几天不能出门。齐国有一位贤士，名叫皇子告敖，对齐桓公说："您是自己伤害了自己，鬼怎么能伤害您呢？心有郁结之气，精魂就会离散不返于身，精力就会不足。郁结之气淤积于上部而不能下达，就会使人容易发怒；淤积于下部而不能上通，就会使人容易遗忘；不上通又不下达，淤积于心中而不离散，就会生病。"

桓公说："那么到底有鬼吗？"

皇子告敖回答："有的。水中污泥里有叫作履的鬼，灶中有叫作髻的鬼。门庭的各种垃圾里，名叫雷霆的鬼处在其中；住宅东北方的墙下，有叫作倍阿、鲑蠪的鬼在跃动；而西北方的墙下，有名叫泆阳的鬼住在那。水中有神叫罔象，丘陵有鬼叫峷，山里有神叫夔，野地有鬼名彷徨，沼泽地里还有名叫委蛇的鬼。"

桓公接着问："请问，委蛇的形貌是什么样的？"

告敖回答说："委蛇的身躯大如车轮，长如车辕，身上穿着紫衣，头上戴着红帽。这种鬼，最讨厌听到雷车跑动的声音，一旦听到，它就两手捧头站着不动。见到了它的人差不多可以做霸主了。"

桓公听后大笑，说："这正是我所见到的鬼。"于是整理衣帽，与皇子告敖坐着谈话，一天时间不到，他的病就不知不觉地消失了。

五　当代意义

这则故事告诫大家，要学会乐观面对生活，不要"中身当心"，形成"自伤"，要心中无鬼，泰然处之，则身心之疾去之。

第7节

一　原文

纪渻子为王养斗鸡。

十日而问："鸡已乎①？"曰："未也，方虚憍而恃气②。"

十日又问，曰："未也，犹应向景③。"

十日又问，曰："未也，犹疾视而盛气④。"

十日又问，曰："几矣⑤，鸡虽有鸣者，已无变矣⑥，望之似木鸡矣，其德全矣⑦，异鸡无敢应⑧，见者反走矣⑨。"

二　出场

纪渻子　周宣王

三　注释

①纪渻子：姓纪，名渻子。

②虚憍（jiāo）：内心空虚而神态高傲的样子。憍，通"骄"。

③向：通"响"。景：通"影"。应向景：发现别的鸡的声音和影子就有反应。

④疾视：怒目而视。

⑤几：接近。

⑥无变：不为变动。

⑦德全：精神安定专一。

⑧异鸡：其他的鸡。应：应战。

⑨反走：掉头逃跑。

四　译文

纪渻子为周宣王驯养斗鸡。

十天后，周宣王派人问："鸡训练好了吗？"纪渻子回答说："没有，鸡正处在虚浮骄矜、恃气欲斗的阶段。"

又过了十天，周宣王又派人来问，纪渻子回答说："没有，还处在听见别的鸡的声音和影子就有反应的阶段。"

又过了十天，周宣王又派人来问，纪渻子回答说："没有，还是在怒目而视、意气强盛的阶段。"

又过了十天，周宣王再派人来问，纪渻子回答说："现在差不多了。虽然听到别的鸡打鸣，它已不会有什么变化，看上去像木鸡一样，可以说是德行完备了。其他的鸡没有敢与它应战的，见到它转头就逃跑了。"

五　当代意义

对我们现代人来说，要踏实修炼自身。真正完美的人，内敛低调，深藏不露，不怒自威，切勿做"半瓶醋"，夸夸其谈，自以为是。

第8节

一　原文

孔子观于吕梁^①，县水三十仞^②，流沫四十里，鼋鼍鱼鳖之所不能游也^③。见一丈夫游之^④，以为有苦而欲死也。使弟子并流而拯之^⑤。数百步而出，被发行歌而游于塘下^⑥。

孔子从而问焉，曰："吾以子为鬼，察子则人也。请问：蹈水有道乎^⑦？"

曰："亡^⑧，吾无道。吾始乎故^⑨，长乎性^⑩，成乎命^⑪。与齐俱入^⑫，与汨偕出^⑬，从水之道而不为私焉。此吾所以蹈之也。"

孔子曰："何谓始乎故，长乎性，成乎命？"

曰："吾生于陵而安于陵，故也；长于水而安于水，性也；不知吾所以然而然，命也。"

二　出场

孔子　一丈夫　孔子弟子

三 注释

①观：游览。吕梁：地名。

②县水：悬空之水，指瀑布。县，通"悬"。仞：长度单位，一仞约八尺。

③鼋（yuán）：类似鳖的水生动物。鼍（tuó）：类似鳄鱼的水生动物。

④丈夫：对成年男子的称呼。

⑤并流：沿着水流。拯：拯救。

⑥被发：披散头发。被，通"披"。塘下：岸边。

⑦蹈水：游泳。道：方法，规律。

⑧亡：通"无"，没有。

⑨故：旧有的，引申为习惯。

⑩性：习性。

⑪命：自然之理。

⑫齐：通"脐"，旋涡。

⑬汨：涌流。

四 译文

孔子在吕梁观赏，看见瀑布高达三十仞，溅起的激流水花远达四十里，鼋鼍鱼鳖都难以在其中游水。孔子忽然看见一个男子游于水中，还以为是有苦衷而想要寻死呢，就派弟子顺着水流去救他。那男子游出几百步远后从水中出来，披散着头发边唱边游到堤岸边。

孔子走过去问他："我原以为你是鬼，仔细察看才发现你是人。请问，游水有什么特别的方法吗？"

那人回答："没有，我并没有什么特别的诀窍。我起初是出于习惯，长大后是习以为性，成年后就顺遂自然。我跟水里向下的漩涡一同入水，又跟向上的涌流一起浮出水面，顺着水势而不因私意己念改变，我就是这样游水的。"

孔子说："什么叫作'起初出于习惯，长大后是习以为性，成年后就顺遂自然'呢？"

男子回答："我出生于山陵就安于山陵的生活，这就叫出于习惯；长大了又生活在水边就安于水边的生活，这就叫作习以为性；不知道为何会这样但这样做了，这就叫顺遂自然。"

五　当代意义

对我们现代人来说，进入一个新环境或新行业，一定要先了解新环境或新行业的发展现状、发展前沿；掌握新环境或新行业发展的大势、规则、规律、走向等，遵循发展规律，从而乘风破浪，引领未来。

第9节

一　原文

梓庆削木为镰①，镰成，见者惊犹鬼神②。鲁侯见而问焉，曰："子何术以为焉③？"

对曰："臣工人，何术之有！虽然，有一焉。臣将为镰，未尝敢以耗气也④，必齐以静心。齐三日⑤，而不敢怀庆赏爵禄⑥；齐五日，不敢怀非誉巧拙⑦；齐七日，辄然忘吾有四枝形体也⑧。当是时也，无公朝⑨，其巧专而外滑消⑩；然后入山林，观天性形躯⑪，至矣⑫，然后成见鐻⑬，然后加手焉，不然则已⑭。则以天合天⑮，器之所以疑神者⑯，其由是与!"

二 出场

梓庆　鲁侯

三 注释

①鐻（jù）：古代的一种乐器，夹置钟旁，为猛兽形，本为木制，后改用铜铸。

②犹鬼神：好像是鬼神做成的，即鬼斧神工。

③术：技艺，方法。

④耗气：损耗神气，即精神分散，心神不能专注。

⑤齐：同"斋"，斋戒。

⑥怀：思。庆赏：欢庆和奖赏。

⑦非誉巧拙：非议、赞誉、精巧、拙劣。

⑧辄然：不动的样子。枝：同"肢"。

⑨无公朝：视朝廷若无。

⑩外滑消：外界之扰乱完全排除。滑：乱。

⑪观天性：观察树木之原性。

⑫至：得到。

⑬见鐻：全鐻了然于胸。见，同"现"。

⑭已：止，指停止不做。

⑮ 以天合天：以人之天性合于自然事物之本然，即浑然天成。

⑯ 疑神：疑为神灵所做。

四　译文

梓庆刻削木头做鐻，鐻做成后，见到的人都惊叹工艺精妙，如同鬼斧神工。鲁侯看到后问梓庆："你用什么技艺和方法做成的啊？"

梓庆回答说："臣是个工匠，哪里有什么技法！虽然如此，却还是有一点体会的。臣将要做鐻的时候，一点儿不敢损耗精神，一定要斋戒让心志专一安静。斋戒三天后，不敢怀有欢庆、奖赏、官爵、俸禄的念头；斋戒五天后，不敢怀有非议、赞誉、精巧、拙劣的念头；斋戒七天后，就会木然地忘记我有四肢形体。在这个时候，心中没有了上朝之事，专心致志于制作技巧，外界的所有扰乱全都消除。然后走进山林中，观察木材的质性，选取得到那些自然形态完全合乎标准的木料，进而一个现成的鐻的全貌就了然于胸，然后才动手去加工制作；如果没有达到这些条件，便不去做。这是以人之天性与自然之天性相合，制成的器物之所以如同鬼神所造，大概就是这个原因吧！"

五　当代意义

首先，庄子阐述鬼斧神工的工匠精神，是值得我们弘扬传承的。其次，该故事给我们的启示是，做事要认真，要聚精会神，放下自我，忘形忘我，方可"以天合天"，顺应自然而有所作为。

第10节

一 原文

东野稷以御见庄公^①，进退中绳^②，左右旋中规^③。庄公以为文弗过也^④。使之钩百而反^⑤。

颜阖遇之，入见曰："稷之马将败。"公密而不应^⑥。

少焉^⑦，果败而反。公曰："子何以知之？"

曰："其马力竭矣，而犹求焉^⑧，故曰败。"

工倕旋而盖规矩^⑨，指与物化而不以心稽^⑩，故其灵台一而不桎^⑪。忘足，履之适也；忘要^⑫，带之适也；忘是非，心之适也；不内变^⑬，不外从^⑭，事会之适也^⑮。始乎适而未尝不适者，忘适之适也。

二 出场

东野稷　庄公　颜阖　工倕

三 注释

①御：驾车。

②中：合于。

③中规：指马车左右转弯能够形成规整的圆形。

④以为文弗过也：认为绘画都比不上。文，纹。

⑤钩百而反：（驾马车）兜一百圈返回。反：通"返"。

⑥密：沉默。

⑦少焉：一会儿。

⑧求：驱赶不停。

⑨旋：指画圈。盖：超过。规矩：圆规和直尺。

⑩指与物化：手指跟事物一起变化。稽：算，量度。

⑪灵台：心。桎：拘束。

⑫要：通"腰"。

⑬不内变：内里不为是非所迷惑。

⑭不外从：外部不为俗物所搅扰。

⑮事会：遇事。

四　译文

东野稷因为善于驾车而得以见到鲁庄公，他驾车时前后进退，能够像绳子一样保持在一条直线上，左右旋转转弯时，形成的弧线像圆规画的一样圆。庄公认为就算绘图也超不过他，于是就叫他驾车转一百圈后再返回。

颜阖碰巧遇见此事，进去拜见庄公，说："东野稷的马将要累倒了，结果一定是失败的。"庄公默不作声。

过了一会儿，东野稷果然失败而回。庄公问颜阖："你是怎么知道一定会失败呢？"

颜阖回答说："他的马力气已经用尽，却还驱赶不停，所以结果必定是失败的。"

工倕用手画出的图，比用圆规与矩尺画出的还好，他的手指随物变化，融合为一，不刻意用心思测算，所以他的内心专一而不窒碍。忘掉脚的大小，穿什么鞋子都会很舒适；

忘掉了腰的粗细，系什么带子都合适；忘掉了是非，内心就会安适。内里不为是非所迷惑，外部不为俗物所搅扰，遇事无不适应。本性安适而从没有过什么不合适的，这是忘掉安适的安适。

五　当代意义

对我们现代人来说，凡事要按照规律办事，不能不顾客观条件，急功近利，会适得其反。庄子还通过"工倕旋盖规矩"的故事，说明心灵深处的专一，忘记外物的影响，物我为一，"始乎适而未尝不适者，忘适之适也"，才是最高境界。

第11节

一　原文

有孙休者，踵门而诧子扁庆子曰①："休居乡不见谓不修②，临难不见谓不勇。然而田原不遇岁③，事君不遇世④，宾于乡里⑤，逐于州部，则胡罪乎天哉⑥？休恶遇此命也？"

扁子曰："子独不闻夫至人之自行邪？忘其肝胆，遗其耳目，芒然彷徨乎尘垢之外⑦，逍遥乎无事之业，是谓为而不恃⑧，长而不宰⑨。今汝饰知以惊愚⑩，修身以明污⑪，昭昭乎若揭日月而行也⑫。汝得全而形躯，具而九窍，无中道夭于聋盲跛蹇而比于人数亦幸矣⑬，又何暇乎天之怨哉⑭！子往矣！"

孙子出，扁子入。坐有间，仰天而叹。弟子问曰："先生何为叹乎？"

扁子曰："向者休来⑮，吾告之以至人之德，吾恐其惊而遂至于惑也⑯。"

弟子曰："不然。孙子之所言是邪，先生之所言非邪，非固不能惑是；孙子所言非邪，先生所言是邪，彼固惑而来矣，又奚罪焉！"

扁子曰："不然。昔者有鸟止于鲁郊，鲁君说之⑰，为具太牢以飨之⑱，奏《九韶》以乐之。鸟乃始忧悲眩视，不敢饮食。此之谓以己养养鸟也。若夫以鸟养养鸟者，宜栖之深林，浮之江湖，食之以鳅鲦⑲，委蛇而处，则安平陆而已矣⑳。今休，款启寡闻之民也㉑，吾告以至人之德，譬之若载鼷以车马㉒，乐鴳以钟鼓也㉓，彼又恶能无惊乎哉！"

二 出场

孙休　扁庆子　（扁庆子）弟子　鲁君

三 注释

①踵门：登门求见。诧：惊叹。

②见：通"现"，显露，出名。修：善。

③不遇岁：没有遇到好年景。

④不遇世：没有遇到圣明的国君。

⑤宾：通"摈"，摈弃，排斥。

⑥胡：何。

⑦彷徨：放纵。

⑧为而不恃：有所作为而不自恃。

⑨宰：主宰。

⑩饰知：修饰自己的智慧。知，通"智"。惊愚：令愚昧之人惊醒。

⑪明污：揭露污秽。

⑫昭昭乎：明亮的样子。揭：举。

⑬夭：夭折。蹇：瘸腿。比：并列。

⑭天之怨：怨天。

⑮向者：先前，刚才。

⑯遂：因。

⑰说：通"悦"，喜悦。

⑱太牢：具备牛、羊、猪的宴席。古代祭祀天地，以牛、羊、猪三牲具备为太牢，以示尊崇之意。飨：宴请。

⑲鰌（qiū）：鱼名。鲦（tiáo）：同"鲦"，白条鱼。鱼名。

⑳平陆：平地原野。

㉑款启：开启一个小孔，即一孔之见。款，小孔。启，开。

㉒鼷（xī）：小老鼠。

㉓鷃：一种小雀。

四 译文

有个名叫孙休的人，登门求见扁庆子，诧异地问道："我孙休居住在乡里，不曾有人说我修养差；面临危难时，也没有人说我不勇敢。然而我种田却没有遇到过好年景，为国家出力也没有遇到圣明的国君，被乡里所摈弃，被州郡驱逐，我哪里得罪了上天？我怎么会遇到这种命运？"

扁庆子说："你难道没听说过至人的自我修行吗？忘记了他的肝胆，遗弃了他的耳目，茫然徘徊于世俗之外，逍遥自在于无为之中，这就叫成就万物而不恃其功，作为万物之长却不加以主宰。现在你修饰心智以惊醒愚昧，修养己身以暴露他人的卑污，明亮耀眼的样子就如同举着日月行走一样。你现在能够保全自己的身躯，九窍完备，没有中途伤残或者耳聋目盲腿瘸，还与众人一样并列，这已经很幸运了，又哪有闲工夫来抱怨上天呢？你走吧！"

孙休走出后，扁庆子回到房内。坐了一会儿，扁庆子仰天叹息。弟子问道："先生为何叹息？"

扁庆子说："刚才孙休进来，我告诉他道德修养极高的人的德行，我真担心他会惊诧以至于迷惑。"

弟子说："不是这样的。如果孙休所说的话是正确的，先生所说的话是错误的，那么，错误的本来就不可能迷惑正确的。如果孙休所说的话是不对的，先生所说的话是正确的，那么，他本来就因迷惑而来求教，又怎么能怪罪先生呢！"

扁子说："不是这样的。从前有一只鸟飞到鲁国郊外，鲁国国君很喜爱它，用太牢宴席来款待它，奏《九韶》来让它快乐，鸟却开始忧愁悲伤，头晕目眩，不敢吃喝。这就叫作按自己的生活方式来养鸟啊。如果是按鸟的习性来养鸟，就应当让它栖息在幽深的树林中，浮游于广阔的江湖，让它吃泥鳅、小鱼，也就是把它放到平地原野里罢了。如今这个孙休，不过是个只有管窥之见、孤陋寡闻的人，我告诉给他至人的德行，就好像用马车来装载小老鼠，用钟鼓之乐来取悦小鹪雀一样。他又怎么能不感到惊诧呢？"

五　当代意义

对我们现代人来说，对待不同的人、不同的事，要顺其天性而为，"以鸟养养鸟"，不能"以己养养鸟也"，以自己的主观好恶而妄为，不然会出力不讨好。

经典成语

1. 德全如醉

【释义】指跌落但无伤。

2. 不淫之度

【释义】不过分而有节制。

3. 痀偻承蜩

【释义】痀偻：驼背。承蜩：用竿子粘取蝉。两眼只盯着蝉的翅膀，别的什么也不去看。比喻做事情专注，全神贯注，方能成功。也作承蜩之巧。

4. 屏息凝神

【释义】屏息：犹屏气。形容注意力集中或恐惧。

5. 视如畏途

【释义】畏途：危险可怕的道路。指把某种事物看得很可怕，像极难行走的路。

6. 不上不下

【释义】上不去，下不来。形容进退两难。

7. 輾然而笑

【释义】輾然：畅怀大笑的样子。高兴地笑起来。

8. 呆若木鸡

【释义】死板板的，好像木头鸡一样。形容因恐惧或惊讶而发愣的样子。

9. 虚骄恃气

【释义】虚骄：虚浮骄傲。恃气：依仗。虚浮骄矜，意气用事。

10. 鬼斧神工

【释义】原意是像是鬼神制作出来的。形容艺术技巧高超，不像是人力所能达到的。也称"神工鬼斧"。

11. 款启寡闻

【释义】款启：见识狭小。形容学问浅、见识少。

12. 昭然若揭

【释义】昭然：明明白白的样子。揭：高举。形容真相大白，非常明显。

山木

导 读

　　山木，意思是山中之木，因篇首有"山中……大木"而取为篇名。本篇主要讨论了处世之道，写了许多处世不易和世事多患的故事，其中也提出了许多免患之道。

　　全篇分为九个部分。第一部分（即第1节）写山木无用却能保全和雁不能鸣因而被杀两个故事，说明很难找到一条万全的路，最好的办法也只能是役使外物而不被外物所役使，浮游于"万物之祖"和"道德之乡"。这一部分对于揭示篇文题旨最为重要。第二部分（即第2节）指出贪图权位必然引起争端，必然带来祸患，唯有"虚己"才能除患避祸。第三部分（即第3节），通过赋敛以造钟的故事讽喻不应拘滞于物，真正需要的是顺任自然。第四部分（即第4节），写孔子在陈、蔡之间被围，说明世途多艰，"削迹捐势""不为功名"才是处世之道。第五部分（即第5节）通过孔子和桑雽的对话，进一步提出缘形、率情的主张，即顺应自然去行动，遵从本性去纵情。第六部分（即第6节）写庄子的贫困，原因却在于"今处昏上乱相之间"。第七部分（即第7节）通过孔子被围时的态度，说明圣人身处逆境也能安然顺应。第八部分（即第 8 节）借庄子一系列所见喻指人世间总是在不停的争斗中。第九部分（即第 9 节）通过一个有趣的小故事，说明忘形的重要。

九则寓言故事大体上反映了社会生活中的种种体验和感悟，其中不乏深邃的人生哲理和对社会问题的深刻认识。

第 1 节

一　原文

庄子行于山中，见大木，枝叶盛茂，伐木者止其旁而不取也。问其故，曰："无所可用。"庄子曰："此木以不材得终其天年夫。"

出于山，舍于故人之家①。故人喜，命竖子杀雁而烹之。竖子请曰②："其一能鸣，其一不能鸣，请奚杀？"主人曰："杀不能鸣者。"

明日，弟子问于庄子曰："昨日山中之木，以不材得终其天年；今主人之雁，以不材死；先生将何处？"

庄子笑曰："周将处乎材与不材之间。材与不材之间，似之而非也，故未免乎累。若夫乘道德而浮游则不然，无誉无訾③，一龙一蛇④，与时俱化，而无肯专为；一上一下⑤，以和为量，浮游乎万物之祖，物物而不物于物，则胡可得而累邪！此神农、黄帝之法则也。若夫万物之情，人伦之传⑥，则不然。合则离，成则毁；廉则挫，尊则议，有为则亏，贤则谋，不肖则欺，胡可得而必乎哉！悲夫！弟子志之，其唯道德之乡乎！"

二　出场

庄子　弟子　竖子　主人　伐木者

三　注释

① 舍：息，休息。

② 竖子：同孺子。

③ 誉：赞美。訾：毁。

④ 一龙一蛇：时而显现，时而隐藏。

⑤ 一上一下：一进一退。

⑥ 人伦之传：人类生生息息的生活习惯。

四　译文

庄子在山中行走，看见一棵枝繁叶茂的大树，伐木的人停留在树旁却不去动手砍伐，就问他这样做的原因，伐木的人直接说："没有什么用处。"庄子说："这棵树就是因为不成材而能够终享天年啊！"

庄子走出山来，住在朋友家中。朋友很高兴，就吩咐童仆杀一只鹅来款待他。

童仆问主人："一只鹅很能叫，一只鹅不能叫，请问杀哪一只呢？"

主人说："杀那只不能叫的。"

第二天，弟子请教庄子："昨日遇见山中的大树，因为不成材而能终享天年，如今主人的鹅，因为不成材而被杀掉；先生你将怎样对待呢？"

庄子笑道："我将处于成材与不成材之间。处于成材与不成材之间，好像合于大道却并非真正与大道相合，所以这样不能免于拘束与劳累。假如能顺应自然而自由自在地游乐也就不是这样。没有赞誉没有诋毁，时而像龙一样高飞时而像蛇一样蛰伏，跟随时间的推移而变化，不愿偏执于某一方面；时而进取时而退缩，一切以顺和作为度量，悠游自得地生活在万物的初始状态，役使外物，却不被外物所役使，那么，怎么会受到外物的拘束和劳累呢？这就是神农、黄帝的处世原则。至于说到万物的真情，人类的传习，就不全是这样的。有聚合也就有离析，有成功也就有毁败；棱角锐利就会受到挫折，有尊显地位就会受到倾覆，有所作为就会受到亏损，能人志士就容易受到谋害，而无能的人也会受到欺侮，怎么可以偏执于某一方面呢！可悲啊！弟子们记住了，凡事只有顺其自然！"

第2节

一　原文

市南宜僚见鲁侯，鲁侯有忧色。市南子曰："君有忧色，何也？"

鲁侯曰："吾学先王之道①，脩先君之业②；吾敬鬼尊贤，亲而行之，无须臾离居；然不免于患，吾是以忧。"

市南子曰："君之除患之术浅矣！夫丰狐文豹，栖于山林，伏于岩穴，静也；夜行昼居，戒也；虽饥渴隐约，犹旦胥疏于江湖之上而求食焉，定也；然且不免于罔罗机辟之患。是何罪之有哉？其皮为之灾也。今鲁国独非君之皮邪？吾愿君刳形去皮，洒心去欲，而游于无人之野。南越有邑焉③，名为建德之国。其民愚而朴，少私而寡欲；知作而不知藏，与而不求其报；不知义之所适，不知礼之所将；猖狂妄行，乃蹈乎大方；其生可乐，其死可葬。吾愿君去国捐俗，与道相辅而行。"

君曰："彼其道远而险，又有江山，我无舟车，奈何？"

市南子曰："君无形倨④，无留居，以为君车。"

君曰："彼其道幽远而无人，吾谁与为邻？吾无粮，我无食，安得而至焉？"

市南子曰："少君之费，寡君之欲，虽无粮而乃足。君其涉于江而浮于海，望之而不见其崖，愈往而不知其所穷。送君者皆自崖而反，君自此远矣！故有人者累，见有于人者忧。故尧非有人，非见有于人也。吾愿去君之累，除君之忧，而独与道游于大莫之国。方舟而济于河，有虚船来触舟，虽有偏心之人不怒，有一人在其上，则呼张歙之，一呼而不闻，再呼而不闻，于是三呼邪，则必以恶声随之。向也不怒而今也怒，向也虚而今也实。人能虚己以游世，其孰能害之！"

二 出场

市南宜僚　鲁侯

三　注释

① 先王：指王季，文王。

② 先君：指周公，伯禽。

③ 南越：遥远的地方。

④ 形倨：形态倨傲的意思。

四　译文

市南宜僚拜见鲁侯，鲁诸正面带忧色。市南宜僚说："国君面带忧色，为什么呢？"

鲁侯说："我学习先王治国的办法，承继先王打下的事业；我敬仰鬼神尊重贤能，身体力行，没有短暂的止息，可是仍不能免除祸患，我因为这个缘故而忧虑。"

市南宜僚听后说："你消除忧患的办法太浅薄了！皮毛丰厚的大狐和斑斑花纹的豹子，经常栖息于深山老林，它们潜伏于岩穴山洞，这是静心；夜里行动，白天居息，这是警惕；即使饥渴万分，也要隐形潜踪，远离各种动物的捕食和人类的猎杀，到江湖中觅求食物，这又是稳定；然而还是不能免于罗网和机关的灾祸。这两种动物有什么罪过呢？是它们自身的皮毛给它们带来灾祸。如今的鲁国不就是为你鲁君带来灾祸的皮毛吗？我希望你能剖空身形舍弃皮毛，再用清水荡涤心智，摈除欲念，进而逍遥于没有人迹的原野。遥远的南方有个城邑，名字叫作建德之国。那里的人民淳厚而又质朴，很少有私欲；知道耕作而不知道储备，给予别人什么从不希图酬报；不明白义的归宿，不懂得礼的去向；随心所欲任意而为，竟能各自行于大道；他们生时自得而乐，他们死时安然而葬。我希望国君你也能舍去国政捐弃世俗，从而跟大道相辅而行。"

鲁侯说："那里道路遥远而又艰险，又有江河山岭阻隔，我没有可用的船和车，怎么办呢？"

市南宜僚说："国君不要容颜高傲，不要墨守滞留，便可以此作为你的车子。"

鲁侯说："那里道路幽暗遥远而又无人居住，我跟谁是邻居？我没有粮，我没有食物，怎么能够到达那里呢？"

市南宜僚说："减少你的耗费，节制你的欲念，虽然没有粮食也是充足的。你渡过江河浮游大海，一眼望去看不到涯岸，越向前行便越发不知道它的穷尽。送行的人都从河岸边回去，你也就从此离得越来越远了！所以说统治他人的人必定受劳累，受制于别人的人必定会忧心。而唐尧从不役使他人，也从不受制于人。我希望能减除你的劳累，除去你的忧患，而独自跟大道一块儿遨游于太虚的王国。并合两条船来渡河，突然有条空船碰撞过来，即使心地最偏狭、性子最火急的人也不会发怒；倘若有一个人在那条船上，那就会人人大声呼喊喝斥来船后退；呼喊一次没有回应，呼喊第二次也没有回应，于是喊第三次，那就必定会骂声不绝。刚才不发脾气而现在发起怒来，那是因为刚才船是空的而今却有人在船上。一个人倘能听任外物、处世无心而自由自在地遨游于世，谁能够伤害他！"

五　当代意义

本节告诫大家，在日常生活工作中要学会"虚己"，只有这样，才能避免一些祸患，即"虚己游于世，其孰能害之"。

第3节

一　原文

北宫奢为卫灵公赋敛以为钟^①，为坛乎郭门之外，三月而成上下之县。

王子庆忌见而问焉，曰："子何术之设？"

奢曰："一之间，无敢设也。奢闻之，'既雕既琢，复归于朴'，侗乎其无识^②，傥乎其怠疑^③；萃乎芒乎，其送往而迎来；来者勿禁，往者勿止；从其强梁。随其曲傅^④，因其自穷^⑤，故朝夕赋敛而毫毛不挫，而况有大涂者乎！

二　出场

北宫奢　卫灵公　王子庆忌

三　注释

①北宫奢：卫大夫，名奢，住北宫。

②侗乎：淳朴的、厚道的。

③傥乎：无心的样子。怠：迟疑。疑：不急。怠疑：形容不急于求取。

④随其曲傅：词曲依据顺从心意，自便为好。

⑤因其自穷：依据个人能力，努力完成。

四 译文

北宫奢按照卫灵公旨意，向社会征集捐款来铸造礼钟器祀，计划在外城门架设好祭坛，三个月就造好了各种钟器，安装在上下两层的钟架上，并按照序列进行了编组。王子庆忌看见了这种情况，便问北宫奢："你采用的是什么样的办法？"

北宫奢说道："竞选具有精诚技术的工匠来专一设计，而又要顺其自然地做好，不能有假设的情况，也不能用其他造假的办法。我听说，'凡事要精雕细刻地仔细打磨，又要返归事物的正确面目。'纯朴无心是那样无知无识，忘却心智是那样从容不疑；自己根本不知道什么时候会有财物汇聚而来，或者分发而去或者集聚而来；不禁止送来的，不劝留分发的；不去与强横者讲理，也不随应委曲顺和的，依照各自的实际情况而尽力。所以，不论什么时候，或早或晚征集赠物和捐款，又不轻易地损伤他人，何况是遵循大道的人啊！"

五 当代意义

本节通过赋敛以造钟的故事，告诫我们不应赏识滞阻在物的管理者，真正需要的是顺应自然的智慧者。同时，在现代工作中，也要学会掌握事务发展趋势，顺应自然，正确处理事务。

第4节

一　原文

孔子围于陈蔡之间，七日不火食。

大公任往吊之曰："子几死乎^①?"曰："然"。

"子恶死乎^②?"曰："然。"

任曰："子尝言不死之道。东海有鸟焉，其名曰意怠。其为鸟也，翂翂翐翐，而似无能；引援而飞，迫胁而栖，进不敢为前，退不敢为后；食不敢先尝，必取其绪。是故其行列不斥，而外人卒不得害，是以免于患。直木先伐，甘井先竭。子其意者饰知以惊愚，修身以明污，昭昭乎若揭日月而行，故不免也。昔吾闻之大成之人曰：'自伐者无功；功成者堕，名成者亏。'孰能去功与名而还与众人！道流而不明居，得行而不名处；纯纯常常，乃比于狂；削迹捐势^③，不为功名。是故无责于人，人亦无责焉。至人不闻，子何喜哉?"

孔子曰："善哉！"辞其交游，去其弟子，逃于大泽；衣裘褐，食杼栗；入兽不乱群，入鸟不乱行。鸟兽不恶，而况人乎！

二　出场

孔子　太公任　意怠（一种鸟）

三 注释

①子：你。几：几乎，接近。

②恶：讨厌。

③削迹捐势：捐，抛弃。消除形迹，抛弃权势的意思。

四 译文

孔子出行，在陈国、蔡国之间被围困，连续七天七夜，无法生火煮饭。

太公任前去看望他，说："你快要饿死了吧?"孔子说："是的。"

太公任又问："你讨厌死吗?"孔子回答："是的。"

太公任说："我来尝试说说不死的方法。有个叫意怠的鸟，生活在东海里。意怠鸟平时飞得很慢，好像不能飞行似的；起飞时，在会飞的鸟的引领下起飞，休息时候都和其他鸟生活在一起；前进时不敢飞在最前面，后退时又不敢落入最后面；吃食时不敢先动嘴，总是用别的鸟吃剩下的。所以它们在鸟群中不受排斥，外人也终究不会伤害他们，因此能够免除祸患。生长得直又茂盛的树木，会先被砍伐。甘甜的井水总是先会枯竭。你用心打扮显示才干使普通人害怕，注重修养是彰显别人的浊秽，毫不掩饰地炫耀自己，像托举着太阳和月亮走路，所以灾祸与他随行，无法解除。从前我听老子说过：'喜欢自我吹嘘的人不会功成名就；功业成就了却不知隐退的人必定会身败名裂，事业有成、名声彰显而不韬光养晦必定会遭到损伤。'谁能够做到功成名就又抛弃功名后而做一名普通的人呢！在人世间的生活环境中韬光隐居，社会方面却广为流传个人的功名，其功名利益与道德声誉流芳百世，个人却隐藏荣誉功德，没有宣传名利；为人纯朴而又平常，就像愚狂的人那样；淡泊功名又削除名利踪迹、放弃功名权势，不求功名利禄。因此这样的人不会去欺辱他人，别人也不会来责备他本人。人世间那些道德修养极高的人是不求名于世的，那你为什么偏偏要在乎和喜好这个功名呢?"

孔子讲："你说的话非常在理啊。"于是就辞别了亲朋好友，解散追随的弟子，独自跑到山泽森林；穿兽皮麻布衣服，以柞树和栗树的果实来充饥；独自进入兽群而兽不乱群，进入鸟群而鸟不乱飞。鸟兽都喜欢而不讨厌他，何况是人呢!

五　当代意义

孔子在陈、蔡之间被包围的故事，说明人世间世途多艰，同时本节还指出"削迹捐势""不为功名"的处世之道，也启示我们，世事多患，不要陷于"患"，而要尝试"削迹捐势"，正确认识"为人处世"之道。

第5节

一　原文

孔子问子桑雽曰①："吾再逐于鲁②，伐树于宋③，削迹于卫④，穷于商周⑤，围于陈蔡之间⑥。吾犯此数患，亲交益疏，徒友益散，何与？"

子桑雽曰："子独不闻假人之亡与？林回弃千金之璧，负赤子而趋。或曰：'为其布与？赤子之布寡矣；为其累与？赤子之累多矣。弃千金之璧，负赤子而趋，何也？'林回曰：'彼以利合，此以天属也。'夫以利合者，迫穷祸患害相弃也。以天属者，迫穷祸患害相收也。夫相收之与相弃亦远矣。且君子之交淡若水，小人之交甘若醴；君子淡以亲，小人甘以绝。彼无故以合者，则无故以离。"

孔子曰："敬闻命矣！"徐行翔佯而归，绝学捐书，弟子无挹于前，其爱益加进。

异日，桑雽又曰："舜之将死，真泠禹曰：'汝戒之哉！形莫若缘，情莫若率。缘则不离，率则不劳；不离不劳，则不求文以待形，不求文以待形，固不待物。'"

二 出场

孔子　子桑雽　林回

三 注释

①子桑雽：姓桑，名乎，隐居者。

②再逐于鲁：孔子担任鲁定公司寇官职，齐国选了80名美女、120匹好马送给鲁国国君，制造离间计，孔子不得不出走鲁国。

③伐树于宋：孔子在宋国境内的一棵树下休息，宋国司马恒砍倒树木，威胁孔子。

④削迹于卫：孔子在卫国匡城，被人误为阳虎而遭遇

围困。

⑤穷于商周：在商周时候不得志。

⑥围于陈蔡：孔子路经陈蔡两国交界处，在负函（今天河南省信阳）遭到楚军包围。

四　译文

孔子见了子桑雽问道："我两次被鲁国驱赶出来；去了宋国，遭遇伐树的耻辱和威胁；去卫国，被人铲除足迹；在商周的地方穷途末路，穷困潦倒；在陈国和蔡国之间，又遭遇四处围困而疲惫不堪。我碰到了如此多的困难，亲朋故交都远离了我，弟子友人离散于悲喜之间，这是谁来造成的呢？"

子桑雽回答孔子说："你听说过历史传说中的假国人的逃亡故事吗？面对价值千金的璧玉，林回放弃不要，却冒着危险背着婴儿就跑。大家讨论：'林回为什么不要钱财呢？初生婴儿的价值太小了；他是怕拖累自己吗？那么初生婴儿的拖累太多了。舍弃价值千金的璧玉，背着婴儿就跑，是为了什么呢？'林回说：'璧玉价值千金却跟我只是利益相合关系，而这个孩子跟我却是具有天生命运相连的关系。'如果是以利益相合的，遭遇到困苦、伤病、灾祸、忧患就会背弃远离了；而以命运天性相连的，在遇上这些困厄、灾祸、困难、伤害就会相互救助支持和包容生存。所以，人世间，相互救助收容与相互背弃的差别太远了。而且，君子之交，平淡得像清水一样；小人的交情，甜得像甜酒一样；君子之间淡泊却心相近；小人之间甘甜却在关键时刻利断义绝。人世间，如果出现了无缘无故而接近相合的，自然也会无缘无故地背离解散。

孔子听后说："我会心悦诚服地听取你的教导！"于是就慢慢地离去，放松心情悠闲自得地走了回来，关闭了办学，抛弃了书简，解散了弟子与侍学于前的机制。可是，弟子对老师的敬爱，却比之前更加深厚和怀念。

有一天，桑雩又说到："舜帝快要离开人世间的时候，用自己体验的治国安定方法对夏禹说到：'你要高度警惕啊！身形不如顺应，情感不如率真。顺应就不会背离，率真就不会劳苦；不背离不劳神，那么也就不需要用纹饰来掩盖身形；不需要用纹饰来改变形体，当然也不必求于外物。'"

五 当代意义

本节通过孔子和桑雩的对话，进一步提出率情的主张，行动要合乎规律，顺应自然趋势，遵从本性去纵情也要掌握分寸。

第6节

一 原文

庄子衣大布而补之，正緳系履而过魏王 ①。魏王曰："何先生之惫邪？"

庄子曰："贫也，非惫也。士有道德不能行，惫也；衣弊履穿，贫也，非惫也；此所谓非遭时也。王独不见夫腾猿乎？其得楠梓豫章也，揽蔓其枝而王长其间，虽羿、蓬蒙不能眄睨也②。及其得柘棘枳枸之间也，危行侧视，振动悼栗；此筋骨非有加急而不柔也，处势不便，未足以逞其能也。今处昏上乱相之间，而欲无惫，奚可得邪？此比干之见剖心征也夫③！"

二　出场

庄子　魏王

三　注释

① 縻：麻绳。
② 蓬蒙：即"逢蒙"，羿的弟子，古之善射者。
③ 征：明证。

四　译文

　　庄子穿着有补丁的粗布衣服，并齐整地用麻丝绳系好鞋子，走过魏王身边。魏王见了说："先生，你为什么如此疲惫呢？"

　　庄子说："是贫穷，不是疲惫。如果一个至圣士人满腹经纶，而不能够推行，就显得十分疲惫；衣服旧了，鞋子破了，这是贫穷困难，而不是疲惫困顿。出现这种情况，就叫生不逢时。大王，你见过跳跃的猿猴的样子吗？它们生活在各种楠、梓、豫、章等高大乔木的树林里，抓住藤蔓似的小树枝，自由自在地跳跃而称王称霸，即使是神箭手羿和逢蒙也不敢小看猿猴。等到他们在柘、棘、枳、枸等刺蓬灌木丛中行走生活，小心行走又不时地左顾右盼，左右危机使其内心震颤恐惧害怕；这并不是筋骨紧缩而发生变化，变得不再灵活敏捷，而是所处的生活环境不方便，不利于充分展示能力。处在昏君乱臣的时代，想要不疲惫怎么可能呢？这种情况，比干遭剖心刑戮就是证明！"

五　当代意义

个人和谐发展的前提是社会的和谐发展。在中国共产党的领导下，中国全面消除绝对贫困，积极实施乡村振兴战略，坚持创新发展，为人民营造了更好的生活氛围。新时代社会的不断发展为人们更好地提升自我、发展自我提供了条件。

第7节

一　原文

孔子穷于陈蔡之间，七日不火食，左据槁木，右击槁枝，而歌猋氏之风，有其具而无其数，有其声而无宫角①，木声与人声，犁然有当于人之心。

颜回端拱还目而窥之②。仲尼恐其广己而造大也，爱己而造哀也，曰："回，无受天损易，无受人益难。无始而非卒也，人与天一也。夫今之歌者其谁乎？"

回曰："敢问无受天损易。"

仲尼曰："饥渴寒暑，穷桎不行，天地之行也，运物之泄也，言与之偕逝之谓也。为人臣者，不敢去之。执臣之道犹若是，而况乎所以待天乎！"

"何谓无受人益难？"

仲尼曰："始用四达，爵禄并至而不穷，物之所利，乃非己也，吾命其在外者也。君子不为盗，贤人不为窃。吾若取之，何哉！故曰，鸟莫知于鹢鸸，目之所不宜处，不给视，虽落其实，弃之而走。其畏人也，而袭诸人间，社稷存焉尔。"

"何谓无始而非卒？"

仲尼曰："化其万物而不知其禅之者，焉知其所终？焉知其所始？正而待之而已耳③。"

"何谓人与天一邪？"

仲尼曰："有人，天也；有天，亦天也。人之不能有天，性也，圣人晏然体逝而终矣④！"

二　出场

孔子　颜回

三　注释

①无宫角：角，音律。不符合音律。

②端拱还目：端拱，拱手直立。还目，回头看。指小心谨慎地看。

③正：变化，顺应自然变化。

④晏然：安然，无乱杂音。

四　译文

孔子来到陈国、蔡国之间遭遇困难环境，过了整整七天，仍然没有办法生火做饭充饥。左手靠着枯树，右手敲击枯枝，而且还唱起了神农时代的歌谣。敲击的树木枝条不符合音乐的声音，敲击的声响也没有符合五音的音阶。所以，敲木的声音和唱歌的声音是非常分明的，表达了唱歌人的真情实感。

颜回恭敬地站在旁边，转过脸去悄悄地看了看。孔子担心他彰显自己的道德知识而至于夸大，爱惜自己而陷于哀伤，便说道："颜回，不遭受自然的损害是很容易的，不接受他人给予利禄是非常不容易的。人世间的事，没有哪个起点不同时又是终点的，人与自然原本就是同一的。你现在听到唱歌的人，是谁唱并不重要啊。"

颜回说："请原谅我的冒昧请教，什么叫作不受自然的损害是比较容易的。"

孔子说："饥饿、干渴、严寒、酷暑，穷困、伤病等的束缚导致事事无法顺利。这是自然界天地的运行，万物的变化变迁所发生的。其意思就是，人要随着自然天地、万物的变化而流逝消散。做臣子的，严格遵守国君的旨意，不敢违抗。这就是做好臣子的道理。何况是人们面对自然，就不能用违背这样的办法来对待自然！"

颜回又问："什么叫作不接受他人给予利禄是非常不容易的呢？"

孔子接着说："人起初被任用时，办什么事都觉得非常顺利，一起获得了爵位和俸禄而没有穷尽。这些外物带来的好处，原本是不属于自己劳动所有的。只是我的机遇得到这些外物罢了。君子是不会去做劫匪盗贼的，贤人也不会去偷窃抢夺的。我若想去要这些外物的好处，为了什么呢？所以说，鸟中没有比燕子更聪明的，看见不适宜休息生存的地方，绝不会去看第二眼，即使食物掉落了，也会舍弃不顾地飞走。燕子是非常怕人的，却来到了人的生活环境里，它们将巢窠建在人居住的房子，也是暂寄于人的住处而已。"

颜回又问："什么是没有开始的同时又不是终了的？"

孔子说："人世间不可能知道是谁替代了谁，而谁又为谁所替代，又怎么能知道它们的终了？又怎么能知道它们的开始？只不过遵守规律，坚守正道，随机应变，得到生存条件而已。"

颜回又问："什么叫作人与自然原本也是同一的？"

孔子说："人类的出现，是来自自然；自然的出现，也是来自自然。人不可能具有自然的本性，也是人本来的天性所决定的，圣人的身体，也会自然死亡而安然地分解消散，这是归于自然的变化而结束人生！"

第8节

一　原文

庄周游于雕陵之樊①，睹一异鹊自南方来者，翼广七尺，目大运寸，感周之颡而集于栗林。庄周曰："此何鸟哉，翼殷不逝，目大不睹？"蹇裳躩步②，执弹而留之。睹一蝉，方得美荫而忘其身，螳螂执翳而搏之，见得而忘其形；异鹊从而利之，见利而忘其真。庄周怵然曰："噫！物固相累，二类相召也 ③！"捐弹而反走，虞人逐而诤之。

庄周反入，三日不庭。蔺且从而问之："夫子何为顷间甚不庭乎？"

庄周曰："吾守形而忘身，观于浊水而迷于清渊。且吾闻诸夫子曰：'入其俗，从其令。'今吾游于雕陵而忘吾身，异鹊感吾颡，游于栗林而忘真，栗林虞人以吾为戮，吾所以不庭也。"

二　出场

庄周　蔺且　看园人

三　注释

① 雕陵：丘陵。

② 蹇（qiān）裳躨（jué）步：提起衣服快走。蹇，提起、撩起。裳，衣服。躨，快走。

③ 二类相召：指蝉招螳螂，螳螂招鹊，动物都是自相吸引残害。

四　译文

庄子来到了雕陵，在栗树林里观看的时候，看见了一只长得奇异的鹊从南方飞来，翅膀宽达七尺，眼睛很大，有一寸长，飞来碰到庄子的额头，在栗树林里休息。庄子说："这鸟叫什么呢，翅膀大又不能飞去远方，眼睛大视力又不敏锐?"庄子就提起衣裳快步走到前面,拿起弹弓静静地等待着射杀的机会。这个时候,他突然看见了一只蝉,正在浓密的树林里美美地睡觉呢,而忘记了自身的安危;一只螳螂正在用树叶做掩护,准备见机扑上去捕捉蝉,螳螂眼看即将得手,而却忘掉了自己形体存在的危险;那只奇异的鹊已经紧随其后,自以为是极好的扑杀时机,眼看即将捕到螳螂,而鹊也忽视了丧失自身的警惕性。庄子惊恐而警醒地说:"啊呀,世上的物类原本就是这样相互扑杀、牵累、争夺的,两种物类之间也总是以有利可图而相互吸引的!"。庄子于是扔掉弹弓,转身快步离开,看守栗园的人大惑不解地在后面追着责问庄子。

庄子返回家中,三天都非常难过。弟子蔺且在一旁问道:"这三天来,先生为什么一直不高兴啊?"

庄子说:"我留意外物形体的时候,却忘记了自身的安危,观赏于混浊的流水,却迷惑于清澈的水潭。想起老聃老师说过的话:'每去一个地方,必须遵从那里的禁忌与习俗。'如今我来到雕陵的栗园树林,便忘记了自身的安危。奇异的怪鹊碰到了我的额头,游玩于栗林时又丧失了自身的警惕性,管园的人不理解我,又进而责备侮辱我。我因此而不开心。

五 当代意义

"今吾游于雕陵而忘吾身,异鹊感吾颡,游于栗林而忘真,栗林虞人以吾为戮,吾所以不庭也"。本节借庄子一系列所见、所思,好奇、惊奇,恐惧、逃命,指出人世间的进步与发展，总是在不断争斗中前行。

第9节

一　原文

阳子之宋，宿于逆旅①。逆旅人有妾二人，其一人美，其一人恶，恶者贵而美者贱。阳子问其故，逆旅小子对曰："其美者自美，吾不知其美也；其恶者自恶，吾不知其恶也。"

阳子曰："弟子记之！行贤而去自贤之心②，安往而不爱哉！"

二　出场

阳子　店主

三　注释

① 逆旅：旅舍。
② 心：原作"行"，据《韩非子·说林上》改。

四　译文

阳子一行来到了宋国，住在一家旅店里。旅店的主人有两个小妾，其中一个漂亮，一个丑陋，可是长得丑陋的却受到了宠爱，而长得漂亮的却受到了冷淡。阳子感到好奇，就问这件事的原因，年轻的店主回答说："那个长得漂亮的自以为很漂亮，但是我却觉得她并不漂亮；那个长得丑陋的自以为自己丑陋，但是我却不觉得她是丑陋的。"

阳子转身对弟子说:"弟子们记住啊! 品行贤良却不自以为具有了贤良的品行，走到哪里不会受到爱戴呢?"

五　当代意义

本节通过一个有趣的旅居小故事，指出有才之人不可自矜取过，"行贤而去自贤之心"，就可远离祸患，永远受人尊敬。提醒人们，不要得意忘形，品行贤良才是人最基本的修养。

经典成语

1. 君子之交

【释义】贤者之间的交情，平淡如水，不尚虚华。

【出自】《庄子·山木》："且君子之交淡若水，小人之交甘若醴；君子淡以亲，小人甘以绝。"

2. 入乡随俗

【释义】到一个地方，就顺从当地的习俗。

【出自】《庄子·山木》："入其俗，从其令。"

3. 螳螂捕蝉，黄雀在后

【释义】螳螂正要捉蝉，不知黄雀在它后面正要吃它。比喻目光短浅，只想到算计别人，没想到别人在算计他。

【出自】《庄子·山木》："睹一蝉，方得美荫而忘其身，螳蜋执翳而搏之，见得而忘其形；异鹊从而利之，见利而忘其真。"

4. 雁默先烹

【释义】比喻无才者先被淘汰。

【出自】《庄子·山木》："出于山，舍于故人之家。故人喜，命竖子杀雁而烹之。竖子请曰：'其一能鸣，其一不能鸣，请奚杀？'主人曰：'杀不能鸣者。'"

5. 无毁无誉

【释义】既无毁谤，也无称誉。形容很平常。

【出自】《庄子·山木》："无誉无訾，一龙一蛇，与时俱化，而无肯专为。"

田子方

导 读

本篇取第一句的前三字"田子方"为篇名，是以人名为篇名，与篇意无关。本篇写真，写"爵禄、死生不入于心"，写"游于物之初"，游于万化，体"天地之大全"，宗旨与《至乐》《达生》《山木》等篇相近，重在阐述人生哲理，刻画了几个理想人物形象，如东郭顺子、温伯雪子、臧丈人、伯昏无人、孙叔敖、老聃、真儒士、真画者等。

颜渊师法孔子，但觉"夫子奔逸绝尘"；孔子往见老子，才知"天地之大全"；真是，人外有人，天外有天。这些故事的用意依然是勉人领悟大道，以成就老子所谓"人亦大"的理想。

全篇宣扬了做人要纯真自然，无为寡欲，要忘爵禄、忘得失、忘权欲的观点，同时较系统地阐述了超脱生死局限，宇宙大化一体的生死观，以及天地阴阳"两者交通成和而物生焉"和天地万物统一等宇宙论问题，批评了儒家的有为之道，嘲讽了儒士拘守礼义，道貌岸然，却不懂得性情心性，视儒家所热衷的圣智、仁义、权势为粪土，表达出了对儒家思想的否定，颂扬了道家的无为之意。

第 1 节

一　原文

田子方侍坐于魏文侯，数称谿工^①。

文侯曰："谿工，子之师邪？"

子方曰："非也，无择之里人也^②。称道数当^③，故无择称之。"

文侯曰："然则子无师邪？"

子方曰："有。"

曰："子之师谁邪？"

子方曰："东郭顺子。"

文侯曰："然则夫子何故未尝称之？"

子方曰："其为人也真。人貌而天虚^④，缘而葆真^⑤，清而容物^⑥。物无道，正容以悟之^⑦，使人之意也消。无择何足以称之！"

子方出，文侯傥然^⑧，终日不言。召前立臣而语之曰："远矣，全德之君子！始吾以圣知之言仁义之行为至矣。吾闻子方之师，吾形解而不欲动^⑨，口钳而不欲言^⑩。吾所学者，直土梗耳^⑪！夫魏真为我累耳！"

二　出场

田子方　魏文侯　谿工　东郭顺子

三　注释

① 数称：屡次称赞。

② 里人：同乡。

③ 称道数当：言谈说理往往恰当。

④ 虚：意指心。人貌天虚：常人的容貌而内心契合自然。

⑤ 缘：顺着。葆真：保持真性。

⑥ 清而容物：心性高洁又能容人容物。

⑦ 正容：端正容仪。

⑧ 傥然：若有所失的样子。

⑨ 形解：身体散架了一样。解（xiè），通"懈"，懈怠，松散。

⑩ 口钳：口犹如钳住一般。

⑪ 土埂：土人。

四　译文

田子方陪坐在魏文侯的旁边，多次称赞谿工。魏文侯说："谿工是你的老师吗？"

田子方说："不是，他是我的同乡。他的言论见解往往恰当在理，所以我常称赞他。"

魏文侯说："那么你没有老师吗？"

田子方说："有"。

魏文侯又问："你的老师是谁呢？"

田子方说："是东郭顺子。"

魏文侯说："那么先生为什么不曾称赞过他呢？"

田子方说:"他为人真诚,常人的容貌而内心契合自然,能随顺自然而保持真性,心性高洁又能包容万物。遇到不合于道的人与事,他就端正自己之仪态,使别人的邪念自然消除。我能用怎样的言辞才足以称赞他呀!"

田子方出去后,魏文侯若有所失,整天不说话。魏文侯召见站立在他跟前的臣子们,告诉他们说:"真是深远玄妙啊,一位德行完备的君子!起先我以为圣智的言论、仁义的行为,是最好的。当我听到田子方讲述他老师的情况时,我身体松散不想动,口像是被钳住一样不想说话,我原来所学的东西,简直像没有生命的土偶一样!这魏国,真成了我的累赘啊!"

六　当代意义

本节通过田子方与魏文侯的对话,称赞东郭顺子为人之真挚,处处循"真"的处世态度。庄子指出"真",就是指保持自己的真情本性,毫不顾及地去表现这种真情本性,而不是去改变它、扭曲它。

反对作假,提倡真实,出于真心,就是庄子说的"法天贵真"。这种"真",不仅具有强烈的感人力量,而且有利于修心养性。

现实社会中要提倡"真",一个人的真率,既利己,又利人,是人的一种宝贵品德。

第2节

一 原文

温伯雪子适齐，舍于鲁。鲁人有请见之者，温伯雪子曰："不可。吾闻中国之君子，明乎礼义而陋于知人心①。吾不欲见也。"

至于齐，反舍于鲁，是人也又请见。温伯雪子曰："往也蕲见我，今也又蕲见我，是必有以振我也。"

出而见客，入而叹。明日见客，又入而叹。其仆曰："每见之客也，必入而叹，何耶？"

曰："吾固告子矣：'中国之民，明乎礼义而陋乎知人心。'昔之见我者，进退一成规一成矩②，从容一若龙一若虎。其谏我也似子，其道我也似父，是以叹也。"

仲尼见之而不言。子路曰："吾子欲见温伯雪子久矣。见之而不言，何邪？"

仲尼曰："若夫人者，目击而道存矣，亦不可以容声矣。"

二 出场

温伯雪子　鲁人　仆人　孔子　子路

三 注释

①陋：粗陋，笨拙。
②规、矩：比喻礼义。

四 译文

温伯雪子到齐国去，途中在鲁国住宿。鲁国有人请求见他，温伯雪子说："不可以。我听说中原地区的君子，明于礼义而拙于知人心，我不想见他。"

到了齐国后，返回时又住宿于鲁国，那个人又再次请求见他。温伯雪子说："我去的时候请求见我，现在回来又请求见我，必定有什么要启发于我。"

于是出去见客，回来就连声叹息。明天又见客，回来又慨叹不已。他的仆人问："您每次会见这位客人，必定回来慨叹，这是为何呢？"

温伯雪子回答说："我原已告诉过你：'中原之人明于知礼义而拙于知人心。'刚才见我的这个人，出入进退都合乎礼义，动作举止像龙虎一样有气势。他劝谏我时，像儿子对待父亲一样恭顺；他训导我时，又像父亲对儿子一样严厉，所以我才慨叹啊。"

孔子见到温伯雪子，一句话也不说。子路问："先生您想见温伯雪子很久了，现在见了却不说话，为什么呀？"

孔子说："像他这样人，用眼睛一看就知道是得道之人，也不容再说话了。"

五 当代意义

儒派的教化作用是趋向规范性。在传统生活中，人群活动的自由与礼仪融合发展，已经成为自然。如果再强调礼仪至上，就会对社会秩序活动构成相当严重的束缚，就会让人对礼教规范产生抵触，反作用就是往往昧于本真而违逆人心。

现实生活中，礼节还是需要的，行为举止合乎常理，也是文化素养的体现。

第3节

一　原文

颜渊问于仲尼曰："夫子步亦步，夫子趋亦趋，夫子驰亦驰；夫子奔逸绝尘，而回瞠若乎后矣[①]！"

夫子曰："回，何谓邪？"

曰："夫子步，亦步也；人子言，亦言也；夫子趋，亦趋也；夫子辩，亦辩也；夫子驰，亦驰也；夫子言道，回亦言道也：及奔逸绝尘而回瞠若乎后者，夫子不言而信，不比而周，无器而民滔乎前，而不知所以然而已矣。"

仲尼曰："恶！可不察与！夫哀莫大于心死，而人死亦次之。日出东方而入于西极，万物莫不比方，有首有趾者，待是而后成功，是出则存，是入则亡[②]。万物亦然，有待也而死，有待也而生。吾一受其成形，而不化以待尽。效物而动[③]，日夜无隙，而不知其所终。熏然其成形[④]，知命不能规乎其前。丘以是日徂。

"吾终身与汝交一臂而失之，可不哀与！女殆著乎吾所以著也。彼已尽矣，而女求之以为有，是求马于唐肆也。吾服女也甚忘[⑤]，女服吾也亦甚忘。虽然，女奚患焉！虽忘乎故吾，吾有不忘者存。"

二 出场

颜渊 仲尼

三 注释

①瞠：瞠开，瞪大眼睛看。
②入则亡：此处特指日落而息。
③效：仿效，模仿。
④薰然：形容成形的样子。
⑤服：思存。

四 译文

颜渊问孔子说："先生慢走我也慢走，先生快走我也快走，先生奔跑我也奔跑；先生快速奔跑好像脚不沾尘一样，而我只能瞠着眼睛在后面看了。"

孔子说："颜回，为何这么说呢？"

颜回说："先生慢走，我也慢走；先生怎样说，我也跟着怎样说；先生快走，我也快走；先生论辩什么，我也跟着论辩什么；先生奔跑，我也奔跑；先生谈道，我也跟着谈道；等到先生脚不沾尘地快速奔跑，而我瞠着眼睛在后面看，是说先生不用说话而令人信服，不刻意亲近而周遍亲附，没有权势地位而人们会聚跟前，却不知为什么会这样，如此而已。"

孔子说："噢！不可不明察呀！悲哀莫大于心死，而身死还是次要的。太阳从东方升起，而落于西方尽头，万物莫不跟随太阳的运转而动，凡是有眼有脚的人，等待日出而后方可有所作为。这就是日出则劳作，日入则休息。万物也是这样，或凭借造化而死，或凭借造化而生。我一禀受天道赋予的形体，就不会化作他物而等待着穷尽天年。随着外物而运动，日夜不间断，而不知何时而终。和顺自然聚合成形体，知命之人也不能测度未来的命运。我正是这样天天与变化俱往。

"我终身与你在一起，然而你却不了解我，这可不是很悲哀吗？你大概只是注意我有显著的方面，那些显著的东西都已经消失了，而你还在追寻着，认为它们存在，这就像在空空的市场上寻求马一样不可能。我所习得的，你要把它全都遗忘；你所习得的，我也把它全都遗忘。虽然如此，你又忧虑什么呢！虽然忘记了过去的我，我还是有不被忘记的精神存在着的。"

五　当代意义

文中颜回的回答很诚实，而孔子劝他不要"心死"，就是不要放弃领悟大道的希望，心死比身死更可悲。

宇宙无时不变，我当纵身于大化之流而参与运化。不能参与运化则如同死灭，所谓的"心死"就是灵魂死亡。

古人认为"心"是灵魂的住所，所以心又被庄子称为"灵府"，而"人死"与"心死"相对，是指肉体的死亡。

庄子认为，一个人的肉体死亡固然可悲，但更可悲的是精神的死亡。正因为如此，庄子才反复要求人们去学道、得道，提升自己的精神修养，一旦达到与道融合而修为一体的境界，虽然不会肉体长存，但精神可以不死，甚至能够进一步升华。

第4节

一 原文

孔子见老聃，老聃新沐，方将被发而干，慹然似非人^①。孔子便而待之，少焉见，曰："丘也眩与？其信然与？向者先生形体掘若槁木，似遗物离人而立于独也。"

老聃曰："吾游心于物之初^②。"

孔子曰："何谓邪？"

曰："心困焉而不能知，口辟焉而不能言^③。尝为汝议乎其将。至阴肃肃，至阳赫赫；肃肃出乎天，赫赫发乎地。两者交通成和而物生焉，或为之纪而莫见其形。消息满虚，一晦一明，日改月化，日有所为，而莫见其功。生有所乎萌，死有所乎归，始终相反乎无端，而莫知乎其所穷。非是也，且孰为之宗^④！"

孔子曰："请问游是。"

老聃曰："夫得是，至美至乐也。得至美而游乎至乐，谓之至人。"

孔子曰："愿闻其方。"

曰："草食之兽不疾易薮，水生之虫不疾易水，行小变而不失其大常也，喜怒哀乐不入于胸次。夫天下也者，万物之所一也。得其所一而同焉，则四支百体将为尘垢，而死生终始将为昼夜而莫之能滑^⑤，而况得丧祸福之所介乎！弃隶者若弃泥涂，知身贵于隶也。贵在于我而不失于变。且万化而未始有极也，夫孰足以患心！已为道者解乎此。"

孔子曰："夫子德配天地，而犹假至言以修心。古之君子，孰能脱焉！"

老聃曰："不然。夫水之于汋也，无为而才自然矣。至人之于德也，不修而物不能离焉。若天之自高，地之自厚，日月之自明，夫何修焉！"

孔子出，以告颜回曰："丘之于道也，其犹醯鸡与⑥！微夫子之发吾覆也，吾不知天地之大全也。"

二　出场

孔子　老聃　颜回

三　注释

① 惫然：即不动的样子。惫，止的意思。

② 物之初：宇宙的本来状态，即之初。

③ 辟：合。

④ 宗：主。

⑤ 滑（gǔ）：乱，杂。

⑥ 醯鸡：此处指酒瓮内的小飞虫。

四　译文

孔子去见老子，老子刚洗了头，散着头发自然晾干，就像个木偶人的样子。孔子在外面耐心地等待着，二人见面，孔子说："是我眼花了，还是真的呢？先生的身体挺立着一动不动的样子，就像是枯木，全神贯注，忘了天地万物，在思考问题。"

老聃说："我游心于万物的本始。"

孔子说："如何理解?"

老聃说："心里对问题十分的困惑,是人所能理解的;想说点什么,却不知道从何说起。来给你谈谈大概吧!地之极就有阴冷之气,天之极就会有炎热之气,阴冷之气来自天上,炎热之气产生于地上。两者相互交流汇集,就生成了万物,好像有规律地统领着这些,但我们却看不到它的形体。消亡又生息,盈满又空虚,一暗一明,日变月化,每时每刻都有所作为,我们却不知道它是怎么样产生作用的。万物的出生有萌发的地方,死亡也有归宿。开始与终结的问题,我们不知道它们的开端在哪里,也不知道它们结束在什么地方。如果没有事物存在运行,世界的主宰是什么呢?"

孔子说："请问,您神游到大道的情形了吗?"

老聃说："道的境界,是无比的美妙和快乐。在无比美妙的境界中,享受快乐,可以说是最崇高的人了。"

孔子说："请问,如何享受最美妙最快乐的境界呢?"

老聃说："食草的兽类,不担忧更换沼泽地;水生的虫类,不担忧变换水是在什么地方。因为小的变化,并没有失去基本的生活条件。所以,喜怒哀乐的心情,就不会随着小的变化,又在心中引起波澜。天下这块地方,是万物共同生息的场所。既然万事万物都有着共同的生存背景,那么我们的四肢百体,即便早晚将成为一堆垃圾,由于生和死、终和始也将和昼夜交替一样地循环运动,这是没有哪个人可以阻止的自然秩序。不对它太介意。如果连生死都能不介意,何况人生那一点得和失、祸和福之间的斤斤计较呢!所有自己的身外之物，都和得失祸福连在一起，所以对于它们，完全可以像丢弃泥土一样，弃之不顾。要懂得我们的身体，比那些东西要更加珍贵些。如果懂得自身珍贵，也就不会计较小的变故了。世界的千变万化是无穷无尽的，一个无限性的问题，没有必要使得自己心神不宁。已经明白了大道的人，是可以对这个问题释怀的。"

孔子说："先生对天地万物，有了如此高明的理解，借助最准确的表达，来提高自己的修养和心理素质。古时的君子，谁又能超过您呢！"

老聃说："话不能这样说。水的清明澄澈，是在无所作为的情况下才会如此；最高境界的人的德行，并不是修养得来的，因为万事万物事实上根本无法也不可能离开道的范围。就像天自然就高，地自然就厚，日月自然就明亮一样，就需要像我这般来修养啊！"

孔子出来，把这些告诉了颜回，他说："我对于道的认识，就如同瓮坛中的小飞虫一样。如果没有先生启发我，指出蒙蔽在心头的糊涂思绪，我就不会知道天地完美的规律和道理！"

五　当代意义

谁是世界的主宰？答案应该是"道"。不过，道的主宰方式并非我们可以想象的（物质世界）。所以从人生存的角度来看，谈不上有谁在主宰（唯心主义）这一切。只要明白万物是一个整体，人就不会受到"得失祸福"的影响。

儒家以人伦为着眼点，关注社群之间关系；道家则放眼于"天地之大全",关注人体生命在大宇宙之间的关系。肯定同一性,又不否定自我,这是道家文化的应用价值意义。

第5节

一 原文

庄子见鲁哀公。哀公曰:"鲁多儒士,少为先生方者①。"

庄子曰:"鲁少儒。"

哀公曰:"举鲁国而儒服②,何谓少乎?"

庄子曰:"周闻之,儒者冠圜冠者③,知天时;履句履者,知地形④;缓佩玦者⑤,事至而断⑥。君子有其道者,未必为其服也⑦;为其服者,未必知其道也。公固以为不然⑧,何不号于国中曰⑨:'无此道而为此服者,其罪死!'"

于是哀公号之五日,而鲁国无敢儒服者。独有一丈夫⑩,儒服而立乎公门。公即召而问以国事,千转万变而不穷⑪。

庄子曰:"以鲁国而儒者一人耳,可谓多乎?"

二 出场

庄子　鲁哀公

三 注释

①为:学习。方:道,学说。

②举:全。儒服:穿儒者的服装。

③ 冠圜冠：戴圆帽。圜，通"圆"，指帽子。

④ 句：方。

⑤ 缓佩玦：系佩玦。玦，环状带缺口的玉饰品。

⑥ 事至而断：遇事能够决断。

⑦ 为其服：穿那样的服饰。

⑧ 固：必定。

⑨ 号：号令。

⑩ 丈夫：男子。

⑪ 千转万变：指问题变化多端。

四　译文

庄子去拜见鲁哀公。鲁哀公说："鲁国儒学之士有很多，但学习和信仰先生学说的人很少。"

庄子说："鲁国的儒士很少。"

鲁哀公说："全鲁国的人都穿儒服，怎么说儒士少呢？"

庄子说："我听说，儒者中戴圆帽的知道天时，穿方形鞋子的知道地理，佩丝带系玉块的处事果断。君子真正有道术的，未必穿戴那样的服装；穿戴那样服装的人，未必真的通晓道术。您一定以为不是这样，为何不号令全国说：'不懂得此种道术而穿此种服饰的，以死罪论处！'"

于是鲁哀公发布了这样的命令，五天以后，鲁国没有再敢穿儒服的人。只有一位男子，穿戴着儒服站在鲁哀公门外。鲁哀公立即召见他，向他询问国事，千转万变的发问也不能难住他。

庄子说："鲁国这么大而儒者却只有一个，可以说很多吗？"

五　当代意义

学问之道，不在外饰；儒之道，不在服。修内未必饰外，外饰未必内充。鲁哀公眼里的儒士是身着儒服，所以，在周公所封之国、儒学所兴之地的鲁国，自然是"举鲁国而儒服"——儒士多得很，满街看似圣人，但尽皆为假。与只重其表不看其实的鲁哀公不同，庄子认定儒士的标准是重其实——有道有术，有真才实学。

如果只看重其表，而不重其实，则弄虚作假、名不副实的现象就会大量出现。虚有其表的人很多，抛开形式才能发现真心。如果取士用人只看表面的话，那么就会有很多的能人异士被埋没掉！

第6节

一　原文

百里奚爵禄不入于心，故饭牛而牛肥①，使秦穆公忘其贱，与之政也②。有虞氏死生不入于心，故足以动人。

二　出场

百里奚　秦穆公　有虞氏

三　注释

①饭牛：饲养牛。

②与之政：委以国政。

四　译文

百里奚不把爵位利禄放在心上，所以养牛而牛肥，这使秦穆公忘记了他出身卑贱，而委之以国政。有虞氏不把生死放在心上，所以他的事迹足以感动他人。

五　当代意义

现实生活中，人必须除去富贵名利等各种嗜欲，保持虚静的心境。"虚静无为"境界的形成需人不断提升修养，即"疏导你的心灵，洗涤你的精神"。只有这样，才能使自己从世俗的各种观念、偏见中解放出来，进入与道同体，摆脱外物牵累，没有任何负担的自由状态。

万事万物都是变化的，同时也都有两面性，当把这些都参悟透，就会发现一切都是浮云，现象不过是一种外在变化形式而已，因此要做到不以物喜不以己悲，不为外物所困惑。

第7节

一　原文

宋元君将画图，众史皆至①，受揖而立②；舐笔和墨③，在外者半。有一史后至者，儃儃然不趋④，受揖不立，因之舍⑤。公使人视之，则解衣般礴臝⑥。君曰："可矣，是真画者也。"

二 出场

宋元君　众史

三 注释

① 史：画师。

② 受揖：接受揖谢之礼。

③ 舐笔：用口水润笔。

④ 儃儃然：安闲自适的样子。趋：快行。

⑤ 之：至。

⑥ 槃礴：盘腿而坐。

四 译文

宋元君要画画，众位画师都来了，接受揖礼后站立一旁；画师们润好笔墨，门外还有一半画师。有一位后到的画师，安然闲适走得不慌不忙，受命拜揖后，也不在那站着，而是直接往馆舍走去。宋元公派人去看他，只见他脱掉衣服，赤裸上身盘腿而坐。宋元公说："可以啊，这就是真正的画师啊。"

五 当代意义

作画时必须放开一切，专注于画作上，才能有杰作出现。同理，无论事情大还是小，无论事情复杂还是简单，无论是临时性工作还是需要长久坚持的工作，一个人只要认真、细致、执着，做出的事肯定要比不认真做得好。

本节给我们的启示是，做事要端正态度，要认真、专注、细致。

第8节

一　原文

文王观于臧①，见一丈人钓，而其钓莫钓；非持其钓有钓者也，常钓也。

文王欲举而授之政②，而恐大臣父兄之弗安也；欲终而释之，而不忍百姓之无天也。于是旦而属之大夫曰："昔者寡人梦见良人，黑色而髯，乘驳马而偏朱蹄③，号曰：'寓而政于臧丈人，庶几乎民有瘳乎④！'"

诸大夫蹴然曰："先君王也。"

文王曰："然则卜之。"

诸大夫曰："先君之命，王其无它，又何卜焉。"

遂迎臧丈人而授之政。典法无更，偏令无出。三年，文王观于国，则列士坏植散群，长官者不成德，斔斛不敢入于四竟⑤。列士坏植散群，则尚同也；长官者不成德，则同务也，斔斛不敢入于四竟，则诸侯无二心也。

文王于是焉以为大师，北面而问曰："政可以及天下乎？"臧丈人昧然而不应⑥，泛然而辞，朝令而夜循，终身无闻。

颜渊问于仲尼曰："文王其犹未邪？又何以梦为乎？"

仲尼曰："默，汝无言！夫文王尽之也，而又何论刺焉！彼直以循斯须也。"

二　出场

周文王　臧丈人　诸大夫　颜渊　仲尼

三　注释

①观：巡视。臧：地名，近渭水。

②举：举拔，提拔。

③偏朱蹄：马蹄半侧为红色。

④瘳（chōu）：病愈。

⑤鬴（yú）斛：谷物的量器。一斛容五斗，六斛四斗为鬴。

⑥昧然：默不说话的样子。

四　译文

周文王去臧地巡视，看见一位老者在河边钓鱼，虽然身在钓鱼，但心不在钓鱼上。并非持着鱼竿有意钓鱼的这个人，他常常这样钓鱼。

周文王想提拔举用他，把政事交给他处理，但又担心引起大臣和父兄辈族人的不安；后来想要放弃此人，又不忍心让百姓们得不到他的庇荫。于是，周文王在一个清晨，集合大夫们说："昨天夜里我梦见一位贤人，面黑，两颊长满胡须，骑着杂色的马，马蹄的一边是赤色的，大声号令我说："把你的国事托付给臧地老者，差不多人民就可以解除痛苦了！""

诸位大夫惊惧不安地说："这是先君王啊！"

文王说："既然如此，就让我们占卜一下吧。"

诸位大夫说："先君的命令，大王无须怀疑，又何必占卜呢？"

于是周文王就迎接臧地老者，将政事交给他处理。这位老者对以往典章法令没有更改，也未发出新的政令。三年后，文王视察国内，只见各种文士武士结成的私党都解散了，为官的人也不彰显功德，标准不一的各种量器也不敢进入国境内。文士武士们的私党解散，则上同于国君；为官者不显个人功德，则能同以国家人民之事为务；标准不一的各种量器不入国境，则诸侯们就没有二心。

文王于是把臧丈人当作老师，北面而立请教道："这样的政令可以推行于天下吗？"臧丈人默然不作答，若无其事地告辞而去，早晨还接受文王政令，晚上就逃走了，终身不再有消息。

颜渊向孔子问道："文王还不能取信于人吗？何必用梦作假托呢？"

孔子说："别作声，你不用再说。文王已经做得非常完美了，你又何必议论讥讽他呢！他只是顺应众人一时罢了。"

第9节

一　原文

列御寇为伯昏无人射[①]，引之盈贯[②]，措杯水其肘上[③]，发之，适矢复沓[④]，方矢复寓[⑤]。当是时，犹象人也。

伯昏无人曰："是射之射，非不射之射也。尝与汝登高山，履危石[⑥]，临百仞之渊[⑦]，若能射乎？"

于是无人遂登高山，履危石，临百仞之渊，背逡巡[⑧]，足二分垂在外⑨，揖御寇而进之。御寇伏地，汗流至踵⑩。

伯昏无人曰："夫至人者，上窥青天，下潜黄泉，挥斥八极，神气不变。今汝怵然有恂目之志，尔于中也殆矣夫！"

二 出场

列御寇 伯昏无人

三 注释

①伯昏无人：人名寓托。

②引：引弦。贯：箭头。

③措：放。

④适：往。指箭射出去。沓：重合。适矢复沓：形容一支箭接着一支箭地射出。

⑤方矢：两箭并射。

⑥履危石：站在高危的山石上。

⑦百仞：略数，形容极深。

⑧逡巡：退却。

⑨二分：三分之二。

⑩踵：脚后跟。

四 译文

列御寇为伯昏无人表演射箭，他拉满弓弦，放一杯水在自己的臂肘上，第一箭射出后，第二支箭又扣在弦上，后一箭的目标与前一箭目标相合，连续不停。在他射箭的时候，他就像木偶一般纹丝不动。

伯昏无人说："这是有心射箭的射法，不是无心射箭的射法。尝试与你登上高山，踏着危石，下临百仞深渊，你能射好吗？"

于是伯昏无人就登高山，踩危石，背对百仞深渊向后退却，直至脚有三分之二悬空在石沿之外，在那里揖请列御寇到相同的位置表演射箭。列御寇惊得伏于地上，冷汗一流到脚后跟。

伯昏无人说："真正的至人，上可窥测青天，下可潜察黄泉，自由纵放于四面八方，而神色不会有变化。现在你心生惊恐、目眩之意，你想要射中就几乎不可能了。"

五　现实意义

列御寇表演射箭，是有为之射，不是无为之射。

至人"上窥青天，下潜黄泉，挥斥八极，神气不变"，才是射之极致。当一个人的心境可以消除外在恐惧的时候，这个人才成为真正的勇者，这个人的技巧才能发挥到极致。

如果你的心境已经被人为环境挫败，那么你做任何事情都将会一事无成。在生活工作中，以集聚正能量弘扬正气为主，坚决消除负能量。

第 10 节

一 原文

肩吾问于孙叔敖曰："子三为令尹而不荣华^①，三去之而无忧色。吾始也疑子，今视子之鼻间栩栩然^②，子之用心独奈何？"

孙叔敖曰："吾何以过人哉！吾以其来不可却也^③，其去不可止也。吾以为得失之非我也，而无忧色而已矣。我何以过人哉！且不知其在彼乎^④，其在我乎？其在彼邪，亡乎我^⑤；在我邪，亡乎彼。方将踌躇^⑥，方将四顾^⑦，何暇至乎人贵人贱哉！"

仲尼闻之曰："古之真人，知者不得说^⑧，美人不得滥^⑨，盗人不得劫^⑩，伏戏黄帝不得友^⑪。死生亦大矣，而无变乎己，况爵禄乎！若然者，其神经乎大山而无介^⑫，入乎渊泉而不濡^⑬，处卑细而不惫，充满天地，既以与人，己愈有。"

二 出场

肩吾　孙叔敖　孔子

三 注释

①令尹：在楚国掌握国家军政大权的官职，相当于宰相。

② 栩栩然：引申为舒缓悠长的样子。

③ 以：以为。其：指令尹官职。却：推却。

④ 其：指尊贵。彼：指令尹之职。

⑤ 亡乎我：与我无关。亡，通"无"。

⑥ 方将：正在。踌躇：悠闲自得的样子。

⑦ 四顾：向四方张望，高视八方。

⑧ 知：同"智"。说（shuì）：游说。

⑨ 滥：淫乱。

⑩ 劫：劫持。

⑪ 友：亲近。

⑫ 大山：即泰山。介：碍，阻碍。

⑬ 濡：湿。

四　译文

肩吾向孙叔敖问道："您三次出任令尹而不感到荣耀显贵，三次被免职也没有丝毫忧愁之色。我起初怀疑你是装的，现在看见您呼吸自然舒畅，您的心里是怎么想的呢？"

孙叔敖说："我哪有什么过人之处啊！我只是认为这令尹一职既然来了，就不能推辞，它走了也无法阻止。我认为官职的得失，并非我所能决定的，所以我能做的就是无忧愁之色而已。我哪有什么过人之处啊！况且不知道荣耀显贵是在令尹一职呢，还是在于我身上？如果它是在令尹一职，则与我无关；如果在我自身，则与令尹这个职位无关。那时我正在从容自得，环顾四方，哪有闲暇考虑到人的高贵和卑贱呢！"

孔子听到后说："古时候的真人，智者不能说服他，美色不能让他淫乱，强盗不能劫持他，伏羲、黄帝这样的帝王也不能笼络亲近他。死生也是件大事，但也不能使他有什么改变，何况是官爵奉禄呢！像这样的人，他的精神游历泰山而无障碍，进入深渊而不会沾湿衣服，处于卑微的地位也不会疲惫，他的精神充满天地之间，越是尽力给予别人，自己越感到富有。"

五　当代意义

肩吾与孙叔敖对话，孙叔敖对爵禄的得失，可以说是三上三下，不喜不忧、无动于衷，说明得道者忘记得失、贵贱，才能获得精神上的自由。"知者不得说，美人不得滥，盗人不得劫"指出了经大山无介、入渊泉不濡的精神。

庄子告诫人们，人生之趣并不在于"名利"，而在于精神世界的富足。在现实生活中，要懂得简单生活，不为"名利"所扰，不受制于物，这样精神世界更加自由，此外，要多为他人着想，尽力帮助他人，自己的精神世界才会更加富有。

此外，该故事也启示我们，人生不是一帆风顺的，总有曲折，面对困难，要抱以"得失皆从外至，而不足以丧其真"的心态，荣辱不惊，顺其自然。

第 11 节

一　原文

楚王与凡君坐，少焉①，楚王左右曰凡亡者三②。凡君曰："凡之亡也，不足以丧吾存③。'夫凡之亡不足以丧吾存'，则楚之存不足以存存④。由是观之，则凡未始亡而楚未始存也。"

二　出场

楚王　凡君

三　注释

①少焉：一会儿。

②三：三次或多次的意思。

③丧吾存：丧失我心中存在的道。存，指所存真性，即道。

④存存：保存这种存在。

四　译文

楚王和凡国国君共坐，过一会儿，楚王左右之臣，多次讲到"凡国的灭亡"。凡国国君说："凡国的灭亡，不足以让我丧失真性的存在。既然'凡国的灭亡不足以让我丧失真性的存在'，那么楚国的存在，也不足以因为它存在，就让我认为它存在。由此看来，则凡国未曾灭亡，而楚国不曾存在。"

经典成语

1. 钳口不言

【释义】钳口：闭口。闭着嘴不说话。

【出自】《庄子·田子方》："吾形解而不欲动，口钳而不欲言，吾所学者，直土梗耳！"

2. 亦步亦趋

【释义】意思是老师走学生也走，老师跑学生也跑。比喻自己没有主张，或为了讨好，每件事都效仿或依从别人，跟着人家行事。

【出自】《庄子·田子方》："夫子步亦步，夫子趋亦趋。"

3. 相失交臂

【释义】比喻机会错过。

【出自】《庄子·田子方》："吾终身与汝交一臂而失之。"

知北游

导 读

　　《知北游》为《庄子·外篇》的最后一篇。以篇首的三个字作为篇名。"知"，这里是寓言，托为人名。"北游"，是指向北方旅游经历。在传统的哲学体系中，将北方叫作"玄"，指昏暗、幽远。因此北方就是所谓不可知的地方。

　　《知北游》对于了解《庄子》的哲学思想体系也较为重要。其由十一个寓言组合而成，其中所说的"道"，是指对于宇宙万物的本原和本性的基本认识。本篇认为宇宙万物源于"气"，包括人的生死也是出于气的聚散；还认为"道"具有整体性，无处不在但又不存在具体形象，贯穿于万物变化的始终；同时还又看出生与死、长寿与短命、光明与幽暗……都具有相对性，既是对立的，又是相生、相互转化的。但基于宇宙万物的整体性和同一性认识，又认为"道"是不可知的，"知"反而不成其为"道"，于是又滑向了不可知论，主张无为，顺其自然，一切都有其自身的规律，不可改变，也不必去加以改变。

第1节

一 原文

知北游于玄水之上,登隐弅之丘^①,而适遭无为谓焉。知谓无为谓曰:"予欲有问乎若:何思何虑则知道?何处何服则安道?何从何道则得道?"三问而无为谓不答也,非不答,不知答也。

知不得问,反于白水之南,登狐阕之上^②,而睹狂屈焉。知以之言也问乎狂屈。狂屈曰:"唉!予知之,将语若,中欲言而忘其所欲言。"

知不得问,反于帝宫,见黄帝而问焉。黄帝曰:"无思无虑始知道,无处无服始安道,无从无道始得道。"

知问黄帝曰:"我与若知之,彼与彼不知也,其孰是邪?"

黄帝曰:"彼无为谓真是也,狂屈似之;我与汝终不近也。夫知者不言,言者不知,故圣人行不言之教。道不可致,德不可至。仁可为也,义可亏也,礼相伪也。故曰:'失道而后德,失德而后仁,失仁而后义,失义而后礼。礼者,道之华而乱之首也。'故曰:'为道者日损,损之又损之以至于无为,无为而无不为也。'今已为物也,欲复归根,不亦难乎!其易也,其唯大人乎!

"生也死之徒,死也生之始,孰知其纪!人之生,气之聚也;聚则为生,散则为死。若死生之徒,吾又何患!故万物一也,是其所美者为神奇,其所恶者为臭腐;臭腐复化为神奇，神奇复化为臭腐。故曰：'通天下一气耳。'圣人故贵一。"

知谓黄帝曰："吾问无为谓，无为谓不我应。非不我应，不知应我也。吾问狂屈，狂屈中欲告我而不我告，非不我告，中欲告而忘之也。今予问乎若，若知之，奚故不近？"黄帝曰："彼其真是也，以其不知也；此其似之也，以其忘之也；予与若终不近也，以其知之也"。

狂屈闻之，以黄帝为知言。

二 出场

知 无为谓 狂屈 黄帝

三 注释

①岅（fèn）：高起，隆起。
②狐阕：丘名寓托。意即疑心已空。

四 译文

知向北游历，来到玄水岸边，登上一座名叫隐岅的山丘，正巧在那里遇上了无为谓。知就对无为谓说："我想，请教你一些问题：怎样思考、怎样分析才能懂得道？怎样居住、怎样行事才能够符合于道？依从什么、采用什么方法才能获得道？"知问了好几次，无为谓都不回答。不是无所谓不回答，而是他不知道怎么样回答。

知从无为谓那里得不到问题的解答，便返回到白水的南岸，登上了一座名叫狐阕的山丘，在那里见到了狂屈。知就把之前的问话，再次请教狂屈。狂屈说："哎呀，我知道怎样来回答这些问题，我来告诉给你，可是心中想着要说的话，却又忘记了那些想说的话。"

知从狂屈那里也没有得到解答，便转回到黄帝的住所，见到黄帝向他再问。黄帝说："没有思考、没有分析方才能够懂得道，没有居住处、没有行动方才能够符合于道，没有依从、没有方法方才能够获得道。"

知又问黄帝："我和你都知道这些道理，无为谓和狂屈不知道这些道理，那么，谁是正确的呢？"

黄帝说："那无为谓是真正的正确的，狂屈接近于正确；我和你则始终未能接近于道。知道的人不说，说的人不知道，所以圣人施行的是不用言传的教育。道不可能靠言传来获得，德不可能靠谈话来达到。没有偏爱是可以有所作为的，讲求道义是可以亏损残缺的，而礼仪的推行只是相互虚伪欺诈。所以说：'失去了道而后能获得德，失去了德而后能获得仁，失去了仁而后能获得义，失去了义而后能获得礼。'礼，就是道的伪装饰品，也是导致混乱的罪魁祸首。所以说：'体察道的人，每天都得清除伪装饰品（礼），清除而又再清除，以至达到无为的境界，达到无所作为的境界，也就没有什么可以作为的了。'如今你已对自然规律以外的有所作为，要想返回原来面目，就会非常困难。如果非常容易改变，并回归到原来状态，也只有修行得道的人才能够实现啊！

"有生就有死，生死相依，死也是生的开始，谁又能知道生死之间开始与终结的过程。人的诞生，是气的聚合，气的聚合形成了生命，气的离散就是死亡。假设生与死是同类属性的，那么对于死亡，我又没有什么可以忧愁的啊！所以，说到底，万物是同一的。这样把所谓美好的东西都看作是奇特的，把所谓讨厌的东西都看作是腐烂恶臭的。而臭腐的东西可以再转化为奇特的，奇特的东西可以再转化为恶臭的。所以说：'整个天下就是同气的空间而已了。'圣人同样重视万物物质第一、发展同一的特征规律。"

知又对黄帝说："我问无为谓，无为谓没有回答我，不是不回答我，是不知道怎么样来回答我的问题。我问狂屈，狂屈想要告诉我却也没有告诉我，不是他不告诉我，是他内心里正想告诉我的，却又忘掉了怎样回答我。现在我想再次请教你，你懂得我所提出的问题，为什么又说回答了我便不是接近于道呢？"黄帝说："无为谓是真正了解大道的，因为他什么也不知道；狂屈是接近于道的，因为他忘记了；我和你终究不能认识于道的规律，是因为我们对什么问题都是知道的。"

狂屈听黄帝说了这些话语，就认为黄帝的话是知言。

五　当代意义

本节重点说明了大道本来是不可知的，"知者不言，言者不知"。因为宇宙万物的本原物质都是由"气"构成的，气聚则生，气散则死，万物归根结底的状态，就是混一的整体形态。坚持爱护自然，爱护生命的基本理念。这就是本节实践哲学的应用意义。

要实现国家可持续发展、人民生活幸福，就必须尊重自然，顺应自然，爱护自然，调整人与自然的关系，实现人与自然、人与人、人与社会和谐发展。

第2节

一 原文

天地有大美而不言，四时有明法而不议，万物有成理而不说。圣人者，原天地之美而达万物之理，是故至人无为，大圣不作，观于天地之谓也。

合彼神明至精①，与彼百化；物已死生方圆，莫知其根也，扁然而万物自古以固存。六合为巨②，未离其内；秋豪为小，待之成体。天下莫不沈浮，终身不故；阴阳四时运行，各得其序。惛然若亡而存，油然不形而神，万物畜而不知。此之谓本根，可以观于天矣。

二 出场

圣人　至人　大圣

三 注释

①合：今本作"今"。
②六合：指上下和四方，泛指天地或宇宙。

四 译文

天地有伟大的美，却无法用美丽的语言表达；四时运行具有显明的规律，却无方法进行度量评议。世界万物的变化，具有现成的规律，但用不着去讨论。圣哲的人，探究天地伟大的美，又知晓万物生长的道理，所以"至人"顺应自然无所作为，"大圣"也不会妄加行动，这是说对于天地运行规律做了深入细致的观察分析。

大道具有神明精妙，参与宇宙万物的各种变化能力；世界万物无论其或死、或生、或方、或圆，却没有哪一个知晓变化的根本，一切都显得那么自然而然地，即自古以来就是自然运行存在的。"六合"就算是具有非常巨大的能量，却始终不能超出道的规律范围；秋天来了风吹起的毫毛也算是最小的物质，同样也得依存于秋天这个自然季节的道的环境中，才能够形成毫毛细小的形体。宇宙间的万物按照时间空间运行规律自然变化运动着，运动中始终保持着变化的姿态；阴阳与四季不停地按照符合各自轨迹的顺序运行。时间空间的大道规律，好像是那么混沌又昧暗不清、愚昧愚蠢，好像没有却又无处不在；变化万端而没有具体的形态，却有神明般的能力；世界万物被它养育着却没有丝毫的觉察。这就是所谓的本质的根本原因，知道这个道理，可以观察天道了。

五 当代意义

天地的大美宽阔，四时的整齐序列，万物的生息荣枯，宇宙间规律的运动，不需要附加的干涉，顺气自然而然。告诫人类，处理和解决问题的原则，必须遵循自然规律，顺应自然，按照事物发展的规律办事。

第3节

一　原文

齧缺问道乎被衣，被衣曰："若正汝形^①，一汝视，天和将至，摄汝知，一汝度，神将来舍。德将为汝美，道将为汝居，汝瞳焉如新生之犊而无求其故！"

言未卒，齧缺睡寐。被衣大说，行歌而去之，曰："形若槁骸，心若死灰，真其实知，不以故自持，媒媒晦晦^②，无心而不可与谋。彼何人哉！"

二　出场

齧缺　被衣

三　注释

①若：你。正：自己行为端正。汝：你。形：天地之和气顺畅。

②媒媒晦晦：指浑浑噩噩，稀里糊涂。媒媒，通"昧昧"，昏昧不明。晦晦，昏暗，暗昧。

四　译文

齧缺恭敬地向被衣请教学习道的规律，被衣说："你必须要行为端正，你的形体就会具有自然的毅力；集中你的注意力（视力）看问题，自然的规律和好的运气就会伴随来到，就有解决问题的方法；注意收敛你的聪明，专一你的思虑，精神就会凝聚。人世间的奥秘（玄德）将因为你的智慧显得更加美好，世界生存规律（大道）智慧将在你心中被你牢牢掌握。你那瞪着圆眼、稚气无邪的孩童样子啊，就像初生的小牛犊什么都不怕，以此纯真的态度，就不会去了解清楚外在的事物和状态。

被衣的话还没有说完，齧缺便已经呼呼地睡着了。被衣看见他这个样子，十分高兴，唱着歌儿就离开了，说道："身体的形状就像死人的枯骸朽体那样，内心世界就像死灰一样。朴实的心思要返归本真的状态，并不因为这个缘故而有所怠慢和约束自己，浑浑噩噩，昏昏暗暗，没有了智慧，如何能与之共谋啊。那将是什么样的人啊！"

五　当代意义

本节通过齧缺问道的方法，借用被衣之口，描述寂静修性的修养心智状态，由此体悟从真从实的道法自然的方法。

提倡从真从实。人具备了善良和好的心智，运气机会就会伴随而来，就会有解决问题的方法。

第4节

一　原文

舜问乎丞曰 ①："道可得而有乎？"

曰："汝身非汝有也，汝何得有夫道？"

舜曰："吾身非吾有也，孰有之哉？"

曰："是天地之委形也^②；生非汝有，是天地之委和也；性命非汝有，是天地之委顺也；孙子非汝有，是天地之委蜕也。故行不知所往，处不知所持，食不知所味；天地之强阳气也^③，又胡可得而有邪？"

二　出场

舜　丞

三　注释

① 丞：舜师。

② 委：委托。

③ 强阳：犹运动。

四　译文

舜帝王向大丞相请教说："道（规律）可以得到并且长期拥有吗？"

大丞相说："你的身体也不是你全部拥有的，你如何能够获得并拥有天道规律呢？"

舜帝王说："我自己的身体不是由我所有，那谁来拥有我的身体呢？"

大丞相说："是天地把形体托付给了你；你降生到人世间，你的身体不是由你据有，这是因为天地给予了你和气，你的性命也不是你所保有的，也是天地所委托的自然；你的子孙也不是你所拥有的，乃是天地所委托的蜕变。所以，行动时不知去处，居留时不知道把持，吃饭时不知道口味。只有天地间气的运动，又怎能够获得而保有呢!"

五　当代意义

本节通过舜与丞相之间的对话，指出了自身生命与子孙都不是你自己的，生命也不属于自身所有，自然界的一切都是自然之气的顺序变化。

随着时代的变化，我们不断追求物质及精神的富足，而所有这些以及自己都是自然界的一部分，是自然赋予的，"天地之强阳气也"，因此，对待所得及所失都要保持坦然心态，积极乐观面对生活。

第5节

一　原文

孔子问于老聃曰："今日晏闲①，敢问至道。"

老聃曰："汝齐戒，疏瀹而心②，澡雪而精神③，掊击而知! 夫道，窅然难言哉! 将为汝言其崖略。

"夫昭昭生于冥冥，有伦生于无形，精神生于道，形本生于精，而万物以形相生，故九窍者胎生，八窍者卵生。其来无迹，其往无崖，无门无房，四达之皇皇也。邀于此者，四肢强，思虑恂达，耳目聪明，其用心不劳，其应物无方。天不得不高，地不得不广，日月不得不行，万物不得不昌，此其道与!

"且夫博之不必知，辩之不必慧，圣人以断之矣。若夫益之而不加益，损之而不加损者，圣人之所保也。渊渊乎其若海，魏魏乎其终则复始也，运量万物而不匮。则君子之道，彼其外与！万物皆往资焉而不匮，此其道与！

"中国有人焉，非阴非阳，处于天地之间，直且为人，将反于宗。自本观之，生者，喑醷物也。虽有寿夭，相去几何？须臾之说也。奚足以为尧桀之是非！果蓏有理，人伦虽难，所以相齿。圣人遭之而不违，过之而不守。调而应之，德也；偶而应之，道也；帝之所兴，王之所起也。

"人生天地之间，若白驹之过郤，忽然而已。注然勃然，莫不出焉；油然漻然，莫之入焉。已化而生，又化而死，生物哀之，人类悲之。解其天弢 ④，堕其天袠，纷乎宛乎，魂魄将往，乃身从之，乃大归乎！不形之形，形之不形，是人之所同知也，非将至之所务也，此众人之所同论也。彼至则不论，论则不至。明见无值，辩不若默。道不可闻，闻不若塞，此之谓大得。"

二　出场

孔子　老聃

三　注释

① 晏闲：安闲。

② 疏瀹（yuè）：通导。

③ 澡雪：洗涤。

④ 弢：弓袋。

四 译文

孔子向老聃开口说："今天你在家休息养生自乐，我冒昧地向你请教至道。"

老聃说："你必须先进行体悟无欲念而静心生活，再理顺你和善的心灵思想，打扫干净你的精神世界，破除你的聪明智慧。大道的运行规律，真是奥妙而神奇，妙不可言啊。我将为你说个大概。

"光明的东西均来自黑暗之间，那些具有形体的东西均产生产于无形之间，思想精神都产生于大道规律，形质是从精气中生出来的，世间万物完全可以借助健康形体诞生而生长，所以，胎生的动物是具有九个通气孔窍的，具有八个通气孔窍的动物就是卵生的。它们飞去飞来却又无踪无迹，它们飞去远行不受边界限制，不知到从哪儿进出，也不知道在哪儿停留，他们在广阔无垠的空间飞向四面八方。遵循守规矩的人，身体健康强健，思想智慧通达，耳目灵敏，思考决策不辛苦劳累，顺应处世之道解决问题的方法灵活。天之大道运行从它那儿获得智慧而飞向高远空间，地之大道顺畅从它那儿获得力量而奔驰广大区域，太阳和月亮之运行的规律从它那儿获得日夜规律的运行，人世间的万物从它那儿获得智慧方法而昌盛和安宁，这就是道啊！

"话说回来，那些博读史书经典的人，就不一定真正懂得人世间现实存在的复杂道理。那些喜欢辩论的人，不是非常明智的人。圣人早弃绝这些了。像增加了却看不出增加，减少了却看不出减少，乃是圣人所要保持的。天地大道规律就像大海那样深奥无穷、高深莫测，浩瀚无垠、天地之间的神奇规律，看不到开始也看不到结束。世界万物的运动都包含在它的宽广无限内，而且从来就没有缺少什么东西。那么，人世间君子与百姓所讨论的大道规律，恐怕都是些皮毛功夫啊。人世间的万物，全部是在天地大道运行规律中获取生命的资助和营养，且充足丰裕不缺，这就是人们常说的道。

"中原一带居住生活的人，在不偏阴也不背阳的地方，处在大地的空间环境最好的中间区域，阴阳结合区域符合人的形体平衡气息，而人的生命最终要回到他的来源之地。从道的规律观点来解释，人的诞生就是气的生成，长寿与短命是生命的基本特征，相差有多少呢？说起来，只不过是瞬间就过去了，又哪里顾得上赞叹唐尧的治理功绩和批判夏桀的无能损失而陷入到是非中呢。果树和瓜类是各不相同的物种，但是生长的环境和规律都需要天地运行规律的作用。人与人之间大小次第及亲疏关系即使难以分辨清楚，简单地就以年龄大小的顺序来区别。帝王圣人遇到这些事从不费尽心思，即便是身历其境也不会陷入。采用调整和合的关系顺应发展规律，这就是所说的德；没有反判的心思，只能够服从规律，这就是所说的道；说德与道的关系，就是圣人管理的帝业兴盛、国泰民安的规律，王侯将相兴旺的规律。

"人生在世，就是存在于天地之间，就像一匹骏马瞬间飞速地穿过一个狭窄的通道而已，飞快地消失了。大自然的万物生长是自然规律的作用，它们自然而然地全都蓬勃而生；自然而然地全都顺应四季变化而消失了。生死离别的变化也都是这个样子，活着的东西为此哀嚎，人们为此悲伤。人身体死亡了，就解脱了自然（规律）的所有约束，自然地就废除自然的拘括，人世间的飞扬浮躁与纷争、功名利禄都将如烟消云散。于是，死亡的身形都要消散、消失在天地之间，最终都要回归天地之间的运行规律（即人的生死是自然的规律）。不具有形体变化为有了形体，具有形体再变化为消失形体，这是人们所共同了解的，绝不是体察大道的人所追求的道理，也是人们所共同谈论的话题。体悟大道的人就不会去议论，议论的人就没有真正体悟大道。显明昭露地寻找反而不会真正有所体察，宏辞巧辩不如闭口不言。体悟道不可能通过传言散布听到，听到传闻不如充耳不听，这就是真正懂得了玄妙之道。

第6节

一　原文

东郭子问于庄子曰："所谓道，恶乎在？"

庄子曰："无所不在。"

东郭子曰："期而后可。"庄子曰："在蝼蚁 ①。"

曰："何其下邪？"

曰："在稊稗 ②。"

曰："何其愈下邪？"

曰："在瓦甓。"

曰："何其愈甚邪？"

曰："在屎溺。"

东郭子不应。庄子曰："夫子之问也，固不及质。正获之问于监市履狶也，每下愈况。汝唯莫必，无乎逃物。至道若是，大言亦然。周遍咸三者，异名同实，其指一也。尝相与游乎无何有之宫，同合而论，无所终穷乎！

"尝相与无为乎！澹而静乎！漠而清乎！调而闲乎！寥已吾志，无往焉而不知其所至，去而来而不知其所止，吾已往来焉而不知其所终；彷徨乎冯闳，大知入焉而不知其所穷。物物者与物无际，而物有际者，所谓物际者也；不际之际，际之不际者也。谓盈虚衰杀，彼为盈虚非盈虚，彼为衰杀非衰杀，彼为本末非本末，彼为积散非积散也。"

二 出场

东郭子　庄子

三 注释

① 蝼蚁（lóu yǐ）：蝼蛄和蚂蚁，泛指微小的生物。比喻力量弱小、无足轻重的动物或人。

② 稊稗（tí bài）：两种相似的杂草。

四 译文

东郭子向庄子请教说："人们通常讲的道，什么地方能够看得见又摸得着呢？"

庄子说："我们讲的大道到处都存在，随时都看得见。"

东郭子又说："举个例子，必须是具体的物质东西和生命存在的地方才行。"

庄子说:"他们就在蝼蛄和蚂蚁生存的地方。"

东郭子说:"大道怎么能够在这个低下卑微的地方?"

庄子说:"在稗草生长的天地里。"

东郭子说:"怎么更加卑下呢?"

庄子说:"在瓦块砖头当中。"

东郭子说:"怎么越来越不靠谱了呢?"

庄子说:"在人和动物的大小便里。"

东郭子听了后,便不再讲话了。庄子说:"先生的提问,本来就没有涉及到真正道的本质,一个名叫获的管理市场的官吏向屠夫询问猪的肥瘦,就用踩踏猪腿部位的方法,越是往下踩踏就越能探知肥瘦的真实情况。你不要只是在某一事物里寻找道的规律,人世间的万物均没有能够逃离开它的。寻找道(规律)是这样的,最伟大的思想言论也是这样的。万物、言论和大道遍及到人世间的各个角落,它们有各自的名称,但是实质都是相同的,它们的思想和行动都是归于同一规律的。如果我们在一个什么也没有的地方寻找(道)规律,按照天下是万物混同又合一的观点来开展讨论,可以说,宇宙万物的所有变化都是永无止境的啊。我们能够多次顺应变化,就是有目标地去实现变化(无为而处)。恬淡而又寂静啊!广漠而又清虚啊!调谐而又安闲啊!我的思想早已虚空宁寂,不会去寻找道在哪里,也不知道应该去哪里。远远离去以后,随之又马上回来了,从来不记得停留过什么地方,我在人世间来来往往如此多的时间,从来没有想过什么地方是我最后的归宿;任我的思想随意飞翔、遨游在宽广的境域，大智的人跟大道交融相契而从不了解它的终极。造就万物的道跟万物本身并无界域之分，而事物之间的界线，就是所谓具体事物的差异；没有差异的区别，也就是表面存在差异，而实质并非有什么区别。认为是盈满或空虚，而并非真正是盈满或空虚；认为是衰退或减损，而并非真正是衰退或减损；认为是宗本或末节，而并非真正是宗本或末节；认为是积聚或离散，而并非真正是积聚或离散。

五　当代意义

本节主要说明大道的价值意义，虽不可知却"无所不在"，对"道"的性质也做了进一步的解剖分析和论述。

结合今天的具体工作，根据事物运行发展演替规律，试着掌握道（学习、工作、生活等）的方法。

第7节

一　原文

妸荷甘与神农同学于老龙吉。神农隐几阖户昼瞑[①]，妸荷甘日中奓户而入曰："老龙死矣！"神农隐几拥杖而起，嚗然放杖而笑，曰："天知予僻陋慢訑[②]，故弃予而死。已矣夫子！无所发予之狂言而死矣夫！"

弇堈吊闻之曰："夫体道者，天下之君子所系焉。今于道，秋豪之端万分未得处一焉，而犹知藏其狂言而死，又况夫体道者乎！视之无形，听之无声，于人之论者，谓之冥冥，所以论道，而非道也。"

于是泰清问乎无穷曰："子知道乎？"无穷曰："吾不知。"又问乎无为。无为曰："吾知道。"曰："子之知道，亦有数乎？"曰："有。"曰："其数若何？"无为曰："吾知道之可以贵，可以贱，可以约，可以散，此吾所以知道之数也。"

泰清以之言也问乎无始曰："若是，则无穷之弗知与无为之知，孰是而孰非乎？"

无始曰："不知深矣，知之浅矣；弗知内矣，知之外矣。"

于是泰清中而叹曰："弗知乃知乎！知乃不知乎！孰知不知之知？"

无始曰："道不可闻，闻而非也；道不可见，见而非也；道不可言，言而非也。知形形之不形乎！道不当名。"

无始曰："有问道而应之者，不知道也。虽问道者，亦未闻道。道无问，问无应。无问问之，是问穷也；无应应之，是无内也。以无内待问穷，若是者，外不观乎宇宙，内不知乎大初，是以不过乎昆仑，不游乎太虚。"

二　出场

婀荷甘　神农　老龙吉　拿堈吊　泰清　无穷

无为　无始

三　注释

①阖（hé）户：关闭门。昼瞑（mián）：白昼睡觉的意思。瞑，通"眠"。

②僻陋：偏僻简陋。訑（yí）：放诞。

四　译文

妸荷甘和神农在同一天来到老龙吉的地方求学问道。神农在大白天靠着桌几案子关着门睡觉，中午时分，妸荷甘推门进来说："老龙吉死了！"神农就抱着拐杖站起身来，"啪"的一声丢下拐杖，又大笑起来，说："我知道原因啊，老龙吉知道我是个见识疏漏又心志不专的人，所以丢下我去死了。完了，我的先生啊！你还没有用大道的言论来启迪引导我就这样死去了啊！"

弇堈吊知道了这件事，说：体会悟出大道（规律）的人，天下所有具有道德修养的人都将归顺于他的管理。如今老龙吉对于大道（规律）连秋毫之末的万分之一都还没有得到，而且明白深藏他的谈吐气息而死去了，那么真正体悟到大道的人是有何等的气势啊！大道（规律）看上去没有什么形体，听起来也没有什么声音，对于人们经常所谈论的道（规律），则称它是昏昧而又晦暗的，真正用来使用和谈论的道（规律），其实质也不是真正的道（规律）。"

于是，泰清就去向无穷请教："你听说过或者知道什么是道吗？"无穷回答："我不知道也没有听说过。"泰清就又去问无为。无为回答说："我知道什么是道。"泰清又问："你是怎么知道这个道的，道也有名数吗？"无为说："有"。泰清说："道的名数是怎么样的呢？"无为说："我知道，道有时候必须处于尊贵地位，但是也可以处在卑贱地位，道是可以聚合的，也可以是离散的，这就是我所知道的道的名数。"

泰清用上述的对话去请教无始，说："如果是这样，那么无穷的不知晓和无为的知道，谁是对的，谁又是错的呢？"无始说："不知晓就是深奥玄妙的（规律），知道就是浮泛浅薄的；不知晓就是明白处于深奥玄妙之道的范围内，知晓了却刚好与道相背道而驰。"于是泰清在思考中有所醒悟而叹息说："不知晓就是真正的知晓啊！知道就是真正的不知道啊！有谁能够明白不知道中的知道呢？"

无始说："道（规律）是不可能被听到的，听到的就不是道了；道（规律）是不可能被看见的，看见的也就不是道了；道是不可以用语言传播的，传播的就不是道了。要真正明白有形物体之所以具有形体，就是因为它产生在无形的道（规律）中啊！因此大道（规律）是不可以用言语表达的。"

无始又说到："有人询问了大道（规律）便随口回答的，就是说全部是不知晓这个道的。就是询问大道的人，也不曾了解过道（规律）。道（规律）是无法去询问的，就是问了也没有什么方法可以回答。没有方法去询问却一定要去问，这就是在询问空洞无形的东西；无从回答却勉强回答，这就是说对于大道并没有什么更多的了解。内心没有认识道的（规律），却盼望回答天地之间的空洞无形的提问，像这样的人，对外不能够去全面观察广阔的宇宙状态，对内又不能去全面了解自身的本原所在。所以，就不能越过那高远的昆仑山，也不能遨游于清虚宁寂的太虚之境。

五 当代意义

本节借寓言人物的话，进一步指出道不可闻、不可见、不可言的特点。既然大道不具有形象性，当然也就"不当名"，自然就不可言传。

告诫人们，做任何事情，必须准备充分，不做勉强的事情，不说耽误事的话。

第8节

一 原文

光曜问乎无有曰："夫子有乎？其无有乎？"

无有弗应也。光曜不得问，而孰视其状貌①，窅然空然②，终日视之而不见，听之而不闻，搏之而不得也。"

光曜曰："至矣，其孰能至此乎！予能有无矣，而未能无无也；及为无有矣，何从至此哉！"

二 出场

光曜 无有

三 注释

① 孰视：注目细看。孰，通"熟"，程度深。
② 窅（yǎo）然：指幽深遥远的样子。

四 译文

光曜向无有问道："先生你现在的情况是存在的还是不存在呢？"

无有没有回答，光曜没有得到回答，就凑到无有面前，仔细地观察它的容貌和形体，是那么深远，又是那么空虚，整天看着它却看不见，整天仔细地去听它也听不到，整天捕捉它的信息却什么也摸不到。

光曜说道："这是最高的境界啊，谁能够达到这种境界呢！我能够做到'无'，却没有做到或者达到'无无'，等到做到了'无'，却发现依然在'有'中，从哪里能够找到这种无有的状态啊！"

五 当代意义

本节指出"有"与"无"的关系，"有"与"无"的相对性仍是基于"有"；只有"无无"，才是真正的基于"无"。

庄子指出，宇宙是无穷尽的，知识是浩瀚如海的。我们着手眼下，要学习或者干好工作，就要先做好基础的工作，这是成功的第一步，也是能够实现自我价值的的关键一步。

第9节

一 原文

大马之捶钩者①，年八十矣，而不失豪芒②。大马曰："子巧与，有道与？"

曰："臣有守也。臣之年二十而好捶钩，于物无视也，非钩无察也。是用之者，假不用者也以长得其用，而况乎无不用者乎！物孰不资焉！"

二　出场

大马　捶钩者

三　注释

①大马：大司马（中国古代对专司武职的最高长官的称呼）。捶钩者：工匠师傅。此处指一位专心地做好一件技术工作的工匠。

②不失豪芒：分毫不差的意思，即加工制作的精细程度。

四　译文

为大司马家锻制带钩的工匠者，年纪已经八十多了，却从来也不会出现差错。大司马说："你是特别灵巧呢，还是有什么门道呀？"

锻制带钩的老人说："我遵循着道的原则（坚守工匠技术精神）。我二十岁时就喜好锻制带钩这项工匠技术，对于其他外在的事物我什么也看不见（不喜欢）。不是关于带钩技术的就不会引起我的专注。锻制带钩是需要工匠专心做的一件事。借助了这一项工作便不再分散自己的用心，而且必须锻制出质量好的带钩工具得以长期使用，何况无为而不用的呢！谁不往助他呢！

第 10 节

一　原文

冉求问于仲尼曰："未有天地可知邪？"

仲尼曰："可。古犹今也。"

冉求失问而退，明日复见，曰："昔者吾问'未有天地可知乎？'夫子曰：'可。古犹今也。'昔日吾昭然^①，今日吾昧然^②，敢问何谓也？"

仲尼曰："昔之昭然也，神者先受之；今之昧然也，且又为不神者求邪！无古无今，无始无终。未有子孙而有子孙，可乎？"

冉求未对。仲尼曰："已矣，未应矣！不以生生死，不以死死生。死生有待邪？皆有所一体。有先天地生者物邪？物物者非物。物出不得先物也，犹其有物也。犹其有物也，无已。圣人之爱人也终无已者，亦乃取于是者也。"

二　出场

冉求　孔子

三　注释

① 昭然：昭然若揭的意思。此处意为野心非常明显，为人所共知。

② 昧然：昏茫无知的样子。

四 译文

冉求向孔子请教:"天地产生以前的情况可以知道吗?"

孔子说:"可以,古时候就像今天一样。"冉求没有得到满意的回答,便退出屋来,第二天再次见到孔子,说:"昨天我问'天地产生以前的情况可以知道吗?'先生回答说:'可以,古时候就象今天一样。'昨天在我心里还是非常明白的,今天就糊涂了,请问先生说的是什么意思呢?"

孔子说:"昨天你心里明白,是因为你的心神提前有所领悟了;今天你又糊涂了,是因为又看到具体的形体表现得拘谨而有所疑问吧?没有古代,就没有今天,没有开始就没有终结。不曾有这些子孙而有这些子孙,可以吗?"

冉求无法回答他了。孔子说:"算了,不必要再来回答了!不会为了生而使死者复生,不会为了死而使生者死去。人的死和生相互有所依赖吗?其实全部存在于一个整体。有先于天地而产生的物类吗?使万物成为具有个别形体事物的,并不是具有形体的事物。万物的产生不可能先行出现具象性的物体,而是气的聚合而产生万物。由气的聚合形成万物之后,这才连续不断繁衍生息。圣人对于人的怜爱始终是没有终结的,也就是遵循(取法于万物的)生生相续、息息相关、万物永恒的规律方法敬畏人的生命。

五 当代意义

本节通过"道"化了的孔子之口,讨论宇宙的开始,提出"无古无今,无始无终"的观点,并讨论了生与死、始与终的问题。

圣人对于人的关心怜爱始终是没有终结的，也就是遵循
（取法于万物的）生生相续、息息相关、万物永恒的规律方
法敬畏人的生命，这是唯一正确的方法。

第11节

一　原文

颜渊问乎仲尼曰："回尝闻诸夫子曰：'无有所将，无有
所迎。'回敢问其游。"

仲尼曰："古之人，外化而内不化，今之人，内化而外
不化。与物化者，一不化者也。安化安不化，安与之相靡，
必与之莫多。狶韦氏之囿^①，黄帝之圃，有虞氏之宫^②，汤
武之室。君子之人，若儒墨者师，故以是非相齑也，而况今
之人乎！圣人处物不伤物。不伤物者，物亦不能伤也。唯无
所伤者，为能与人相将迎。山林与！皋壤与！使我欣欣然而
乐与！乐未毕也，哀又继之。哀乐之来，吾不能御，其去弗
能止。悲夫，世人直为物逆旅耳！夫知遇而不知所不遇，知
能能而不能所不能。无知无能者，固人之所不免也。夫务免
乎人之所不免者，岂不亦悲哉！至言去言，至为去为。齐知
之所知，则浅矣。"

二　出场

颜渊　孔子

三　注释

①猯韦氏：传说中的古帝王名，称为"猯韦氏"。猯韦：传说中的古帝王号。

①有虞氏：虞舜：

四　译文

颜渊问孔子说："我听到先生曾经说过：'不要存在去送东西的想法和欲望，也不要有等待送来东西的想法和欲望。'请问先生，一个人应该如何安心居住不慌乱和到处悠闲自得地乐乐悠游呢。"

孔子说："古代时候的人，他们习惯了随时发生变化的外界环境，但其内心世界却坚守着看不见的宁静。现在的人啊，内心世界不能因坚守信仰而坚守稳定，而外表行动又不能去应对各种复杂条件变化里的环境。面对复杂变化能随机应变的人，内心世界必定就像纯净水一样清澈透明，没有杂质，又不会四散流动。对于变化与不变化都能够在平静中自然地安心面对，顺其自然地应对外在的变化的环境，必定就会与外物共同发生变化，不会出现偏离。猯韦氏的打猎园林，黄帝的果林，虞舜的宫殿，商汤、周武王的富丽房舍，都是帮助他们养心办公的最佳地方。那些号称君子的人，比如儒家、墨家流派，常常以是非好坏相互贬低指责，何况是今天的现实生活中的人呢！圣人与任何外物相处却不伤害外物。不伤害外物的人，外物也不会伤害他。因为不伤害外物，就能够与他人自然地互相来往了。山林呢，还是旷野呢？这些都使我感到无限的欢乐啊！可是高兴的事情还没有消逝，悲痛又接着到来了。悲哀与欢乐同时来到了，我无法阻挡住，悲哀与欢乐同时离去了，我也不会去制止。可悲啊，来到人世间的人们，只不过是自然界与人共同运行外物的共同生活休息场所罢了。人们知道遇上了什么，却不知道遇不到什么，能够做自身能力所及的事情，却不能去做自身能力所不及的事情。不知道的与不能够做的，其实就是人们无法去适应、回避的，一定要避开自己所不能避开的事，难道不可悲吗？至言无言，至为无为，要想使人所知的相同，那就浅陋了。"

经典成语

1. 白驹过隙

【释义】白驹：白色骏马，比喻太阳。隙：缝隙。像小白马在细小的缝隙前跑过一样。形容时间过得极快。

【出自】《庄子·知北游》"人生天地之间，若白驹之过郤，忽然而已。"

2. 初生牛犊不怕虎

【释义】犊：小牛。刚生下来的小牛不怕老虎。比喻青年人思想上很少顾虑，敢作敢为。

【出自】《庄子·知北游》："德将为汝美，道将为汝居，汝瞳焉如新出之犊而无求其故。"

参考文献

1. 郭庆藩：《庄子集释》，中华书局，2006 年。

2. 王叔岷：《庄子校诠》，中华书局，2007 年。

3. 钟泰：《庄子发微》，上海古籍出版社，1988 年。

4. 陈鼓应：《庄子今注今译》(全三册)，中华书局，2009 年。

5. 孙通海译注《庄子》，中华书局，2017 年。

6. 张文江：《〈庄子〉内七篇析义》，上海书店出版社，2019 年。

7. 杜保瑞：《庄周梦蝶：庄子新说》，华文出版社，1997 年。

8. 杨国荣：《庄子内篇释义》，中华书局，2021 年。

9. 王博：《庄子哲学》，北京大学出版社，2015 年。

10. 沈德鸿选注《庄子》，商务印书馆，2018 年。

11. 萧无陂：《庄子》，岳麓书社，2019 年。

后　记

　　《大众庄学（外篇）》，是中国《庄学研究》编辑部、安徽省庄子研究会、庄子书院、中国庄学应用读书会的核心专家学者，在尊重原作《庄子》的基础上，申请立项，联合共建国家智库平台单位中国社会科学院哲学研究所、中国社会科学院社会发展研究中心、中国文化研究中心、安徽省蒙城县人民政府以及相关部委院校、地方政府的庄学应用研究者潘晨光、胡文臻、郭飚等，并邀请李天明、李仁群、赵德鸿、谢春风、王国良、张超、刘静、樊沁永、蒋理等专家学者，共同编撰的普及性应用读本。

　　本书以孙通海译注的《庄子》（中华书局，2016）为蓝本，同时参考了陈鼓应注释的《庄子今注今译》（中华书局，1983）。

　　《庄子》成书于先秦时期。根据现今查阅到的权威信息，《汉书·艺文志》著录了五十二篇，今存三十三篇。其中记载有内篇七篇、外篇十五篇、杂篇十一篇。除内篇七篇外，其他内容均为后人所修订。全书以哲学的视阈、文学的笔法，以"寓言""重言""厄言"为主要思想表现形式，在继承老子学说的同时又发展了的新说。

《庄子》一书体现了庄子全面认识世界与思考社会发展及尊重自然规律的世界观。流传至今的"人与自然、人与社会（秩序）、人与人"的三大人类进步发展关系，正是庄子蔑视旧时腐朽礼法权贵而对人、自然、秩序关系的积极思考。

《大众庄学》以应用研究的角度，给人耳目一新，通解舒畅。

本书从传统文化传承应用的视角，简洁通俗地展示了庄学思想与应用；有助于大众认识和理解中国优秀传统文化。本书可用于干部职工企业家培训和高校、中小学校学习中国传统文化，也可用于企业科研单位指导文创产业。

习近平在哲学社会科学工作座谈会上指出："当代中国的伟大社会变革，不是简单延续我国历史文化的母版，不是简单套用马克思主义经典作家设想的模板，不是其他国家社会主义实践的再版，也不是国外现代化发展的翻版，不可能找到现成的教科书"。因此，我们在坚持原创性的基础上，去除"引用、再引用、层层套语"的剥皮式分析方法，"以我们正在做的事情为中心"，结合时代，竭力"把学问写进群众心坎里"。

本书得到了中国社会科学院哲学研究所党委书记、分管中国社会科学院社会发展研究中心的王立胜书记，中国社会科学院哲学研究所所长、《庄学研究》专家委员会主任张志强所长，以及全国政协委员陈霞、东方研究室主任成建华、智能研究室主任杜国平等领导及专家的大力支持和指导。

中国社会科学院学部委员李景源，中国社会科学院原机关党委书记孙伟平，中国地方志指导小组中指办党组书记、主任崔唯航，外交部干部局副局长李少青，国土资源部信息中心副主任佟绍伟，国务院发展研究中心研究员郑醒尘主任，中国中医科学院中药研究所研究员、《药食同源》研究主编巢志茂主任，北京教育科学研究院德育中心主任谢春风，安徽省人民政府参事室主任白和平，甘肃省人民政府参事（原兰州城市学院校长）刘举科教授，全国青联常委、江苏省人民政府法律顾问韩旗，知名企业家钱镠一瑾，以及有关省市部委政法机关、省市县政府、高校科研企业单位、军民共建单位、工会等数百余位领导专家学者，以不同形式建议指导、积极参与讨论并实践庄学应用与读书普及活动。

安徽省蒙城县人民政府对本书给予了大力支持。

安徽省庄子研究会邀请蒙城县部分教师参与《大众庄学》（内、外、杂篇）注音工作；中国社会科学院社会发展研究中心、安徽省庄子研究会、《庄学研究》编辑部、庄子书院、庄学读书会以多种方式，邀请爱好庄学的干部、职工、企业家、农民、教师、学生参与原文解读与应用讨论，研究分析庄子在蒙城的历史足迹及国内外影响力；邀请科研单位、文创企业开发系列庄学文化产业作品，常年开展庄学应用成果的实践转化工作。坚定走文化自信道路，弘扬中国优秀传统文化，建设庄学应用研究成果转化文化产业的示范工程。

邀请青年博士、博士后胡若音、刘可敏等参与了本书部分章节及拼音版的审校工作。

青年学者、管理者张熙、尹杰、张怡欣、尹子琪、张昕雨、吴冬梅、张盈盈、尚辰宇、吴雯雯、桂涛、柳伍营、李莹、张婷婷等同志，结合各自行业工作，积极支持撰写本书实践讨论和学习原文读书活动，积极参与建设文化自信工程和弘扬中国传统文化的普及推广工作。

胡文臻研究员对本书做了全面梳理、规范、补正工作。

我们荣幸地邀请到了中央马克思主义工程首席专家，中宣部理论局原副局长，全国社科规划办原主任，现中国文化软实力研究中心主任，博士生导师张国祚研究员，为《大众庄学》作序。

在此，对以上各位领导、专家学者以及一直支持及参与本书编撰的领导、专家学者一并表示感谢！

我们同样感谢这个时代，是时代赋予了我们应用研究的重大责任；感谢中国共产党的伟大领导，让我们的应用研究得以落地并产生实践效益。

大众庄学者，将继续把论文写在祖国大地上。

胡文臻

2022 年 2 月修改于北京

图书在版编目（CIP）数据

大众庄学 . 外篇 / 胡文臻，潘晨光，郭飚著 . -- 北京：社会科学文献出版社，2022.6
（中华优秀传统文化丛书）
ISBN 978-7-5201-9783-0

Ⅰ.①大… Ⅱ.①胡… ②潘… ③郭… Ⅲ.①道家②
《庄子》- 研究　Ⅳ.① B223.55

中国版本图书馆 CIP 数据核字（2022）第 031542 号

中华优秀传统文化丛书
大众庄学（外篇）

著　　者 / 胡文臻　潘晨光　郭　飚

出 版 人 / 王利民
组稿编辑 / 周　丽
责任编辑 / 王玉霞
责任印制 / 王京美

出　　版 / 社会科学文献出版社·城市和绿色发展分社（010）59367143
　　　　　 地址：北京市北三环中路甲 29 号院华龙大厦　邮编：100029
　　　　　 网址：www.ssap.com.cn
发　　行 / 社会科学文献出版社（010）59367028
印　　装 / 三河市东方印刷有限公司

规　　格 / 开　本：889mm×1194mm　1/32
　　　　　 印　张：16.75　字　数：352 千字
版　　次 / 2022 年 6 月第 1 版　2022 年 6 月第 1 次印刷
书　　号 / ISBN 978-7-5201-9783-0
定　　价 / 68.00 元

读者服务电话：4008918866